書生辦報？死人辦報？

人民日報社長、總編輯鄧拓傳

知識份子的革命

李玲／著

何以對將來青史！——丁 帆

　　1966 年 5 月 18 日是轟轟烈烈的無產階級文化大革命在全中國範圍迅猛發展的時刻，也正是毛主席他老人家發佈關於開展文化大革命的「五一六通知」的第三天，全中國人民都是懷著各種各樣複雜的心情在或盲從或驚恐或自危中迎接著這場不知後果的革命的到來。這一天我早已經忘記了當天是我 14 歲的生日，隨著勢不可擋的滾滾革命洪流去造中學班主任這個「壓制」我們兩年多的「走資本主義道路的當權派」的反了。正如毛主席教導我們的那樣，革命小將歡欣鼓舞的日子就是反革命難受之時。但誰也不知道就是在這一天，「三家村」的頭號人物鄧拓自殺了！即使知道，當時的小將們一定也是認為：他自絕於人民！自絕於文化大革命！肯定是死有餘辜？！

　　多少年以後，人們對於他自殺的意義仍然處於一個有分歧的認識狀態中。其實，只要深入瞭解中共黨史，只要深入瞭解毛澤東的心路歷程，我們就不難打開鄧拓的心扉，走進他的心靈深處，將一個悖反而複雜的靈魂解剖開來。正是沿著這樣的邏輯理路，李玲為我們顯影出了一個在雙重力量擠壓下的變態靈魂。其鄧拓評傳的深度意義就凸現出來了。

　　圍繞著鄧拓究竟是自由知識份子還是傳統知識份子的問題，學界一直有著不同的觀點，其實，這個答案並不難解，問題是我們能否站在一個更高的視點上去看待這個一直纏繞在中國現代知識份子不能自我確認前提下的命題？！很有意思的是，李玲在此書中抓住了問題的命脈，她用了一個具有隱喻性的類比——將陳布雷和鄧拓的遭遇進行比較。李玲援引了許紀霖對陳布雷的分析：「久而久之，陳布雷內心的

『道』就不知不覺地全部移情到『君』的身上，以『君』之『道』代替了自我之『道』」，從而得出了這樣的結論：「這樣的分析也同樣適用於鄧拓。鄧拓由於『獨念萬眾梯航苦』才選擇革命，但是當革命領袖的理念與『萬眾』的生存境遇發生衝突的時候，鄧拓只能把目光從『萬眾』身上移開，而專注革命領袖的理念了。」此言一語中的！道出了一切現代知識份子一旦做了君王幕僚之後的最後思想歸屬，無論他投靠的是什麼政黨，臣服的是哪一位君主，都逃脫不了忠君思想的囚籠，而一旦在君與民之間發生衝突，忠君與道德兩者都無法抉擇的時候，放逐自我，消滅自身的肉體與思想，便成為唯一的選擇。那麼，屈原投江就成為千年文人士大夫們處於兩難逆境時的最好的、也是最具有浪漫主義道德悲劇色彩的注釋和象徵。

　　我們應該看到的是──五四以降，當一批飽吸了西方人文思潮的現代知識份子在大革命的洪流中並沒有洗盡君君臣臣的封建思想，換句話說，就是強大的根深蒂固的封建道統意識不可能將五四一代人改造成具有民主科學思想和自由人權意識的現代公共知識份子的，這才是魯迅這員宿將深感孤立無援的真實緣由所在。如果陳布雷是蔣介石的「文膽」，那麼，作為毛澤東的「喉舌」，鄧拓更是在反覆無常的君主面前無所適從了，難怪他與摯友同僚道出的是凝聚著歷代臣子血淚教訓的讖語：伴君如伴虎！

　　同樣是被君王斥責，他不可能像梁漱溟那樣拍案而起，即使落得個千夫所指也在所不惜。雖然梁漱溟還不具備一個真正意義上的現代公共知識份子的素質，他只不過是站在傳統的儒家道統的立場上來為民請命，但是他沒有執政黨黨性的約束，所以便放縱了自己性格不羈的那一面。其實，性格並不是決定的因素，鄧拓的性格深處也具有放浪形骸的血性一面，但是，錯把君王意志當作最高的黨性原則，使得他不能最大程度地站在人民的立場上去說話。

　　與儲安平相比較，同樣是辦報，同樣是想為國家和民族的利益發出真理的聲音，但是在最緊要的關頭，他們表現出的政治態度是不盡

相同的。鄧拓同樣是把一個有價值的生命給毀滅了，但是，他最終都沒有幡然悔悟，我以為他在臨死時所寫下的絕筆充滿著對君王的阿諛奉承，這不可能是具有黑色幽默的反諷，而的的確確是他被冤屈而懷才不遇的心境，他想以死為諫，用玉碎的方式來獲得君王的悔悟，但是他又錯了，封建君臣關係中何有君王之錯呢？！後人總是以忠君的悲劇來歌頌臣子的忠貞不二，殊不知，正是這種忠貞阻礙了中國的士大夫們向現代公共知識份子的轉化！

顯然，鄧拓與儲安平這樣的知識份子是有區別的，儘管他們的文風心性都有近似之處，但是從本質上來說，儲安平是以站在黨派之上的自由知識份子姿態來看待政治問題的，儘管儲安平尚未轉化成為一個真正的公共知識份子，當然，在那種政治語境當中也不可能產生出現代公共知識份子，但無論如何五四以來自由知識份子的最後側影還是在他的身上顯靈了。而鄧拓基本上是需要站在黨性的立場上來思考的，因此，他要比儲安平多了一層精神的痛苦，因為他必須剔除靈魂深處的那一點所謂的小資產階級自由知識份子的情結，把一切獻給黨！獻給黨的領袖！在他一次次被毛澤東無端的批評中，不能有絲毫反駁，只有長籲短歎的行狀來看，把忠君等同於黨性，是鄧拓們失卻知識份子本性的要害之處。正如作者所云：「鄧拓在備受打擊之時審視自己過去的歲月，追問自己的『後來歲月，還能幾許？』這種對時間的焦慮，在本質上是能否實現人生價值的焦慮。這種焦慮緣於鄧拓濟世救國的高遠情懷，而不自信則是因為他把黨認定為歷史的正義的化身，這樣，一旦黨懷疑自己，固有的忠誠意識使得他不會去懷疑黨與歷史正義的必然聯繫，而只覺得自己可能要跌出代表歷史正義的戰車，墮入無邊的歷史陰影中，使生命失去意義。這樣的焦慮，並沒有對黨的任何怨言，但是表現出對自我人生的強烈關注，因而仍然是一種相當個人化的思想漫遊了。」

在《鄧拓評傳》中，李玲抱著對歷史敘述的客觀態度將鄧拓的生平進行了描摹，其中的文學細節的豐富想像自不必說，就是對每一細

節的調查也從不放過，好在她是福建人，有著得天獨厚的優越條件，這對理解傳主的性格和思想的成長大有裨益。然而，此書的最大看點卻是緣於作者自身的公共知識份子的價值立場所洋溢出來的具有歷史意義的裁決！她在此書的總結中是這樣闡釋的：

> 鄧拓是一個具有高度生命敏感的人，所以，投身革命事業，他始終沒有消磨去關注自我生命價值這一內心敏感，儘管這種內心敏感他只在非常私人化的夫妻關係、摯友關係中才有所表露。對自我生命意義的自覺意識，恰恰是他投身革命、忠誠於革命的根本動力。其中的內在邏輯是，鄧拓認為個體生命要超越時空的局限性，就必須與歷史理性掛上鉤，而他認為只有馬列主義才是代表歷史必然規律的唯一真理。
>
> 儘管對自我生命的自覺是鄧拓投身革命的內在動力，但是革命的大一統原則又與個體生命的個人性特質之間存在著必然性的矛盾。鄧拓一方面具有超越個體生命有限性的高度自覺，另一方面，他從來沒有讓個體生命的自覺走向對歷史理性法則、意識形態法則的質問。
>
> 鄧拓的悲劇是忠誠者的悲劇。這一悲劇燭照出意識形態原則的殘酷性，也燭照出把歷史理性意識形態化，並且把意識形態組織、意識形態領袖絕對懸置於個體獨立性之上這一觀點自身的內在缺憾。

的確，「鄧拓的悲劇是忠誠者的悲劇」！正是這樣的定位，才使得此書在梳理傳主的生平時有了一個準確的價值判斷──無疑，作者是力圖站在一個公共知識份子的立場上來審視歷史和歷史中的人的，而不為其他因素所困擾。不過，我對這一結論第一段的最後一句話有所保留，自以為將「馬列主義」改成「毛澤東思想」更為合適，因為鄧拓的忠君思想使他根本不可能將馬克思主義和毛澤東思想分離開來作辯證的分析，當然，在那個紅色恐怖的時代裡產生出自由知識份子思

想的幾率甚小，就根本不可能將毛澤東思想中悖離馬克思主義和悖離歷史運行規律的成分剝離出來進行分析。正是忠君意識遏制住了中國知識份子由士大夫向公共知識份子蛻變的可能性。

1966 年 5 月 18 日的我正在和千千萬萬渾渾噩噩的人民們響應著毛主席的號召，歡慶人類歷史上的那場空前的文化浩劫的到來，打倒一切走資本主義道路的當權派！包括「三家村」中的頭號「三反分子」。然而，當歷史的車輪滾進了 21 世紀的時候，又有幾個人去反思這樣的問題呢？難道這些思考一定得甩給歷史學家嗎？倘若我們真的無視這些人類必須思索的基本問題，就會如鄧拓當年在痛悼王若飛和葉挺時質問國民黨時的那樣：「何以對將來青史」！

如果我們在 21 世紀還不能蟬蛻，我們既對不起歷史，也對不起未來，恐怕連這個有著深厚忠君思想的鄧拓也對不起了。

李玲是一個十分勤奮的學者，這些年尤其在現代思想史領域裡有所思考，並有所建樹。因此，當初我們在構想現代文化名人精神叢書時就想到了她，果然，她出手不凡，此書不僅對鄧拓個案的研究達到了一個新的高度，同時也為現代思想史的研究提供了可資的方法與價值理念。我期待著她在這條道路上漸行漸遠，不斷取得豐碩的學術成果。

● 書生辦報？死人辦報？──人民日報社長、總編輯鄧拓傳

目　次

鄧拓的青史情結與忠誠意識

> 無才投筆誤狂歌，天涯蒼茫世願多。
> 如故年華過荏苒，傷心夢幻倍蹉跎。
> 半生事業成空論，未死雄心欲渡河。
> 走馬山林新戰役，鬢絲何憾對風波。

> ——鄧拓〈贈陶軍同志〉[1]

世間各種人的生命狀態是不一樣的。有的人，從來不想人總有一天會死、生命其實很短暫這種形而上的問題。他過一天日子，就享受一天人生。其樂生的態度中，從沒有時光有限的陰影。

世上還有另一種人，他無論何時都忘不了宇宙無窮、人生短暫這個形而上的問題。他看到過去種的柳枝已經長成大樹，就會被時光不能倒流的感受所觸動，於是攀枝執條，泫然流淚說，「木猶如此，人何以堪」（南朝宋・劉義慶《世說新語・言語》）；他登上高臺，仰望長空，就會感覺到個體生命是多麼短暫、渺小，於是長歎曰，「前不見古人，後不見來者，念天地之悠悠，獨愴然而涕下」。（唐・陳子昂〈登幽州台歌〉）如何超越個體生命的有限性，是這一類人心中揮之不去的基本情結。這一類人執著地體會生命的有限性，並進而探求各種超越之路，就創造出了世上各種不同的宗教和哲學。東西方宗教，無論其理想境界有何不同，都把超越之路定在彼岸世界；儒家傳統文化則把超越之路定在現世的此岸人生，認為只有把個體生命融入現世的歷史正義中

---

[1] 鄧拓：〈贈陶軍同志（二首）〉，《鄧拓全集・第四卷》第 82-83 頁。《鄧拓全集》共 5 卷，2002 年由花城出版社出版。

才能獲得永恆。這個永恆的歷史正義便構成了儒家文化中「道」的基本內涵。

鄧拓青少年時期就開始執著於思考如何超越個體生命有限性的問題。從這一個層面看，他是一個具有高度生命自覺意識的人。他深受儒家傳統文化仁人志士精神的影響，不信佛，不信基督，不信前生和來世，惟獨確定了追尋歷史理性的人生價值取向。他認為個體生命只有在為現世的公平和正義而鬥爭中才能獲得終極價值、獲得永恆。「何以對將來青史」[2]，是鄧拓 1946 年痛悼王若飛、葉挺時質問國民黨的一句輓聯。其實，個體如何面對永恆的歷史，也正是鄧拓自己一生的核心情結，是鄧拓一生衡量自我生命意義的尺規。

「五四」以後，馬克思主義、無政府主義等各種國外哲學社會科學思潮傳入中國，為填補儒家忠君孝親思想被打倒之後所形成的信仰空缺提供了各種可能性。20 世紀 30 年代，出於「獨念萬眾梯航苦」[3]的憂患意識和追尋歷史正義的高遠情懷，鄧拓選擇了馬列主義作為自己的人生信仰，並且把自己的人生事業確定為共產主義實踐活動。他認為只有這樣，個體生命才能融入永恆的歷史正義中，才能與「將來青史」理順關係，從而獲得充盈的價值。

儒家士人為追求理想「雖九死其猶未悔」（戰國‧楚‧屈原《離騷》）的堅韌意志和黨派意識形態中的組織紀律觀念，共同造就了鄧拓的忠誠意識。他把共產主義思想認定為代表歷史正義的道，同時也把革命組織、革命領袖看作是這一大道的現實化身。他的鬥爭鋒芒只會指向意識形態的敵人，而不會指向革命原則、革命領袖本身。對敵的堅定頑強、與對黨的忠貞柔順，是鄧拓性格中互補的兩面。當他對革命自身的失誤作出反思的時候，他只可能站在革命主體一員的位置上，對思想方法等問題作出反思、批評；不可能跳到黨派之外質問領袖、質問意識形態的合理性。

---

[2] 鄧拓：〈哀悼「四八」遇難烈士〉，《鄧拓全集‧第四卷》第 13 頁。
[3] 鄧拓：〈寄語故園〉，《鄧拓全集‧第四卷》第 72 頁。

　　由於意識形態固有的複雜性，由於 20 世紀中國革命自身的曲折性，鄧拓屢屢忠信見疑。每當受到黨組織懷疑、受到領袖斥責的時候，鄧拓心中總是充滿著個體將要被拋出歷史正義之車的焦慮。當他把革命組織、革命領袖確認為歷史正義的現實化身之後，就沒有再去反思這種歷史正義理念的合法性。1944 年整風運動中無端受審的時候，鄧拓沒有抱怨自己的冤屈，沒有質問來自革命內部的敵意，只是暗自「問後來歲月，還能幾許」，擔心自己的「壯志」「成煙」，鼓舞自己要「抖擻舊精神」、要「長為孺子牛」。[4]1948 年，「如故年華過荏苒，傷心夢幻倍蹉跎」的焦慮再度充塞鄧拓的心頭，他還是用「一生九死抱琵琶」來明志並自勉。[5]1957 年前後，多次受到毛澤東的嚴厲斥責，他心中有委屈、有不平，但還是如實向下屬傳達了領袖對自己的批評意見。每當忠誠的自我與革命主體之間出現裂縫的時候，鄧拓總是用嚴格的組織紀律觀念、用黨性原則說服自己顧全大局，維護組織的權威和領袖的威望；總是勉勵自己用更為勤勉的工作、更為忠誠的行動向組織和領袖見證自己的忠心，從而彌合自我與革命主體之間的裂縫，從而使自己的生命能夠融入自己所認定的歷史理性中。1966 年，江青、姚文元等對鄧拓的雜文進行政治附會，製造「文字獄」，把鄧拓打成「三家村」「反黨反社會主義」集團的「大老闆」，打成「叛徒」。鄧拓在申辯無門的情況下，只能選擇死亡來回避自我與革命主體、自我與永恆歷史之間的裂縫。鄧拓的悲劇是忠誠者在嚴酷歷史時代的悲劇。

　　鄧拓的悲劇是忠誠者的悲劇。這一悲劇燭照出意識形態原則的殘酷性，也燭照出把歷史理性完全意識形態化，並且把意識形態組織、意識形態領袖絕對懸置於個體獨立性之上這一觀念自身的內在缺憾。

---

[4]　鄧拓：〈戰地歌四拍——反「掃蕩」前夕遙寄丁一嵐〉，《鄧拓全集・第四卷》第 62 頁。

[5]　鄧拓：〈贈陶軍同志（二首）〉，《鄧拓全集・第四卷》第 82-83 頁。

第一章　猛憶兒時課讀虔[1]

一、第一山房

　　祖國的東南沿海、閩江的下游，有一座依山傍水的城市——福州。自五代王審知建閩國以來，福州一直為八閩首府。福州東臨馬尾港，具有面向東海、面向太平洋的開闊視野；同時福州北部鷲峰山脈向東南蜿蜒伸展，又形成天然屏障。「雨勻紫菊叢叢色，風弄紅蕉葉葉聲；北畔是山南畔海，只堪圖畫不堪行。」（唐・杜荀鶴〈閩中秋思〉）唐代詩人杜荀鶴旅居福州時就曾賦詩讚美其風景如畫，也感歎入閩道路難行。

　　福州城中自古即遍植榕樹。榕樹四季常青，枝繁葉茂，樹冠如亭亭華蓋。榕樹枝幹粗壯虯勁，向四面八方伸展的枝椏上掛著細細的樹根，宛若飄蕩的榕鬚。這榕須觸土又向地下生長，一枝榕樹枝幹就像一棵有獨立根系的樹；一棵獨立的榕樹就可成一片茂密的樹林。「榕葉滿川飛白鷺」（宋・李彌遜〈蝶戀花〉），「醉吹橫笛坐榕蔭」（宋・陸遊〈渡浮橋至南台〉）。「綠蔭滿城，暑不張蓋」。福州又有「榕城」的美稱。

　　福州城內「三山鼎峙，雙塔相對」。三山指屏山、于山、烏石山這三座城中之山。雙塔指于山上的白塔和烏石山上的烏塔。「晚涼上烏山，

---

[1]　鄧拓：〈寄父〉，《鄧拓全集・第四卷》第 87 頁。

置酒天章台」（元·薩都刺〈天章臺上晚酌〉）。烏山即烏石山，位於福州市中心，海拔 84 米，相傳漢代何氏九仙於重陽節登烏石山，引弓射烏，故又稱「射烏山」。烏石山林木參天，怪石嶙峋，烏黑的岩石、朱紅的摩崖石刻、油綠的榕樹與山間亭台相映成趣，著名景觀即有 36 處。宋福州郡守程師孟認為烏石山風景幽美可與道家蓬萊、方丈、瀛洲相比，便改其名曰「道山」。唐宋八大家之一曾鞏曾做〈道山亭記〉，介紹烏石山風景和福州風土人情。烏石山的 200 多處摩崖石刻，篆、隸、楷、行、草各顯其妙，最有名的當屬唐朝趙郡（今河北趙縣）李陽冰篆書〈般若台銘〉。〈般若台銘〉高 5 米，寬 2 米，字徑 0.5 米，全文 24 個篆字：「般若台，大唐大曆七年，著作郎兼監察御史李貢造，李陽冰書」。〈般若台銘〉字圓且有勁氣，與浙江處州〈新驛記〉、縉雲的〈城隍記〉、麗水的〈忘歸石銘〉被古人合稱為「天下四絕」，李陽冰與秦朝書法家李斯也被古人合稱為篆書界的「大小李」。此外，著名學者程師孟、陳襄、趙汝愚、梁克家、朱熹、李綱、葉向高等都先後在烏石山上留下字跡。烏石山上還有紀念理學大師朱熹的「朱子祠」，紀念著名學者楊時、游酢、胡安國、羅從彥、李侗、蔡文才、蔡瀋、黃幹、真德秀的「九賢祠」，紀念明代抗倭名將戚繼光、俞大猷的「戚俞二公祠」和紀念引進甘薯的「先薯祠」。烏塔則位於烏山東麓，原名「崇妙保聖堅牢塔」，是後晉天福六年（西元 941 年）閩王王延曦稱帝時為祈福而在唐無垢淨光塔舊址上興建的。塔上多浮雕佛像，佛像造型宏偉端莊。

　　在烏石山東南麓有個被稱為「第一山房」的小院，一進院門就可見一塊高、寬都在三四米的岩石，一棵大榕樹生長在岩石中，把岩石分成兩半。這棵古榕生機盎然、虯勁俊挺，見證著歷史的滄桑與生命的繁勝，也為小院中的人造就一片清涼的榕蔭。院內一座兩層小樓面山而建。樓旁岩石上刻著宋代大書法家米芾所書「第一山」三個字。這「第一山」並不是指稱烏石山。福州地勢有「三山藏，三山現」之說。「三山鼎峙」指的是「現」者。所謂「藏」者，則是指一些較低的岡陵。「第一山」即是烏石山東南麓的一片岡陵，為居民居住地，與烏

石山緊挨著，距舊時福州的中心街道南後街並不遠。居「第一山房」，日日可享烏石山的嵐氣與鳥鳴，可聽烏塔上的風吹鈴動聲，還可以陶醉於古代文人墨客的書法藝術和詩詞藝術，可謂鬧中取靜，歷來一直為文人佳士的住所。宋朝狀元黃樸曾居「第一山房」，並刻詩一首於石：「祖居山下自唐遷，故老相傳七百年。若使兒孫能守分，免教滄海變桑田。」清代詩人楚麓材也曾在「第一山房」居住，並於嘉慶戊午年作《偶題》詩刻於院內榕樹下的岩石上：「鱗次台高勢接天，百年喬木護雲煙。休嗟陵谷湮池館，且喜逢壺近市廛。花鳥結成風月友，詩畫留作子孫田。閒來徙倚層巒上，不盡嵐光入翠巔。」除黃樸、楚麓材外，元代學者吳海，明代進士魏文焜，清代學者陳軾、葉觀國，近代著名報人林白水也曾在「第一山房」住過。

　　清末，這「第一山房」的房主易為嚴氏母女二人。母女二人相依為命，便招開醬園鄧家的兒子鄧儀中為入贅女婿。

　　1912 年 2 月 26 日即農曆壬子年正月初九的清晨，鄧拓就降生在烏石山東南麓「第一山房」這塊文人學者輩出之地。因為出生時正值旭日初升，父親給他取名鄧旭初。旭初落地時家中已有三位哥哥、一位姐姐。他是家中的小兒子。父親根據伯仲叔季的排序又給他另取一名為季立。父親鄧儀中，字鷗予，

福州「第一山房」坐落在城中烏山東南麓，是歷代文人學者輩出之地，鄧拓於 1912 年出生在這裡。

祖籍福州東郊竹嶼村，自幼便隨開醬園的父母住在市中心的南後街。閩人往往兼具開拓冒險的海洋文化性格和勤勉淳厚的內陸文化性格，尤其注重送子讀書求知。醬園店的生意儘管微寒，甚至難以讓全家人果腹，但鄧儀中還是在父母的勉力支撐下，進私塾接受了

正規的傳統詩書教育。入贅到「第一山房」後，岳母家的經濟條件本來比較好，但也禁不住連添子女，日常生活日漸捉襟見肘，但在岳母和妻子的支持下，他還是專心讀書，多次參加科舉考試，終於1903 年中榜，成為清末的最後一科舉人，曾短期到廣西任縣官。鄧拓出生的時候，鄧儀中剛過不惑之年，已辭官在福州道山中學教書多年，是一位淵博的學者。鄧儀中風貌和藹，言語警辟，為人正直謙遜，很受鄰人的尊敬，左鄰右舍無論老幼都叫他「鄧先生」。母親嚴愛美，又名嚴綺佳，雖然是獨女，但並沒有驕矜之氣、奢華之習，是一位十分勤勉善良的主婦。

鄧拓的父親鄧儀中、母親嚴綺佳攝於1952 年。這時他們都已經年逾八十。

鄧家兄弟姐妹年齡相差較大。大哥鄧伯宇（又稱鄧伯愈）長鄧拓二十多歲，就是小姐姐鄧淑彬也長鄧拓六歲。鄧拓自小受到父母兄弟姊妹的疼愛。年幼的鄧拓看到小姐姐讀書便撲閃著眼睛，顯出好奇的神情來。他經常模仿姐姐的語音煞有介事地跟讀起來。父親拉長聲調哦吟詩句的聲音和樣子更是深深吸引住了他。父親看到小兒子對別人讀書特別感興趣，不禁喜在心頭，便認真地教起他來。5 歲時，鄧拓就已經能背不少的古詩詞了。父親、兄姊們寫字，鄧拓總在一旁饒有興味地觀看著。一有機會，他就要拿起他們的毛筆跟著塗抹兩下。於是，父親就從掃帚上拔下一些草，自己捆紮成「掃帚筆」，又找了名家字帖，讓鄧拓蘸水在磚頭上摹寫，這樣可以練習臂力，又節省紙張。鄧拓寫字的時候，父親常在旁邊指點，要求一筆一劃都寫到十分熟練，說寫字要寫到「得心應手」才行。「三更燈火五更雞，正是男兒立志時。」鄧儀中把這句詩摘錄下來貼在屋中，鼓勵孩子從小就立志勤奮學習。鄧拓每天早起，總要先寫一張大字，一張小字，然後再開始其他學習。這

個習慣一直保持到鄧拓離家上大學，十多年不變。在父親的指點下，鄧拓先後系統地臨摹了顏體、柳體、魏碑以及章草等各家字體。二哥鄧仲輔是美工教員，對美術、書法都深有鑽研。這也對鄧拓產生了深遠的影響。二哥常帶鄧拓摹寫院落內和烏石山上的摩崖石刻，體味名家的書法藝術和詩歌藝術。二哥時常在院內榕樹下鋪紙作畫，這也培養了鄧拓對美術的興趣。

鄧儀中不僅在讀書上對孩子要求嚴格，而且十分注重從人格修養方面培養孩子。到鄧拓出生的時候，父親雖然已經擺脫了未中舉前窮秀才的窘迫處境，但父親一個人教書供養一家老小，家裡的經濟仍不寬裕。儘管鄧拓是備受疼愛的小兒子，父母仍然讓他從年紀很小的時候起就開始承擔家務。學習之餘，鄧拓經常到屋後面的烏石山上去揀樹枝、掃樹葉給家裡當柴燒，經常到自家的菜地澆水施肥、摘豆收菜。春雨之後，他到山間的竹林中挖筍；秋冬時節，他到附近的溝澗裡釣螃蟹、捉泥鰍。母親把這些瓜豆竹筍、螃蟹泥鰍做成美味佳餚端上飯桌時，年幼的鄧拓不禁喜上心頭，他嘗到了勞動的歡樂，飯也吃得特別香。鄧家讓孩子們從小參加勞動，既能補貼家用，又能培養孩子的勞動意識和生存意識，能夠「勞其筋骨」。鄧拓在這些勞動中還結交了左鄰右舍的農家孩子。在和鄰居的交往中，父親總是教育鄧拓要誠信、正直，要敬老扶幼。父親自己深深浸淫在儒家修身養性的文化傳統中，為人方正，也給孩子們樹立了良好的榜樣。[2]

二、閩侯小學

1919 年夏天，鄧拓七歲了。父親給他取學名鄧子健，把他送到道山路口天皇嶺的閩侯小學上學。閩侯小學校園依山而立，風景秀麗，

---

[2] 鄧全：〈懷念拓叔〉，《憶鄧拓》，廖沫沙等著，福建人民出版社 1980 年第 1 版；王必勝：《鄧拓評傳》，群眾出版社 1986 年第 1 版。

綠樹成蔭。據說，學校創始於宋朝朱熹時代，那時朱熹利用這綠樹青山、鳥語花香的優美環境辦了一所私塾「朱子寺」，招收學生進行講學。

進入小學，鄧拓又入了一個新天地。學校的課程有國文、手工、算學、體育等。鄧拓好奇的心每每為許多嶄新的知識所激動，而新的知識又帶來更大的好奇，促使他如饑似渴地去吸收更多的知識。鄧拓聰穎勤奮，愛動腦筋愛發問，對國文和史地的興趣特別大，給老師和同學們留下了深刻的印象。

這一時期，在父親的引導和周圍環境的影響下，鄧拓還十分喜愛做詩鐘。詩鐘，又名折枝，是福建文人中廣為流傳的一種詩歌遊戲。折枝本是一種畫花卉的方法，指畫一二樹枝而不帶根，用於詩則指僅取詩中一聯。文友相聚的時候，一般由一人即興拈出幾個字或詞，大家進行聯吟唱和，每人在規定的時間內作出一聯格律詩聯，要求對仗工整、平仄合律，然後大家一起品鑒評賞。限定時間的辦法是，把寸把長的香繫線上上，線的另一頭又繫著銅錢；香點盡燒斷了線，銅錢就落在盆裡，提醒大家時間到了。詩鐘二字即取銅錢擊缽催詩之意。清人徐兆豐《風月談餘錄》中說：「構思時以寸香繫縷上，綴以錢，下承盂。火焚縷斷，錢落盂響，雖佳卷亦不錄，故名詩鐘云。」鄧儀中自己喜歡做詩，也喜歡詩鐘這種風雅的遊戲。鄧拓耳濡目染，從小就對詩詞格律中的奧妙感到興味盎然。逢年過節，附近的文廟會館時常組織做詩鐘活動。二哥也時常帶鄧拓去觀看學習。見識多了，鄧拓也學著自己做詩鐘。拿到一個詩題，他總哦吟不停，反覆推敲字句，做完之後總要請父親或二哥評點。這時大哥鄧伯宇已經外出工作，三哥鄧叔群也早已考上清華學堂在北京上學了，家中相伴的兄姊只有二哥鄧仲軻和三姊鄧淑彬。年稍長一點，鄧拓還經常隨二哥去參加福州文人組織的「賽詩會」。每次只見臺上擺著一張桌子，桌上燃著蠟燭，被請來評卷的人高高坐在臺上，依次輪流朗讀選中的詩，台下的人聽到念自己的詩，就起立，大家鼓掌、叫好。有時還有小小的物質獎勵。這樣的詩會有時開到深夜，鄧拓回家後總還跟父兄談論不已，仔細琢

磨詩藝，沉醉在詩歌的境界中流連忘返。吟詩是鄧拓日常的一種學習，也是一種娛樂。每逢假日，他總愛和同學朋友在家中作詩自娛。一般也是點上一根香，出個詩題，大家各自哦吟徘徊；香盡交卷，大家湊在一起評比討論，相互欣賞。

　　1919 年鄧拓上小學的第一年，正值「五四」運動爆發。「五四」的浪潮擴展到福建，福州學生紛起回應，成立了「福建學生聯合會」。5 月下旬起，在學界的帶動之下，福州各界開始了抵制日貨的鬥爭。6 月份，學生、市民、部分商人與另一些囤積日貨的商人發生了劇烈的衝突。1919 年 11 月 11 日午後，福州日商瑞順洋行往橋北運送火柴，被憤激的學生發現，當即追往大廟山焚毀。次日，日本領事要求逮捕這些焚毀日貨的學生。16 日，日本人組織所謂的「商品保護隊」，持械向愛國學生尋釁，毆傷 5 人，又槍傷前來勸阻的巡警 1 名，製造了震驚全國的「福州慘案」。「福州慘案」又稱「閩案」。侵略者在製造慘案之後，竟以保護日僑為名調軍艦來閩示威。1919 年 11 月 23 日，日艦「嵯峨」號入閩江口；25 日，該艦的 60 名水兵竟強行登岸，進城遊行，嚴重侵犯中國的主權。「閩案」引起了全國人民的震怒，全國的輿論便聚焦在「閩案」上，紛紛聲援福州人民，力促北洋政府出面交涉。京、津、滬以及全國許多大中小城市，還有海外華僑聚居的許多城市都開展了聲援「閩案」、抵制日貨的愛國活動，使得「閩案」終以日本政府以書面形式表示道歉並對傷者給予撫恤金告結，總算是「弱國外交」的一次勝利。[3]

　　「五四」運動以及「閩案」發生的時候，鄧拓雖不過是一名 7 歲的小學童，不可能像高年級的同學那樣直接投身反帝愛國運動，但從家長口中、從老師嘴裡耳聞日本人的暴斂與欺壓，親眼目睹高年級大同學遊行示威、查燒日貨的行動，幼小的心中便深深種下了民族圖存的種子。

---

[3]　林蒿：〈閩案：福州五四運動的殿軍一戰〉，《福州晚報》1999 年 11 月 22 日。

　　距鄧拓家不足千米遠的南後街澳門路上，有一座紀念福州籍民族英雄林則徐的「林文忠公祠」。該祠創建於清光緒三十一年（1905 年）。鄧拓曾多次隨父兄、老師、同學前往參觀。鄧拓從「虎門銷煙」中感受到民族抗爭的自豪，從鴉片戰爭中感受到民族衰亡的屈辱，也從林則徐雖歷盡坎坷、飽受挫折而始終不計個人得失、一心盡忠報國的事蹟中受到深切的鼓舞。「苟利國家生死以，豈因福禍避趨之。」（林則徐〈贈左宗棠〉）林則徐的這句名言在鄧拓幼小的心靈中引起了強烈的共鳴。

　　在抵禦列強侵略、睜眼看世界風雲的中國近代救國史上，福州籍士人「鐵肩擔道義」，起了舉足輕重的作用。除林則徐外，近代啟蒙思想家嚴復，翻譯家林紓，辛亥革命志士林覺民、方聲濤也是福州籍士人。「赫胥黎獨處一室之中，在英倫之南，背山而面野，檻外諸境，歷歷如在機下。乃懸想二千年前，當羅馬大將愷徹未到時……」。（英·赫胥黎著，清·嚴復譯《天演論》）嚴譯的赫胥黎《天演論》，在中國廣泛傳播了「物競天擇，適者生存」的進化論思想，激勵國人自強奮鬥。「可憐一卷茶花女，斷盡支那蕩子腸」。（清·嚴復《甲辰出都呈同里諸公》）林紓用當時通行的文言翻譯了二百多部西方小說，為國人開啟了一扇通往西方文化的窗。「吾充吾愛汝之心，助天下人愛其所愛，所以敢先汝而死，不顧汝也。」（清·林覺民〈與妻書〉）林覺民的一紙〈與妻書〉迴腸盪氣，激勵了多少愛國豪傑。這些鄉賢的行狀、著述，也深深影響著少年鄧拓的思想，浸染了他的心靈，陶冶著他的情操。

三、中學時代

　　1923 年，鄧拓在閩侯小學讀了 4 年之後考入了福州三牧坊中學，進入初中階段的學習。三牧坊中學位於福州市東街三牧坊小巷中。前

身是創辦於清代嘉慶二十二年（西元 1817）的鳳池書院和創辦於清代同治九年（西元 1870）的正誼書院。鳳池書院和正誼書院是福州著名的四大書院中的兩所。鳳池書院是教育生員和童生的，正誼書院是教育舉貢的，對象各有不同。兩所書院之間以一小橋樓相連。1902 年，鳳池書院和正誼書院合併，更名為全閩大學堂，後又改為三牧坊中學。1926 年鄧拓升入高中。這時，三牧坊中學已經合併為福建省立第一高級中學。該校設有師範、商業、普通等不同的專業科系。鄧拓上的是普通科文史地系。

　　中學階段，鄧拓對文史地的知識關注面非常廣。課餘他大量閱讀父親的藏書。父親的藏書以子部和詩集為多，並包括晚清和五四運動前後的書刊，以及十月革命後所傳播的馬列主義著作，涉及史的一元論、從空想到科學的社會主義、共產黨宣言，還包括許多中國傳統的儒道釋經典論著。有時他還和同學傅依凌[4]一同到附近的烏山圖書館看書，看完之後互相交流心得體會，也時常展開爭論。

　　鄧拓這時正處在探索人生觀的青少年時期，對於一切關於人生的哲思都有興趣，對於一切增長知識的機會都不肯放過。鄧拓的一個叔叔是出家當和尚的。這個叔叔常和父親一起研究佛理。鄧拓在他們的影響下也讀了一些佛經。他並不是把佛經當金科玉律來膜拜，而是把它當作一種人生哲思來理解。福州西郊怡山附近有座千年古剎——西禪寺，

1926 年夏季鄧拓的初中畢業照。

4　傅依凌（1911～1988），又名傅家麟，筆名休休生。福建福州人。中國歷史學家，中國社會經濟史學主要奠基者之一。1934 年畢業於廈門大學歷史系，1935 年赴日本法政大學研究院攻讀社會學，1937 年夏回國，積極投身救亡運動，1950 年起在廈門大學工作。曾任全國政協委員，民盟福建省委副主委，廈門大學副校長、歷史系主任、歷史研究所所長，中國科學院歷史研究所兼職研究員，日本京都大學客座教授。1980 年加入中國共產黨。主要學術著作有《明清社會經濟變遷論》、《明清封建土地所有制論綱》、《傅依凌治史五十年文編》等。

鄧拓（子健）（左二）1928 年和中學同學一起攝於福州鼓山。

經常有高僧開壇講經。他時常不惜跑遠路到西禪寺聽法師講經。福州東街花巷有個著名的基督教衛理公會教堂——尚友堂，離鄧拓家不遠。鄧拓也時常帶小侄女鄧全一起去做禮拜，聽牧師宣講基督教義。回家後他也經常翻閱新舊約。鄧拓在「五四」思潮的影響下成長，破除迷信、崇尚科學的觀念給了他極大的影響，但是他並沒有把自己封閉在一種觀念中簡單地排斥其他思想學說。他開放性地吸收各種知識，不斷把「五四」的科學觀念與各種宗教思想以及傳統的儒家思想放在一起磨擦碰撞，從而深化自己的理解。

正當鄧拓思考「五四」現代思想與宗教以及傳統儒學的關係時，中國思想界發生了著名的「科玄之戰」。1923 年張君勱[5]在《清華週刊》第 272 期上發表了關於「人生觀」的演講稿，認為「人生觀」是「主觀的、直覺的、綜合的、自由意志的，起於人格之單一性的」；而「科學」則是「客觀的、為論理方法學所支配的、分析的、受制於因果律的，起於自然之齊一性的」，「故科學無論如何發達，而人生觀問題之解決，絕非科學所能為力」。這篇文章立即吸引住了鄧拓。是呀，誰只要瞭解近代中國由於落後而深受東西方列強欺壓的歷史，誰就不能說科學不重要；但是，自己讀各種宗教著作，雖然

---

[5]　張君勱（1887-1969），原名嘉森，字士林，號立齋，筆名君房，江蘇寶山（今屬上海市寶山區）人。曾留學日本早稻田大學和德國柏林大學學習政治學。先後任上海《時事新報》總編輯、北京大學教授和燕京大學教授等。1945 年代表中華民國簽署聯合國憲章。1941 年參加組建中國民主政團同盟（1944 年改稱中國民主同盟），1945 年擔任中國民主社會黨為主席。1951年移居美國。主要著作有《中西印哲學文集》、《新儒家哲學發展史》、《思想與社會》、《民族復興之學術基礎》等，被認為是早期新儒家的代表之一。

覺得那些「創世紀」的故事不過是神話，但分明又體會到佛家的「空」、「無」觀念、基督教的「愛」的學說、特別是儒家的「仁」的觀念似乎也有積極的價值。科學是否能解決人生觀的問題呢？鄧拓正在疑惑之際，《努力週報》上就登出了張君勱的摯友、地質學家丁文江[6]的長文〈玄學與科學──評張君勱的「人生觀」〉。丁文江痛斥張君勱為「玄學鬼」，提出「科學而不能支配人生，則科學複有何用」的質問。而後，張君勱又在北京《晨報副刊》上發表長文〈再論人生觀與科學並答丁在君〉，對丁文江的批評予以反擊。這些針鋒相對的論辯深深吸引住了鄧拓。每天放學後他都迫不及待地到書刊上尋找新出的論辯文章，消化理解之後還向同學們介紹各方的觀點、談論自己的看法。他口中透出的許多術語，同學們聽著都覺得新鮮，大家都十分佩服他的理論思維能力。

　　這場「人生觀與科學」的論戰一直持續到 1924 年底。參加論戰的除張君勱、丁文江外，還有胡適、陳獨秀、梁啟超、張東蓀、吳稚暉、范壽康、林宰平、孫伏園、朱經農、任叔永、唐鉞、鄧中夏、瞿秋白等。論戰的深入是代表科學派的胡適與代表唯物史觀派的陳獨秀展開正面交鋒。最讓鄧拓服膺的是陳獨秀等人的唯物論觀點。1923 年 12 月，陳獨秀[7]為《科學與人生觀》論辯集作序，主張超越科學和玄學的

---

[6] 丁文江（1887～1936），字在君。江蘇泰興縣人。地質學家，中國地質事業奠基人之一。曾獲英國格拉斯哥大學地質學動物學雙學士學位。回國後曾任農商部地質調查所所長、北京大學教授、中央研究院總幹事等職。1913年與翁文灝等共同創建地質研究所。30 年代時與翁文灝、曾世英合編了《中國分省地圖》和《中華民國新地圖》，獨立著有《蕪湖以下揚子江流域地質》、《豐寧系的分層》和《中國造山運動》等。

[7] 陳獨秀（1879-1942），原名乾生，字仲甫，號實庵，安徽懷寧人。早年在日本留學因參與剪湖北學監辮子的活動被強行遣回。1915 年起創辦並主編《新青年》，1917 年春任北京大學文科學長。1918 年冬和李大釗創辦《每週評論》。1921 年 7 月，在中國共產黨第一次全國代表大會上被選為黨的中央局書記，後被選為中共第二屆、第三屆中央執行委員會委員長，第四屆、第五屆中央委員會總書記。1929 年被中共中央開除黨籍，1932 年被國民黨政府逮捕，1937 年 8 月出獄。1942 年 5 月 27 日病逝於四川江津。

層面，躍升到歷史觀的層面來回答和解決問題。陳獨秀說：「只有客觀的物質原因可以變動社會，可以解釋歷史，可以支配人生觀，這便是『唯物的歷史觀』。」「唯物史觀所謂客觀的物質原因，是指物質的本因而言，由物而發生之心的現象，當然不包括在內」，但是「唯物史觀的哲學者也並不是不重視思想文化宗教道德教育等心的現象之存在，惟只承認他們都是經濟的基礎上面之建築物，而非基礎之本身」。顯然，在陳獨秀看來，重要的是「歷史觀」，而非「人生觀」，「人生觀」必須無保留地統攝於「歷史觀」；與滾滾前進的歷史車輪相比，個體性的「情感」、「意志」、「信念」、「良知」等等，並不重要。鄧拓此時正處在確立人生觀的青少年時期，看完陳獨秀等人的文章，不禁有醍醐灌頂之感。隨著社會的轉換，儒家的忠君衛道思想顯然已經是封建腐朽的東西了，但是人文知識份子如何安身立命呢？新興的唯物史觀告訴大家說一切社會現象都是歷史的、變動的，一切社會現象又都是有確定的規律可循的、不可違逆的、具有某種終極指向的，那麼，富有使命感的仁人志士也就望見了一個可以為之奮鬥的歷史必然規律了，找到了生命的寄託。陳獨秀、鄧中夏、瞿秋白等人的唯物史觀深刻地影響了鄧拓的思想。唯物史觀把「歷史必然規律」置於絕對重要的位置上，而忽視個體生命體驗的獨立價值。這種價值取向既讓鄧拓找到了個體生命為之奉獻的目標，同時也堵住了以個體生命體驗反思意識形態信仰的可能性。它奠定了鄧拓後來在革命隊伍中無條件忠順於意識形態信仰的心理基礎。

　　確定了歷史具有必然性之後，思想界接下來最需要探討的問題就是中國社會的性質問題。只有摸清中國社會的性質是什麼，仁人志士們才能對症下藥，才能確定如何為國、為民族而奮鬥。1927 年 9 月陶希聖[8]在《新生命》月刊發表了一系列關於中國社會性質和歷史發展的

---

[8]　陶希聖（1899-1988），名彙曾，字希聖。湖北黃岡人。1922 年畢業於北京大學。20 年代末、30 年代初曾任南京中央軍校政治部主任、中央大學教授、北京大學教授。1929 至 1935 年主編《食貨半月刊》。抗戰中曾隨汪精衛到

論文，引起了知識界的廣泛關注，也吸引住了已經在高中讀書的鄧拓。陶希聖認為中國的封建制度大約在東周的戰國時期就崩壞了，但封建勢力還長期存在著，這導致中國社會長期停滯在一個漫長的過渡階段。在這漫長的封建社會形態中，地主、士大夫、官僚三者形成一個連環，剝削、統治勞苦農民。這樣的狀況一直持續到帝國主義入侵前，帝國主義的侵略逐漸開始改變中國的社會結構。「近代中國的官僚是為外國帝國主義的利益而治理國家。外國帝國主義才是中國的最高統馭者」。[9]陶希聖認為，要實現中華民族之解放，首先要以武力掃除與帝國主義相勾結之國內軍閥，而關鍵在於喚起民眾，關鍵在於必須破壞士大夫官僚系統。「儘管陶希聖不贊成共產黨的階級鬥爭理論，但是這卻不是他在這一時期的理論鋒芒的主要指向。陶希聖所要著力反對的，恰恰是國民黨當權派因清共而脫離民眾、喪失革命精神的官僚化的腐敗傾向。也可以說，這才是他在《中國社會之史的分析》、《中國社會與中國革命》等一系列著述中真正的『文心』所在。他對於士大夫和官僚產生的根源及其腐朽特質的歷史揭示，他對於商人資本及買辦制度的剝削性的批判，他對於帝國主義侵略下中國農村慘痛現狀的關注，都具有相當強烈的現實意涵和指向。」[10]國民黨左派的激進觀點也引導年輕的鄧拓去思索民眾疾苦、關注社會腐敗問題。

　　傍晚時分，是鄧拓和同學們探討這些問題的好時光。他要麼和同學們在客廳或天井裡高談闊論，要麼和同學們在坡頭修竹旁閒步。談

河內，並任汪偽國民黨中央宣傳部部長，後從上海逃至香港並揭露汪精衛的賣國行徑。1943 年為蔣介石起草《中國之命運》一書。同年任《中央日報》主編。1946 年任蔣介石私人秘書。1949 年到臺灣後，繼續主編《中央日報》，任國民黨中央執行委員。主要著作有《中國社會與中國革命》、《中國社會之史的分析》、《中國政治思想史》、《論道集》、《清代州縣衙門刑事審判制度及程式》等。

9　陶希聖：《中國社會之史的分析》，瀋陽：遼寧教育出版社，1998 年第 1 版第 94 頁。

10　翁賀凱：〈1927-1934 陶希聖之史學研究與革命論──兼論其與國民黨改組派之關係〉，《福建師範大學學報》2003 年第 4 期。

1929 年 7 月鄧拓（子健）的高中畢業證書。

到興奮處，同學們時常就在他家過夜。幾個同學橫床而臥，放懷說笑，指點江山。在對各種不同思想的辨析中，鄧拓逐步培養起了自己從事哲學和社會史研究的興趣，也逐步建構起了自己的人生觀。1926 年，鄧拓步唐朝詩人羅隱〈詠蜂〉詩原韻做〈詠蜂〉詩一首：「踏遍溪山十二尖，艱難生計不須占。世間多少傷心客，何惜捐輸一滴甜？」[11]作為一個 15 歲的少年，鄧拓對民生的艱辛即有所感，而他自己的人生追求就是為苦難的世間傷心客輸送溫暖。他暗暗決心要把自己的生命投入到歷史的正義事業中，絕不虛度年華。

　　讀硬性的理論文字讀累了，鄧拓就拿起文藝作品來換腦筋。古典詩歌和新文藝作品他都廣泛涉獵。這時期，他讀了大量的魯迅、郭沫若、蘇曼殊、蔣光赤等作家的作品。創造社作家那種感傷的浪漫文字，他讀得特別多。他在《兒童世界》上讀到冰心的〈寄小讀者〉，深為其優美的文字所感動，只是這時候他還不知道冰心的祖家就在離自己家只有一里遠的南後街楊橋巷口的萬興石桶店後面，那裡同時還是辛亥革命烈士林覺民的故居，黃花崗事件之後林家為避清廷抓捕把祖居賣給冰心的祖父謝鑾恩而避居他處。課餘，鄧拓仍然十分喜愛做詩鐘，經常和同學一起在家哦吟推敲。高中階段，鄧拓和傅依凌等幾個朋友還組織了一個文藝社「野草」。社友們自行油印自己的作品。這一學期，校園學生自行組織的活動和校方安排的活動很多。鄧拓是其中的活躍

11　鄧拓：〈詠蜂——步羅隱詩原韻〉，《鄧拓全集・第四卷》第 3 頁。羅隱〈詠蜂〉詩：「不論平地與山尖，無限風光盡被占。採得百花成蜜後，不知辛苦為誰甜。」

分子。有一次他獲得了全校學生演講比賽第二名。福建學院舉行院慶，鄧拓又寫了一個劇本《公理的宣告》，被該院的學生排練演出。鄧拓還十分注意鍛煉身體，晚上臨睡前，他常常還要到附近一個體育教師那兒去學打一陣少林拳。他要為實現自己的理想準備強健的身體。

中學階段，二哥鄧仲輈不幸病故。鄧拓作為唯一在家的一個兒子，對父母十分敬重孝順。凡事都喜歡和父親商量。父親對他要求十分嚴格，如果他認為鄧拓做了什麼沒意義的事，就要用手指敲敲他的腦袋，意思是說他沒頭腦。鄧拓性情溫和，對父親的提醒總能虛心接受，迅速改過。他對寡居的二嫂也十分尊重，對失去父親的小侄女尤其疼愛。儘管學習很緊張，捨不得浪費一點時間，但每天吃晚飯前放下筆休息的時候，他總是立刻叫喚道：「依全！來！我們玩會兒吧。」玩得最多的，就是跟小侄女一起踢鍵子；有時他也講故事。最讓孩子開心的是，讓小侄女爬到他肩上摘樹上的果子或者抓蟬兒。[12]

敬老愛幼，溫和有禮，鄧拓在和睦的家庭倫理關係中並沒經歷青春期叛逆的精神衝動。

---

[12] 鄧全：〈懷念拓叔〉，《憶鄧拓》第 248 頁。

第二章　得伴前輩追真意[1]

一、升學抉擇

　　1929 年夏，17 歲的鄧拓高中畢業，準備要到上海參加大學的升學考試了。這時，三哥鄧叔群從南京來信叫他考前先到南京住幾天。

　　鄧叔群 1915 年起在北京清華學堂學習，每次期考成績都名列前茅，1923 年公費留學美國康乃爾大學，獲植物病理學博士和森林學碩士學位，至 1928 年回國時已經成為著名的真菌學家，此時正在南京的中央研究院任職。鄧叔群十分關心弟弟的學業，一見面就說：「你來得正好，告訴你，一定要去投考清華。考上的話一切費用由我來承擔。好好用功，將來再考官費留美⋯⋯。」他希望弟弟也和自己一樣走一條科學救國的道路。鄧拓對三哥一向是尊敬的，

鄧拓的三哥鄧叔群（1902-1970）（右一）是我國著名的真菌學家、植物病理學家。這是他 1926 年和同學張任在美國康奈爾大學。

便連口答應「好」。不料，過兩天來到上海，考試的前一夜，鄧拓被一群也來投考的福建同鄉拉去看電影，看得頭昏腦脹，深夜才回到住處。第二天起得遲了，他趕到清華招生的考場時，第一節已考過了。他勉強匆匆做完後面的試題，交了卷，但這樣哪能考得上呢？自然是名落孫山了。幸好上海的大學很多，考試時間也不一樣，他重新報考還來得及，於是，他就報名考取了私立光華大學政治法律系。[2]

鄧拓考完再到南京三哥家，鄧叔群正在為清華的錄取名單裡沒有弟弟的名字懊惱不已，再一聽說鄧拓是因為看電影誤了考試時間才沒考好，不禁火上心頭，著實把弟弟數落了一通。鄧拓這時倒冷靜下來對哥哥說沒有上清華未必是一件壞事。他說：「三哥，你以為清華和留美，便能挽救國家的命運嗎？在這班國民黨的腐敗官僚掌握之下，所有的科學和文化的貢獻、設施，都是空話！」[3]同樣懷著報效祖國的殷殷之心，但與相信科學救國的哥哥不同，鄧拓顯然更加關注如何改造社會組織結構，認為追求社會公平比追求器物層面上的進步更有價值。這種志向的思想來源主要有兩方面。首先，鄧拓在建構人生觀的青少年時期經歷了從「五四」到「五卅」再到國共第一次合作失敗的歷史時期，在刻苦學習之中，他廣泛接觸了各種思潮，尤其是初步接受了從俄國傳過來的馬克思主義思想，深受歷史唯物主義觀念的影響，這樣他的人生追求就和從小就泡在實驗室中探索自然科學的三哥有所不同。其次，鄧拓自幼就熟讀經史子集，儒家聖賢「哀民生之多艱」（戰國・楚・屈原《離騷》）、「窮年憂黎元，歎息腸內熱」（唐・杜甫〈自京赴奉先縣詠懷五百字〉）的社會使命感和他們「治國平天下」的人生理想，也早已滲透在他的思想深處了。這樣，儘管他有研究的興趣，但是他顯然更加關注社會問題，尤其是意識形態問題。他希望能投身到追求社會公平、歷史正義的事業中。他要在理想社會模式的建構中實現自己的人生價值。蔣介石發動「四一二」事變之後，許多

2　李拓之：〈悼念亡友鄧拓〉，《憶鄧拓》第 229 頁。
3　李拓之：〈悼念亡友鄧拓〉，《憶鄧拓》第 229 頁。

「左翼」文化工作者都陸續聚集到了上海。上海成為這個時期的「左翼」革命文化中心，正是鄧拓的嚮往之地。和敬重的三哥進行了一番科學能否救國的爭論之後，鄧拓更清晰地清理了自己的思路，堅定了自己的人生追求。

　　這年他離家到上海上大學時寫下這樣一首〈別家〉詩：

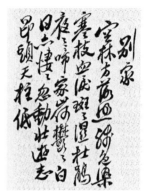

> 空林方落照，殘色染寒枝。
> 血淚斑斑濕，杜鵑夜夜啼。
> 家山何鬱鬱，白日亦淒淒。
> 忽動壯遊志，昂頭天柱低。[4]

詩中沈鬱廓寥的情懷非一般只關注自我生活小圈子的青少年所能有。對祖國現實的憂慮深深植根在他年輕的心中，對故鄉民生的牽掛成了他鄉愁的內容，而「昂頭天柱低」

鄧拓十七歲別家赴上海光華大學求學時，心中充溢著悲壯的情感。

則表達了他改變社會現實、拯濟蒼生的雄心。這種昂揚的壯志亦非一般多愁善感的書生所能有。

　　上海光華大學創建於 1925 年 6 月，由數百名脫離美國教會學校上海聖約翰大學的愛國師生組建而成。1925 年 5 月，上海日本紗廠槍殺中國工人顧正紅等，英帝國主義者又殺死殺傷憤怒舉行遊行示威的群眾，製造了震驚全國的「五卅」慘案。聖約翰大學及其附屬中學的華籍師生，積極聲援愛國反帝運動，要求校中下半旗為死難者志哀。美籍校長卜濟舫，拒而不接受這一要求，把師生們升上的中國國旗奪走擲在地上，宣佈學校提前放假，蠻橫壓制師生們的愛國行動。6 月，聖約翰大學及附屬中學學生 553 人以及全體華籍教師 19 人，憤而集體宣誓脫離聖約翰大學，10 餘名應屆大學畢業生聲明不接受聖約翰大學

---

[4]　鄧拓：〈別家〉，《鄧拓全集·第四卷》第 4 頁。

頒發的畢業文憑。他們籌議自行設校善後辦法。這得到了學生家長和社會各界的廣泛同情和支持。學生家長王豐鎬、許沅，滬海道尹張壽鏞等奔走策劃，9 月份即在法租界霞飛路舉行新成立的光華大學開學典禮和畢業典禮（給聲明退出聖約翰的應屆畢業生頒發畢業文憑），全校學生人數即達 970 餘人。校名「光華大學」，取日月光華之義。學校以日月卿雲為校旗，紅白為校色，「格致誠正」四字為校訓。鄧拓上學時校舍已遷至大西路，校長為張壽鏞，教務長為朱經農。學校設文、理、商三科。鄧拓上的是文學院政治社會系。學校管教甚嚴，紀律嚴明，學風較佳。特別注重國文、外國文和數理等基本科目教學，教員上課多用英語，學生畢業服務社會後，頗獲好評，學校在社會上有較好的聲譽。

　　鄧拓 9 月份入學後，白天按時到校，要麼去聽課，要麼到圖書館自習；晚上則住在福州同鄉開的會館中，關在小屋內苦讀。當時學校開設的課程有行政法、比較憲法、中外史地、政治學、英文、經濟學等。學校新添的選讀課「經濟名著」有「亞當·斯密、李嘉圖、卡爾·馬克思、庫巴衛克諸家之代表作」。大約在入學後第一學期，鄧拓就廣泛閱讀了一些經濟學、歷史學和哲學名著，選讀了不少馬克思主義著作。家裡寄來的一點生活費，他除了必要的花費外，大都用來購買書籍了。房東看到鄧拓生活清貧，整天埋頭讀書，對十里洋場的紙醉金迷、歌舞喧囂毫不動心，就開玩笑說「這個依弟是個書呆」。鄧拓對學校每隔一段時間舉辦的校外來賓演講很有興趣。1929 年 12 月光華大學曾請胡適作了〈新文學運動和國民黨〉的演講。「三一八」紀念日裡學校請人做了紀念講演；校慶五周年又請了楊杏佛作演講。學校也經常組織演講比賽，讓學生就現實、政治、時局和社會問題各抒己見。就在胡適演講後不久，就有人作了關於批評胡適演講的演講。這種思想交鋒，鄧拓很感興趣。[5]

---

[5]　王必勝：《鄧拓評傳》第 22-23 頁。

　　鄧拓對思想交鋒有興趣，希翼在交鋒之中尋找出能真正代表歷史理性的真理。至於說交鋒中建構出文化多元性的可能性，他沒有興趣。鄧拓並不是迷戀於社會公共空間建構的自由主義知識份子，而是執著追求唯一真理的仁人志士。青少年時候所受的儒家文化教育奠定了他的心理格局。

二、人生信仰

　　1930 年 6 月，光華大學一年的學習結束了。鄧拓聽說上海法政學院有許多名教授講課，教學質量很好，就參加並通過了轉學考試，準備二年級轉到法政大學去讀。但是由於「左」翼革命運動吸引了他，雖然 1930 年夏他就離開了光華大學，但一直到 1931 年秋才到法政學院去續讀大學二年級。

　　二三十年代，上海的左翼運動正開展得如火如荼。二十年代末，太陽社、創造社與魯迅、茅盾等展開了革命文學的論爭。這場論爭，充盈著「左」傾幼稚氣氛和宗派主義情緒，也促使論爭雙方都去探討什麼是真正的馬克思主義，從而推動了馬克思主義在中國的傳播。一大批馬列著作和文藝理論書籍被翻譯介紹進來了。鄧拓處在論爭的中心上海。初步接觸馬克思主義理論，鄧拓那顆關心民生苦難的年輕的心，就被其批判社會剝削現象的思想鋒芒所征服；深入一步學習馬克思主義理論，鄧拓發現它既以剩餘價值理論來闡釋、批判人類社會中的剝削現象，又以唯物主義觀點回答世界本源問題，「而且這種相容並包不是簡單的湊合，而是有著內在的邏輯的一致，整個大千世界統一在這個理論下，被安排得井井有條」，鄧拓體會到一種找到精神歸宿的喜悅。他把馬克思主義確認為自己的人生信仰，決心投身到實踐馬克思主義的社會運動中去。而這一時期，他所接觸到的海派文化中的自由主義思想，由於並不符合他追求唯一真理的思維

格局，不符合他批判社會不公的思想傾向，所以並不能進入他的心靈中成為他的精神內涵。

1929 年，中共在上海成立了文化工作委員會（簡稱「文委」）。1930年 3 月 2 日，中國左翼作家聯盟在上海成立，簡稱「左聯」。此後，按照中共中央的部署，「文委」和「左聯」的一些社會科學工作者朱鏡我、彭康、李一氓、楊賢江、杜國庠、王學文、鄧初民等，又著手籌備中國社會科學家聯盟（簡稱「社聯」）。1930 年 5 月 20 日，中國社聯成立大會在上海召開。「社聯」的主要工作是通過辦雜誌傳播和研究馬克思主義。同時，「社聯」還開辦學校、講習班、讀書班、短訓班，培訓工人和共產黨急需的革命幹部。[6]鄧拓 1930 年冬天參加了「社聯」，積極宣傳辯證唯物主義思想，參加舉辦工人夜校，宣傳馬克思主義。也在這一年冬天，他秘密加入了中國共產黨，並被派任為「社聯」區黨團書記及上海反帝大同盟區黨團書記等職。

十八歲的鄧拓（子健）寫下了「不卜文章流海內，莫教詩酒誤狂名。得伴前輩追真意，便是今生入世誠」的詩句以明心志。

兩間憔悴一書生，長對清燈亦可驚。
不卜文章流海內，莫教詩酒誤狂名。
得伴前輩追真意，便是今生入世誠。
白眼何妨看俗儈，幽懷默默寄書城。[7]

這首作於 1930 年冬的〈書城〉詩中，鄧拓把自己的人生追求與兩類傳統的知識份子區別開來。一類是以文章為傳世之事業的正統知識份子，另一類是以詩酒傲世的狷狂知識份子。鄧拓是積極入世的，他不願意

---

6 林炎志：〈繼承傳統，面向未來，推進社會科學全面繁榮——紀念中國社聯成立 70 周年〉，《河南社會科學》2000 年第 5 期。
7 鄧拓：〈書城〉，《鄧拓全集‧第四卷》第 5 頁。

僅僅在詩酒山水中獨善其身而放棄自己的社會使命。鄧拓渴慕先賢追求真理的精神，他不願意追求個人的功名，不願意追求家族的榮耀，也不願意僅僅在「立言」之中寄託自己的人生價值。他要在這新時代尋找代表歷史正義的道路，要把自己投身在實現這種正義的實踐中。「路漫漫其修遠兮，吾將上下而求索。」（戰國・楚・屈原《離騷》）對於在燈紅酒綠之中渾渾噩噩混日子的庸俗之輩，鄧拓是不願意同流合污的。通過馬克思主義理論的學習，通過各種理論的比較鑒別，鄧拓認定了中國共產黨所實踐的便是自己一直在追尋的歷史正義。他決定為之獻身！

　　1930 年夏鄧拓自上海回閩過暑假。鄧拓一方面關注時事政治，寫了一些關於時事問題的雜談；另一方面仍然沉醉於古典詩詞的境界中，著重研讀了閩籍清代詩人張際亮和謝甸男的作品。這個假期他還寫了一篇散文〈紫金山下〉，署名曉晶。其內容是說：南京的紫金山下有一具屍體，已殘破成為骷髏了。但脖子裡有三條筋，將頭顱和脊樑骨連起來。有一大群人穿著禮服向他頂禮膜拜。忽而一道紅光，這班頂禮膜拜的人群都一掃不見了，只是這具骷髏還直挺在那裡……。1931年秋末，中學同學李拓之正在福州主編《朝報》的文藝副刊《明日》，便把這篇散文登在《明日》上。此文登出後約一周，李拓之即在去報館的路上被便衣的偵緝隊員逮捕投入警察局內原陸軍監獄。審訊者要李拓之說出這篇文章的作者，說如果不交代出作者就要將李拓之抵罪。李拓之反問「抵什麼罪？」審訊者登時咆哮起來，說「這個骷髏分明指的是孫總理，頂禮的人群就是國民政府的首長們，紅光就是共產黨……。」李拓之始終堅持說：「這是外間投稿，不曉得作者的真姓名。」審問者揮手將李拓之押下獄室，讓獄卒在他的雙腳釘上大鐵鐐，還威脅說這鐵鐐要釘到死。後來由於李拓之的父親託人請福建省主席方聲濤寫了手諭，他才在獄中關了三個月後被釋放出來。[8]

---

[8]　李拓之：〈悼念亡友鄧拓〉，《憶鄧拓》第 226 頁。

　　顯然，18歲的鄧拓此時尚沒有去辨析孫中山政治理想和當時國民黨統治勢力之間的差異，而視之為一體。事實上，國民黨的實際統治勢力，也一直在掩蓋他們的政權與孫中山「三民主義」理想之間的差異。他們一方面魚肉人民、鎮壓異己，一方面又高舉「民族、民權、民生」的旗號進行自我標榜、自我掩飾。鄧拓從1927年國民黨對共產黨人、青年學生的屠殺中，從基層國民黨統治的腐敗中，看到這個政權的不合理性，而萌生出批判意識和鬥爭意識。他堅信自己所追尋的共產主義理想終要替代國民黨的統治。

三、獄中正氣

　　1931年夏，鄧拓轉入上海法政學院經濟系學習。法政學院在打浦橋金神父路（今瑞金二路）上。這一時期，鄧拓一邊學習，一邊從事地下工作，先後擔任中共法南（法租界和南市）區委宣傳幹事、宣傳部長和南市工委書記。1931年「九一八」事變爆發，日本帝國主義侵略中國的野心充分暴露，鄧拓積極組織學生、工人參加抗日救亡運動。他既在學校組織演講，也在課餘時間到亭子間寫標語、壁報，還秘密到工廠去宣傳革命，發動工人。當時到法政大學作痛斥《田中奏摺》報告的何洛，後來回憶起主持人鄧拓，說「他所致的『開場白』和『閉幕詞』即簡明扼要又生動有力，而且把我所講的內容也重點地強調了一番。他的談吐和氣派，很有激情，但又沉穩，頗具學者風度。」[9]

　　日寇侵佔東北三省得手以後，從1931年11月起，先後在天津、青島、漢口、福州、重慶、上海等地進行鬧事挑釁活動。1932年1月28日夜，日本侵略者公然向駐紮在上海閘北的十九路軍發動進攻，淞滬戰爭爆發。十九路軍在總指揮蔣光鼐、軍長蔡廷鍇、淞滬警備司令

[9] 何洛：〈階級友愛情意深〉，《人民新聞家鄧拓》，晉察冀日報史研究會編，人民出版社1987年第1版，2005年第2次印刷，第130頁。

戴戟的領導下頑強抵抗日寇。他們雖裝備遠不及日軍，且後援不繼，
休整無暇，犧牲甚多，但始終士氣旺盛，苦戰數月餘，一直堅持到 1932
年 3 月 1 日晚才不得已退守第二道防線。淞滬保衛戰期間，鄧拓積極
組織抗日義勇隊，為十九路軍將士送慰問品，投身民族救亡運動。

　　這一時期，中國共產黨正處在「左」傾冒險主義占上風時期。他
們在同國民黨的鬥爭中一味蠻幹，不講究策略，不講保護自我力量，
而是命令黨團員到處撒傳單，貼標語，組織集會遊行。每次集會遊行
之後，總有不少人被逮捕和屠殺，損失很大。這時期，鄧拓化名「丁
丙根」參加中國共產黨的地下活動。1932 年 12 月 11 日，鄧拓參加中
共法南區委組織的紀念廣州起義的活動，在鐵工廠開會的時候被捕
了。本來，如果身份沒有暴露，又沒有證據落在國民黨手中，關幾天
就可能放出來。但是，這回審訊者認出了眼前這個一問三不知的青年
「工人」就是前不久抓過的丁丙根，便懷疑他是重要的共產黨嫌犯，
於是就把他押往法南區憲兵司令部。而後，在一個星月無光的夜晚，
他和何洛等多名政治犯，帶著手銬腳鐐，由武警押上火車，被解往南
京憲兵司令部。不久，他又被解押到蘇州反省院。[10]

　　在蘇州反省院，國民黨審訊人員從一個叛徒口裡知道了中國法南
區黨組織的情況，就威逼鄧拓交代組織關係，交代他和張稼夫[11]的關
係。張稼夫這時正利用國民黨中央研究院研究人員的身份，開展馬克
思主義的研究和宣傳工作，擔任了中央研究院社會科學研究所的中共
地下黨支部書記。該支部共有 10 多個黨員，是中共上海地下黨的重要
據點，屬法南區委領導。而代表法南區委和該支部聯繫的正是鄧拓。

[10] 何洛：〈階級友愛情意深〉，《人民新聞家鄧拓》第 131 頁。
[11] 張稼夫（1903-1991），原名張法古，號宜今，山西省文水縣西北安村人。
　　1923 年畢業於山西省立農業專門學校。1927 年加入了中國共產黨。曾任中
　　央研究院社會科學研究所中共地下黨支部書記，中共中央西北局宣傳部長，
　　並任西北局常委。1949 年後任中國科學院黨組書記、副院長。是中國共產
　　黨第七、八、十二、十三屆全國代表大會代表，第一、二、三、五屆全國
　　人民代表大會代表。

但是在每次審訊中，鄧拓要麼一言不發，要麼就說不知道、記不得了。審訊人員一點辦法也沒有，只好找叛徒來說降。面對叛徒的威脅利誘，鄧拓仍然一聲不吭。審訊人員決定採用刑訊逼供的辦法。火紅的鐵鉗燙炙在鄧拓的腿脛部，冒出煙來，發出吱吱的聲響，鄧拓疼得昏死過去，日後他的兩脛各留下了銅錢那麼大的黑瘢三四個，但他仍然毫不屈服。這時候支撐鄧拓的是心中的理想之光，是共產主義信念。

惲代英[12]烈士和楊匏安[13]烈士的獄中詩也激勵著鄧拓。惲代英在〈獄中絕詩〉中寫道：「浪跡江湖憶舊游，故人生死各千秋。已擯憂患尋常事，留得豪情作楚囚。」楊匏安的〈臨刑別獄友〉寫道：「慷慨登車去，何曾怨逝川？求人身可毀，殉道志彌堅。知止窮張儉，遲行笑子淵。從茲分手別，對視莫潸然！」先烈們的遺詩在獄中傳抄。他們為了理想而視死如歸的豪情鼓舞著獄中的難友，也給了鄧拓力量。[14]

獄中，鄧拓寫了一系列詩以言自己的心志。在多少無言的深夜中，他一個人反覆推敲，有些五言律詩不僅感情真切，而且音律工整，充滿浩然正氣。其中一首寫道：

---

[12] 惲代英（1895-1931），亦名遽軒，字子毅。祖籍江蘇省武進市，生於湖北武昌。畢業於武昌中華大學。1921 年加入中國共產黨。1923 年起任青年團中央宣傳部長，主編《中國青年》，並在該刊撰文 100 餘篇。國共合作期間，參加國民黨上海執行部工作，曾任國民黨中央執行委員、黃埔軍校政治總教官。第一次國共合作破裂後，參加領導了八一南昌起義和廣州起義，先後任中共中央宣傳部秘書長、組織部秘書長，主編《紅旗》雜誌。1930 年 5 月在上海被國民黨逮捕。1931 年 4 月因顧順章出賣，蔣介石派人勸降不成，被害於南京。遺著編成《惲代英文集》。

[13] 楊匏安（1896-1931），字麟燾，又名錦燾，筆名匏庵、王純一。廣東香山縣南屏北山村人。早年留學日本。五四運動期間發表了大量宣傳馬克思主義的文章。1921 年加入中國共產黨。1923 年起曾任中共駐國民黨黨團副書記、國民黨中央組織部代部長等職。參與領導省港大罷工。1927 年當選為中共第五屆中央監察委員。1929 年在上海中共中央機關工作，參加編輯黨刊、黨報，並任農民部副部長。1931 年 7 月被捕，8 月被害於龍華。著有《楊匏安文集》。

[14] 王必勝：《鄧拓評傳》第 27-29 頁，李拓之：〈悼念亡友鄧拓〉，《憶鄧拓》第 227 頁。

去矣勿彷徨，人生幾戰場？
廿年浮滄海，正氣寄玄黃。
征侶應無恙，新猷倘可長！
大千梟獍絕，一士死何妨！[15]

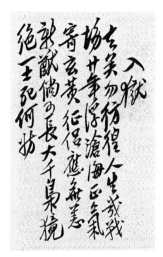

1933 年，鄧拓在蘇州反省院
面對燒紅的烙鐵，心中充滿
浩然正氣。

從這首詩中可以看出，由於把自己的生
命寄託在正義的事業中，所以越是在促
仄的環境中，鄧拓的情感就越為豪邁。
身處獄中，他關心的並不是自己的生
死，而是大千世界中的不公平現象是否
能消滅。鄧拓把自己的獄中詩編成集
子，題名為《南冠草》。南冠原是南方楚
人的頭冠。春秋時，楚人鍾儀戴著故鄉
南國的帽子被囚，所以南冠一般借指因
犯。鄧拓編完詩集後又做〈自題《南冠草》〉七律一首：

世上春光幾度紅，流泉地下聽鳴蟲。
血花照眼心生石，磷火窺魂夢自空。
生死浮雲渾一笑，人天義恨兩無窮。
收來病骨歸閬苑，莫對清江看冷楓。[16]

詩中，儘管在國民黨監獄中自己身體受創、眼見戰友死亡，鄧拓產生
了強烈的生命淒創感，但這絲毫沒有改變他獻身理想的堅定志向。「生
死浮雲渾一笑」的豪邁之情與對生命的憐惜並存，給這首詩帶來了豐
富的人生內涵。

　　聞知小兒子被捕受刑並在獄中得了肺病，已經年過六旬的鄧儀中
心急如焚，立即趕往南京、蘇州。兄姊們也各處托人展開營救。已是

---

[15] 鄧拓：〈獄中詩‧其一〉，《鄧拓全集‧第四卷》第 6 頁。
[16] 鄧拓：〈自題《南冠草》〉，《鄧拓全集‧第四卷》第 9 頁。

南京中央大學一級教授、中央研究院研究員的三哥鄧叔群求助於時任中央研究院院長的蔡元培，經蔡元培輾轉請託，最終找到了當時任國民黨候補中委、行政院秘書長、鐵道部次長、交通部次長的曾仲鳴和當時任國民黨中監委、行政院秘書長的褚民宜。這兩人開口之後，鄧拓終於於 1933 年 9 月被保釋出獄。[17]

> 放聲一曲大江東，千古風雲入望中。
> 有限朋交嗟宿草，無多骨肉悵飄蓬。
> 隻身天地餘殘淚，一眼河山盡斷鴻。
> 莫道群生都懵懵，明朝四野又烽煙。[18]

這首〈出獄〉詩，個人的身世之嗟與對祖國命運的感歎相交織，感時傷世之中對民眾的覺醒仍然懷著堅定的信心。

四、哲學論辯

鄧拓從獄中出來，同共產黨組織暫時失去了聯繫，便回到福州家中療養身體。鄧拓在母親的悉心照料下，逐漸恢復了健康。對於鄧拓來說，讀書就是最好的休養方式，親情也慰藉了他的心。這時小姪女鄧全已經長成 13 歲的大孩子了。對於這個失去父親的孩子，他非常疼愛。他關心她的學習情況，教她英語，尤其注意引導她的性格發展。鄧全一哭鼻子，鄧拓總是溫和地對她說：「要是人家要氣你，你哭了，氣了，豈不是上了大當了？」他鼓勵她要堅強，不要懦弱，要做有「潑

---

[17] 根據鄧拓之子鄧壯 2007 年 7 月 4 日下午與筆者在北京語言大學會議中心的談話記錄和顧行、成美的《鄧拓傳》。鄧壯的資料來源於他與鄧叔群夫人陸桂齡的交談；顧行、成美的相關資料見《鄧拓傳》山西教育出版社 1991 年第 1 版第 22-23 頁。

[18] 鄧拓：〈出獄〉，《鄧拓全集‧第四卷》第 10 頁。

「辣勁」的人。他還和父親商量要讓侄女多讀書繼續升學，千萬不要受女孩隨便讀兩天書就等著嫁人的社會風氣影響。[19]

鄧拓經常和父親一起做詩、寫字。更多的時候，他和剛從廈門大學回來的老同學傅依凌一起泡在烏山圖書館讀書。他特別關注當時思想界的各種論爭。在《新中華》雜誌第 1 卷第 18 期上看到張東蓀[20]的〈動的邏輯是可能的嗎？〉後，鄧拓決定回應學界關於唯物辯證法的哲學論爭，宣傳馬克思主義。

1933 年鄧拓（雲特）在《新中華》上發表第一篇哲學論文〈形式邏輯還是辯證法？〉，與張東蓀進行論辯。

1933 年 10 月他完成了駁論文章〈形式邏輯還是辯證法？〉[21]。針對張東蓀質疑辯證法、推崇形式邏輯的思路，鄧拓在文中仍把形式邏輯與辯證法置於二元對立關係中，而肯定唯物辯證法，否定形式邏輯。他說：「形式邏輯只能抓住些個別的板滯的現象來說，只能就一時一地的個別現象而立論，它不能從事物的歷史的發展上來觀察。」「……我們

19　鄧全：〈懷念拓叔〉，《憶鄧拓》第 249 頁。
20　張東蓀（1887～1973）：原名張萬田，字聖心，浙江杭縣（今屬余杭）人。早年在東京帝國大學留學。辛亥革命時回國，任孫中山臨時大總統府秘書，擔任《時事新報》總編輯、中國公學教授。1919 年在北京創辦《解放與改造》雜誌（後改名為《改造》），任總編輯。1920 年與梁啟超等成立《講學社》。1932 年與張君勱等在北平組創國家社會黨。1934 年與張君勱在廣州創辦學海書院任院長。後任上海光華大學教授、北平燕京大學教授。抗戰時期，曾被日軍拘禁。抗戰勝利後，加入中國民主同盟。1946 年 1 月出席中國政治協商會議。中華人民共和國成立後，任全國政協委員。主要著作有《道德哲學》、《認識論》、《科學與哲學》、《多元認識論重述》、《階級問題》、《知識與文化》、《思想與社會》、《理性與民主》等。
21　鄧拓：〈形式邏輯還是辯證法？〉，《鄧拓全集·第五卷》第 3-15 頁。

應當很客觀地承認形式邏輯在某些固定的個別事實的研究之中之相當的作用，但是，在解釋一切事物的存在運動變化發展全過程時，形式邏輯卻是完全無用。在這一意義上說，形式邏輯恰恰是『沒有生命的骨架』，替代它的唯一的科學方法，卻只是唯物辯證法！」從這篇文章中可以看出，鄧拓在當時的共產黨人中是具有相當高的辯證唯物主義理論修養的；也可以看出，他對馬克思主義的理解主要是來自蘇聯對馬克思主義的闡釋，具有濃厚的列寧主義色彩。他強調「客觀的事物之運動變化過程，卻是有規律的。這客觀規律不管我們已認識或是未認識，它總是客觀的存在著的」。而「唯物辯證法乃自然、人類社會及思維的一般的存在運動和發展的法則」。基於對唯物辯證法把握客觀世界能力的信仰，鄧拓相信在將來的理想社會中，「人類能夠統治自然界的自然性，並且消滅社會的自然性，歷史的發展完全可以受人的規劃，人的意志能夠完全自由。」這裡，他把人的自由完全界定在類的自由上，絲毫沒有提及個體的自由、個性的自由。同時，他把人的認識活動理解成了是對客觀規律的反映，並不關注主體的建構作用。這種既服膺於高懸於人之上的客觀規律，又相信人改造世界的無限能量的哲學思路，來源於蘇聯，同時也是相當長一段歷史時期內中國共產黨黨內理論家的共同思想傾向。對客觀規律的信仰，導向對歷史理性的信仰，導向共產黨人對自己獻身其中的鬥爭事業的正義性的信仰；對人類改造自然、社會、歷史能力的信仰，則導向對未來理想社會的必然性的信仰。這種類似於宗教式的堅定信仰，使得一大批中國知識份子在儒教崩潰之後重新找到了安身立命的精神家園，也使得一大批獻身共產主義事業的仁人志士在艱難困苦、犧牲奉獻中毫不退縮。但是它也包含著一個內在的盲點：個體的自由在人類歷史的崇高事業面前、在客觀的規律面前沒有地位，那麼，追求歷史正義的過程中，群體的專政如何預防、領袖的專政如何預防就不在考慮之內。這篇〈形式邏輯還是辯證法？〉署名鄧雲特，發表在《新中華》半月刊 1933 年第 23 期上。鄧雲特，後來就成為鄧拓常用的筆名。

正當鄧拓想繼續開展馬克思主義哲學的宣傳工作時，福州發生了「福建事變」。原來，十九路軍在「一・二八」淞滬抗戰中不畏犧牲，頑強阻擊日寇，但總指揮蔣光鼐、軍長蔡廷鍇等反而因「違令」抗日受到蔣介石的申斥。十九路軍被剝奪了抗日的權利，調往福建「剿共」，在被迫「剿共」中又遭到紅軍主力的重創。1933 年 11 月 20 日，十九路軍將領陳銘樞、蔣光鼐、蔡廷鍇，聯合黃琪翔領導的第三黨，和國民黨內李濟深、陳友仁等部分抗日反蔣勢力，以及福建地方知名人士一起，在福州發動「福建事變」（簡稱「閩變」），宣佈成立中華共和國人民革命政府（又稱「福建人民政府」），明確提出反蔣抗日的口號。鄧拓聞之非常興奮，立刻放下手中的書，以鄧拓洲的名字參加了福建人民政府文化委員會的工作，還兼任人民政府外交部秘書。儘管書本讓鄧拓癡迷，儘管在宣傳馬克思主義的筆戰中鄧拓也體會到與歷史正義融為一體的踏實感，但是，顯然，直接加入革命組織、直接從事具體的社會實踐鬥爭，對鄧拓更有吸引力。在參加「福建人民政府」的工作中，鄧拓遇到了季步飛、劉湘紋夫婦。他們倆是共產黨派到「福建人民政府」工作的。鄧拓立即托他們把自己被捕經過的詳情轉報上一級的黨組織。季步飛瞭解鄧拓的情況後，說要解決鄧拓的組織問題。他安排鄧拓先參加黨的工作，讓鄧拓與他單線聯繫。但是由於「閩變」領導人內部不團結，政治上因公開放棄孫中山的三民主義而失去廣泛外援，財政上經費短缺，福州在 1934 年 1 月 15 日即被蔣軍攻破，李濟深、陳銘樞、蔣光鼐、蔡廷鍇逃往香港，僅存 50 多天的「福建人民政府」也宣告結束。蔣軍在城內大肆搜捕事變人員，鄧拓只好匿居在家中讀書，再一次與黨組織失去了聯繫。

1934 年春末，正在上海浦東中學教書的老同學李拓之，匯款來叫他到上海去。1934 年夏秋之間，鄧拓再次離家來到上海，住在六裡橋浦東中學李拓之的宿舍裡。好友相見，既一起讀書做詩，也交流思想感受。1934 年秋，大哥鄧伯宇從開封寫信來，叫鄧拓到河南去。說是那邊有大嫂管家，可以照顧生活；插到河南大學去繼續讀書也比在上

海流浪好多了。鄧拓決定聽大哥的建議到開
封去，李拓之和他合影留念，並脫下身上的
西服贈他。臨行前一夜，李拓之在上海的寧
波菜館為他餞行。兩人即席賦詩，鄧拓先作
一首五律詩：

> 分袂申江次，離杯悵共傾。
> 知交貧裡見，危局亂中明。
> 星火迎前路，風波勉此生。
> 相期他日會，萬里怒濤聲。[22]

李拓之和其韻也作一首五律詩：

> 羈旅此為別，衷情一夕傾。
> 長途原坦坦，征路已明明。
> 客裡休懷舊，人叢莫怕生！
> 漫天風雨惡，好趁迅雷聲。[23]

1934 年「福建人民政府」失敗，鄧拓再次來到上海，住在老同學李拓之的宿舍。

　　對知己之交、離別之情的深切體會是兩人的共同心緒，但是鄧拓
更多地把友情放在社會時局變化的背景上來體會，李拓之則把友情限
定在對朋友個人遭際的關懷上。同是文人，鄧拓顯然多了一層政治
熱情。

---

[22] 鄧拓：〈客居上海〉，《鄧拓全集·第四卷》第 11 頁。
[23] 李拓之：〈悼念亡友鄧拓〉，《憶鄧拓》第 230 頁。

第三章　獨念萬眾梯航苦[1]

一、中國歷史論辯

　　大哥鄧伯宇的家在開封市磚橋街三號。大哥是省政府的一名職員，大嫂鄭中碩是河南有名的婦產科大夫。大哥大嫂十分愛護和尊重這個最小的弟弟。一到開封，大嫂就安排鄧拓住在東廂一個套間，裡邊一間是臥室，外邊一間是書房。由於擔心他得過肺結核和胃病，又在獄中受過刑，身體不易康復，大嫂時常要煮些荷包蛋或者沖上一杯牛奶，強迫他吃下。天熱的時候，大嫂甚至還親自給鄧拓還有大哥、侄兒打扇。等大家都吃完了，大嫂才開始吃飯。[2]

　　鄧拓插班到省立河南大學法學院經濟系就讀。河南大學創建於1912 年，初為河南留學歐美預備學校，1923 年更為中州大學，1927年改名為河南中山大學，1930 年再改名為省立河南大學。河南大學師資雄厚，這時任經濟系主任的是羅章龍。羅章龍 20 年代初就參加共產黨，此時已被開除出黨。羅章龍親自為鄧拓辦理了入學手續。50 年後，他還回憶說「鄧子健是一個勤奮的學生，那時對一些經濟歷史就有研究。」[3]同學周震中也回憶說：「他那琳琅滿目的兩大架圖書和桌上堆滿的書報雜誌，以及正在寫作的攤開的稿紙。這與其說是一間學生宿

---

[1]　鄧拓：〈寄語故園〉，《鄧拓全集・第四卷》第 13 頁。
[2]　黎辛：〈鄧拓在開封〉，《河南大學學報》2002 年第 1 期。
[3]　王必勝：《鄧拓評傳》第 37 頁。

舍，倒不如說是一個作家的書房。」[4]大嫂擔心鄧拓的健康，經常勸他不要起三更睡半夜，可是他聽了只微笑點頭，絲毫不肯有所懈怠。

這一時期，鄧拓主要的學術活動在兩方面，一是發表了一系列關於經濟和歷史問題的學術論文，參加關於中國歷史社會性質的討論。二是完成並出版了學術專著《中國救荒史》。

1935年鄧拓在《中山文化教育館季刊》第2卷第4期上發表了〈論中國封建社會「長期停滯」的問題〉，1936年在《新世紀》第1卷第3期上發表了〈論中國經濟發展史中的奴隸制問題〉，在《時代論壇》第1卷第8期和第11期上發表〈再論中國封建制的「停滯」問題〉、〈論中國封建制「停滯」的歷史根源〉，在《中山文化教育館季刊》第3卷第2期上發表〈中國歷代手工業發展的特點〉，1937年在《中山文化教育館季刊》第4卷第8期上發表了〈中國長期封建農業社會生產關係的變化〉。這些論文都署名鄧雲特。

當時的社會史學界都「幾乎都一致地認為，中國沒有走上產業資本主義道路以前，有一個『長期停滯』的狀態」。但是對這個停滯狀態的界定，不同的學者卻形成了各種不同的觀點，展開了激烈的論爭。參加這一論爭的有陶希聖、胡秋原、瞿同祖、朱新繁、王亞南、范文瀾、呂振羽、翦伯贊、嵇文甫、傅築夫、陳嘯江等。對西周至鴉片戰爭這一漫長歷史時期中國社會的性質的認識問題上，鄧拓不贊成陶希聖、胡秋原、任曙、王宜昌、朱新繁的觀點，不贊成「商業資本主義說、前資本主義社會說、亞細亞生產方式說、專制主義社會說、佃傭制社會說以及『反覆論』」。鄧拓認為，中國「長期是封建社會，但又是不斷發展變化的」。依據馬克思和恩格斯的理論，鄧拓認為中國社會長期停滯在封建社會的原因應該到社會的生產方法中去尋求。在歷史考證的基礎上，他認為，「中國封建經濟關係不斷地受到商業資本的衝擊和浸蝕而發生變化；同時商業資本又沒有根本破壞中

4　顧行、成美：《鄧拓傳》第27頁。

國封建經濟的結構」[5]。「中國農奴制的發展是經過了四個不同的時期，出現了四種不同的形式：從西周至戰國末年為第一時期，這是勞役制佔優勢的時期；從秦代統一至東漢為第二期，這是貢隸制佔優勢的時期；從魏、晉至唐代中葉為第三期，這是課耕制盛行的時期；唐代中葉以後直到清代鴉片戰爭以前為第四時期，這是佃役制取得了支配地位的時期。這裡所說的勞役制、貢隸制、課耕制、佃役制等四種形式，雖然各有不同的特點，但是，它們都是屬於封建農奴制的範疇。這四種形式相繼出現，恰恰符合於中國封建制度的創立期、發展期、轉向期和爛熟期等四個階段。」[6]在這一系列經濟學與歷史學的論文中，鄧拓有非常明確的論辯意識。他嫺熟地運用馬克思主義理論，同時也非常注重歷史事實的考察。鄧拓的觀點引起了學術界的重視，上海以及各地的刊物多有轉載。《中山文化教育館季刊》的編者陳洪進見到鄧拓的文章，非常欽慕，卻不知道這些文章的作者原來是一個 22 歲上下的青年。

二、《中國救荒史》

　　鄧拓 1937 年從河南大學經濟系畢業時所提交的畢業論文是《論中國救荒問題》。在寫作這篇畢業論文的同時，鄧拓還完成了一部 25 萬字的學術專著《中國救荒史》。這本書日後在中國學術史上佔據著相當重要的地位。全書分為三編。第一編是「歷代災荒的史實分析」。第二編是「歷代救荒思想的發展」；第三編是「歷代救荒政策的實施」。

[5]　鄧拓：〈論中國封建社會「長期停滯」的問題〉，《鄧拓全集・第一卷》第 408 頁。
[6]　鄧拓：〈中國長期封建農業社會生產關係的變化〉，《鄧拓全集・第一卷》第 469 頁。

　　鄧拓通過梳理歷代典籍中的災荒記載，統計分析了從遠古殷商時代直至 1937 年我國的水災、旱災、蝗災、雹災、風災、疫災、地震、霜雪、歉饑等各種災荒的發生次數及情形，還從自然和社會兩方面分析了災荒的成因，從社會變亂和經濟衰竭兩方面分析了災荒的影響。《中國救荒史》以豐富的史料為理論依據，嚴謹扎實，顯示出鄧拓豐厚的學術素養，又熔鑄著他關懷民生疾苦、批判社會不公的人間情懷。他將對災荒史實的梳理引向對人類社會關係的追問，認為「所謂『災荒』乃是由於自然界的破壞力對人類生活的打擊超過了人類的抵抗力而引起的損害；而在階級社會裡，災荒基本上是由於人和人的社會關係的失調而引起的人對於自然條件控制的失敗所招致的社會物質生活上的傷害和破壞。」[7]「……從來災荒的發生，帶根本性的原因無不在於統治階級的剝削苛斂。」[8]對災荒概念的界定和災荒成因、災荒影響的分析，都無不體現了鄧拓關注人類社會關係這一思想特色。

　　關注災荒，是為了救荒。寫作「救荒史」，正是為了對歷史上的救荒政策進行反思。「所謂『救荒』就是人們為防止或挽救災害而招致社會物質生活破壞的一切防護性的活動。把歷代的人對自然控制的具體關係和防止或挽救因為這種關係被破壞而產生的災害所採取的一切政策思想記述下來，找出經驗教訓，這就是救荒史研究的對象和目的。它不僅要記述歷代災荒的實況和救濟政策，而且要記述和分析歷代社會經濟結構的形態和性質的演變以及它們和災荒的關係。」[9]鄧拓注意到歷代的救荒思想中「天命主義禳禰論」[10]長期占支配地位的事實，也強調了此外「歷代也還有較切實際的議論」[11]。他把這些切合實際的議論分為「消極救濟論」和「積極救濟論」兩大類進行詳細闡釋。

---

[7]　鄧拓：《中國救荒史》,《鄧拓全集・第一卷》第 7 頁。
[8]　鄧拓：《中國救荒史》,《鄧拓全集・第一卷》第 68 頁。
[9]　鄧拓：《中國救荒史》,《鄧拓全集・第一卷》第 7 頁。
[10]　鄧拓：《中國救荒史》,《鄧拓全集・第一卷》第 146 頁。
[11]　鄧拓：《中國救荒史》,《鄧拓全集・第一卷》第 151 頁。

「屬於消極救濟論的,還可區分為遇災治標和災後補救二種。而在遇災治標中,又包括賑濟、調粟、養恤、除害四項。」[12]災後補救則「包括安輯、蠲緩、放貸、節約」[13]。積極救濟論,又有兩種,「一為改良社會條件的理論,一為改良自然條件的理論。「改良社會條件的理論,概括為重農與倉儲兩方面。」[14]「改良自然條件的防災理論,概括為水利和林墾二方面」[15]。

　　這部《中國救荒史》是應商務印書館之約而寫的。由於各種情況的阻滯,鄧拓接到限期交稿的通知時,只剩下三個月的時間了。如何完成這麼迫促的任務,家裡人都代他著急,鄧拓自己卻十分從容。他用 20 多天的時間搜尋資料,在書中夾上紙條作標記,然後擬出一個大綱,再動手寫。寫時共有四個抄手,兩個趕抄資料,兩個謄清手稿。鄧拓寫起來頭都不抬一下,落筆如疾風驟雨。他用左手拉過已寫的紙張,紙紛紛堆落在地上,兩個抄手趕不上他一人寫的速度,到後來率性三四個抄手全都參加謄寫。大哥、大嫂、侄兒全都加入了抄寫的行列。他早上只喝一杯牛奶,午餐和晚餐吃些面和飯,夜裡吃些餅乾,稍事休息,即又動筆,既不抽煙也不吃水果,日以繼夜地寫下去。一直到他寫成的時候,還剩下五天的空閒。實際上這部中國第一部救荒史他只用了兩個月多一點的時間就寫成了。以 25 歲的年齡,在如此短暫的時間寫就了一部經得起時間考驗的學術著作,靠的自然是鄧拓長期的學術積淀和他的聰慧資質。

　　書稿交給商務印書館,校樣寄來的時候,鄧拓正在獄中。他囑咐大哥到上海去找老同學李拓之,讓李拓之幫忙校對。李拓之這時已經轉到上海泉漳中學教書。大哥鄧伯宇來到上海,在法租界的一家公寓裡開了一個房間,李拓之在裡面埋頭校對。李拓之花了兩星期的時間,

---

[12] 鄧拓:《中國救荒史》,《鄧拓全集‧第一卷》第 151 頁。
[13] 鄧拓:《中國救荒史》,《鄧拓全集‧第一卷》第 168 頁。
[14] 鄧拓:《中國救荒史》,《鄧拓全集‧第一卷》第 184 頁。
[15] 鄧拓:《中國救荒史》,《鄧拓全集‧第一卷》第 191 頁。

仔細校訂了抄手謄寫造成的文字錯誤。校完之後，李拓之又建議增加一個歷代災荒記載的大事記。鄧拓出獄之後，根據李拓之的建議，又在書的後面添上了一份詳細的中國災荒年表。這本書，鄧拓當時是用文言文寫的，1937 年商務印書館出版不久就被譯成日文在日本出版。1957 年三聯書店重印時鄧拓把它改寫成了現代漢語。[16]

三、「民先」大隊長

> 天末驚飆起，中州客夢寒。
> 心潮奔日夜，劍魄隱風端。
> 大野雲龍嘯，高空白鶴盤。
> 何時追逝景，奮翅越重山！[17]

這是鄧拓 1935 年春從開封寄給李拓之的一首詩。鄧拓高遠的志向，既指向學術領域，也指向社會實踐領域。1935 年，北京學生在「一二‧九」救亡愛國運動之後，成立了中華民族解放先鋒隊，簡稱「民先」。開封的學生迅速回應，舉行了抗日救亡的遊行示威，臥軌要求南京政府抗戰，接著也成立了開封「民先」大隊。鄧拓當選為大隊長，領導學生與青年開展抗戰等進步活動。鄧家在磚橋街三號的住處就成了開封市「民先」大隊部的地址。

鄧拓與北京「民先」總隊部的劉導生保持聯繫。鄧拓工作扎實，埋頭苦幹，尤為重視理論學習、形勢分析與思想教育，為開封的「民先」與青年學生工作做出了重要貢獻。1936 年 12 月 12 日張學良在西安扣押蔣介石以後，各界群眾議論紛紛，許多激情憤慨的學生都主張槍斃蔣介石，鄧拓分析說形勢複雜，雖然共產黨有人去了西安，但國

---

16 李拓之：〈悼念亡友鄧拓〉，《憶鄧拓》第 230-231 頁。
17 鄧拓：《開封寄李公緯》，《鄧拓全集‧第四卷》第 12 頁。

民黨報刊說蔣介石已被殺，何應欽調動大軍準備進攻西安，如果內戰打大了的話，親痛仇快，於抗戰不利。血氣方剛的青年學生們從鄧拓的冷靜分析中受到了啟發。由於在上海被捕過，鄧拓積累了一些地下工作經驗。儘管開封的「民先」活動是普遍而深入的。有的進步中學，如北倉女中個別班，只個別同學沒有加入「民先」，「民先」簡直可以公開進行讀書與座談會活動；但是鄧拓仍然很謹慎，一般都把組織、領導工作放在幕後來做。他的住所直接來訪的人不多，公開場所他也少露面，一些經常相處的「民先」隊員甚至都不知道熟悉的「鄧子健」就是他們的大隊長，就是許多活動的實際組織者。鄧拓直接露面參加其組織生活的「民先」小組有兩個，一個在河南大學，一個在濟汴中學。河南大學的這個小組，成員有同級不同系的同學周震中、趙以文等。濟汴中學的這個小組，成員有郭有勇（即黎辛）、鄧應增、寧兆義、孫瑞五等。郭有勇的父親是開封平民醫院的創辦者，是鄧拓大哥大嫂的朋友，一家就借住在大哥家的前院。鄧應增則是大哥的兒子、鄧拓的侄子。鄧拓經常介紹進步書刊給他們看，講形勢與任務給他們聽。儘管有大哥大嫂的照料，鄧拓不需要為生計操心，大哥一家的經濟也比較寬裕，但是為了做青年學生的工作，鄧拓還是擠出時間到大哥任事務主任兼教員的濟汴中學教公民課，到西北中學教歷史。正是由於鄧拓等人的積極引導，開封的「民先」隊員去延安或參加各地抗日救亡演劇隊的很多，不少學生是帶著《大眾哲學》、《哲學大綱》、《論左派幼稚病》與毛澤東的《論持久戰》等革命書籍與馬列主義著作去延安參加抗戰活動的。[18]

　　1936 年夏季，「民先」總部領導人、共產黨員劉子厚到開封聯繫和檢查工作，遭到國民黨特務的抓捕。鄧拓冒著生命危險把劉子厚護送回北京。鄧拓向劉子厚說明了自己因在上海被捕而與黨組織失去聯繫，後來遇到季步飛又再次失去聯繫的前後經歷。劉子厚答應鄧拓負責解決他的組織問題。顯然，黨組織一直是鄧拓的精神歸宿。

---

[18] 黎辛：〈鄧拓在開封〉，《河南大學學報》2002 年第 1 期。

四、投筆從戎

1937年6月下旬，河南大學畢業考開始。鄧拓經過四年的學習，這時已屆臨畢業。鄧拓一邊復習考試，一邊按照黨組織的安排悄悄做好了去蘇北工作的準備。最後一門考試在學校七號樓。七號樓有東、西、南、北四個門，平時大家都走東門與西門，北門偏僻，極少人走。鄧拓非常謹慎，考完試出來就朝北門走去。沒想到剛到北門邊，便被早已躲在那兒的國民黨藍衣社特務即軍統特務給抓住了。[19]軍統特務以「共產黨嫌疑」的罪名逮捕鄧拓，但又搜不出證據。他們在審訊中逼迫鄧拓交出聯繫人來。有了上回在上海被捕的經驗，這回鄧拓更加從容了。無論審訊者用什麼手段，鄧拓都拒不承認自己的身份，更不承認有什麼聯繫人了。審訊者只好叫出先前抓捕的一位中共地下黨員施於民來和鄧拓對質。鄧拓對施於民說：「我根本不認識你，你怎麼能毫無根據地誣賴好人呢？」施於民聽鄧拓這麼說，就立即改口說「對不起，我認錯人了。」這樣，國民黨對鄧拓毫無辦法，只好把他關在獄中。[20]

鄧拓被捕，大哥大嫂十分焦急。他們利用大嫂行醫所結識的社會關係，不分日夜、不計花費，找了河南省的許多上層人物。這時正是「七七」盧溝橋事變的前一個月，全國抗日形勢緊迫，國共內戰形勢隨之逐漸緩解。呼籲國民黨釋放政治犯，是全民族聯合抗擊日本侵略者的必然要求。這樣，鄧拓在國民黨獄中關了一個月左右就和一批政治犯一起被釋放出來了。

從獄中出來不久，8月初的一天，河南省主席兼國民革命軍三十二軍軍長、二十集團軍司令商震，就約請鄧拓和張麗雲、張含清到他

---

[19] 黎辛：〈鄧拓在開封〉，《河南大學學報》2002年第1期。
[20] 鄧拓：〈遺書〉，《鄧拓全集‧第五卷》第431頁。

家，請他們到他的部隊中做宣傳工作，鼓舞士氣，調動全民抗戰的熱情。商震在國民黨將領、官員中屬於抗戰較為堅決的，平時與開封國民黨軍統系統有矛盾。抗日戰爭爆發後，三十二軍所轄的三個師在商震的指揮下就開赴河北前線，分佈在滄（州）石（家莊）線上，準備痛擊入侵的日寇。二十集團軍的司令部當時就設在滄石線中間的辛集（當時屬於束鹿縣，現在為辛集縣）。張麗雲是藝術家，戰前在太原出版《麗雲半月刊》，全部刊登他個人的作品。張麗雲與商震是世交，聯繫較多。這時張麗雲在開封任防空司令部上尉軍官，發表抗戰作品、進行抗戰演說，均慷慨激昂，富有感染力。張含清是山東鄉村建設學院的教員。

　　8 月上旬，鄧拓和張麗雲等人來到辛集。一到部隊駐紮地，他們立即進行調查工作。先在辛集鎮內，後去附近農村，一方面瞭解情況，一方面宣傳抗日。9 月中旬，他們把動員民眾、組織民眾的計畫作好，定好召開動員大會的日子。三十二軍軍部也批准了他們的計畫。這時卻忽然接到商震的電話，說國民黨中央給三十二軍派了一個龐大的政治部，為了不與這個政治部發生摩擦，就讓鄧拓、張麗雲他們停止工作返回開封。三十二軍是國民黨的雜牌軍隊，商震是絕不敢違抗國民黨中央的。這樣，鄧拓和張麗雲只好於 9 月 17 日由石家莊沿正太路赴山西太原。鄧拓選擇到太原去是因為他得知八路軍在太原設立了辦事處，徐向前、蕭克都在太原。他想找渠道到解放區去。

　　「七七」盧溝橋事變後的第二天，中共中央就向全國發出了〈中國共產黨中央委員會為日軍進攻盧溝橋通電〉，陝北的全體紅軍將領也共同署名，發出了要求全國抗日的通電。不久，周恩來、秦邦憲、林伯渠飛往盧山，代表中共中央與蔣介石等進行談判，商討共同抗日的問題。1937 年 8 月上旬，國民黨政府與中國共產黨達成共同抗戰協議。8 月 25 日，中共中央軍委正式下達命令：紅軍改編為國民革命軍第八路軍，朱德任總指揮，彭德懷任副總指揮，葉劍英任參謀長。根據同國民黨政府達成的協議，八路軍開赴閻錫山負責的第二戰區作戰。

　　鄧拓在太原張麗雲家中住了一夜，第二天與八路軍接好關係後就
返回開封辦事。這時由於日寇在開封火車站投炸彈炸死了很多逃難的
人，鄧伯宇與鄭中碩也攜子鄧應增離開開封到西安去了。鄧拓回到開
封磚橋街三號，住在借住鄧家的郭有勇（即黎辛）家的客廳中，沒住
幾天，從同學周震中手中接過一些路費，就出發到西北的晉察冀根據
地了。[21]

> 四年投筆複從戎，不為虛名不為功。
> 獨念萬眾梯航苦，欲看九州坦蕩同。
> 夢裡關河聞唳鶴，共同身世寄飄蓬。
> 寄語故園雙老道，征蹄南北又西東。[22]

這首〈寄語故園〉，是鄧拓離開開封時寫給家鄉父母的詩。

　　鄧拓還給老同學傅依凌（家麟）寫信說：「目前國難當頭，我們應
該做一件扛鼎的工作，不是在戰場上和敵人進行生死搏鬥，就應該在學
術上有所貢獻，寫一、二種大部頭的學術著作，發揚祖國的文化。」[23]
實際上，學術研究和革命實踐，是鄧拓追求歷史正義事業的兩種不同
形式。《中國救荒史》是鄧拓大學時代研究中國社會經濟史的一項重要
成果，鄧拓本來想進一步研究下去，但是戰爭阻攔了他的計畫；接下
去他就走上了另一條同樣是為民眾、為祖國服務的道路——投筆從
戎。詩中最後一句，即指先由開封至河北，再由石家莊至太原。從先
前在上海就投身共產黨的地下工作，到如今毅然要投奔到根據地去，
鄧拓展示了他注重社會實踐的人生價值取向。儘管他有過人的才華，
有相當豐厚的學養，對書齋生活也有很深的眷戀，但是改造社會的實
際工作對他的吸引力更大。這也體現出中國文化注重經世致用思維對
鄧拓人生選擇的潛隱作用。

---

[21] 黎辛：〈鄧拓在開封〉，《河南大學學報》2002 年第 1 期。
[22] 鄧拓：〈寄語故園〉，《鄧拓全集・第四卷》第 13 頁。
[23] 傅家麟：〈青年時代的鄧拓〉，《憶鄧拓》第 223 頁。

　　給傅依凌的信中，鄧拓還說：「西方有巨人焉，吾將往而從之。」[24]
這表達了一個富有理想的青年對心目中理想集體的嚮往。一個「從」
字，似乎暗示了這個富有才華的青年只可能成長為一個忠誠而順從的
戰士，不大可能變成對這個群體進行反思的力量。此中，鄧拓顯示出
的精神特徵，更像是一個追隨聖主的賢才，並不大像一個以人格獨立
為第一要旨的現代知識份子。

---

[24] 傅家麟：〈青年時代的鄧拓〉，《憶鄧拓》第 223 頁。

第四章　信是毛錐能退敵[1]

一、民族抗戰

　　1937 年 9 月鄧拓經太原來到了晉察冀。到邊區去，鄧拓依照大家不用本名的習慣，不再用鄧子健的名字。依據自己在「福建人民政府」期間用過的鄧拓洲這個名字，他起名鄧拓，意指開拓新的革命天地。鄧拓和十幾個知識青年一起乘坐一輛敞蓬大卡車到達五台，每人身上都披著一件剛領的軍用黃呢大衣。這是平型關大捷的戰利品。平型關戰役是八路軍 115 師於 1937 年 9 月 25 日殲滅日寇板恒師團第 21 旅團的一個伏擊戰，共殲滅日寇 1000 餘人，繳獲大量武器輜重。它是中國抗戰以來的第一個大勝仗，大大地激勵了軍心和民心。八路軍晉察冀軍分區司令員、平型關戰役的指揮官之一聶榮臻[2]，在路邊的帳蓬裡熱烈歡迎這批從太原來的新戰士。聶榮臻對鄧拓的第一印象是：「他是一位朝氣蓬勃、滿腔熱血的青年。一經交談，甚是投機，我喜歡他那種

---

[1]　鄧拓：〈贈邊區會議諸老，步皓青老人原韻〉，《鄧拓全集・第四卷》第 46 頁。
[2]　聶榮臻（1899-1992），四川江津人。1919 年底赴法國勤工儉學，1923 加入中國共產黨。1924 年赴蘇聯學習。1925 年任黃埔軍校政治部秘書兼政治教官等職。1927 年參加南昌起義。抗日戰爭爆發後，任八路軍第 115 師副師長、政治委員。1937 年 11 月任晉察冀軍區司令員兼政治委員。解放戰爭時期任華北軍區司令員等職。中華人民共和成立後先後任國務院副總理、國務院科學技術委員會主任、國防部國防科學技術委員會主任等職。1955 年被授予中華人民共和國元帥軍銜。著有《聶榮臻回憶錄》。

爽朗的性格。他首先告訴我，他已經學會了識別和採集很多種野菜，為的是日後困難時能借此充饑。可見他已經作了艱苦奮鬥的思想準備。」[3]

這時，晉察冀的抗日形勢十分嚴峻。由於日本對侵華戰爭準備已久，中日部隊力量懸殊，國民黨部隊步步潰敗，1937 年 10 月 26 日娘子關失守，11 月 2 日忻口失守，11 月 8 日太原失守。從察南、晉東北以至冀西，田地裡到處看得見萎黃的禾黍已經困倒了，仍然無人收割；農家的穀場裡，一堆堆的燕麥和穀子還沒有簸碾。有錢的人丟下了房屋地產走了；窮苦人家，一部分悽惶地開始流浪逃亡，過難民的生活，一部分則絕望地坐守著破碎的鄉園聽憑命運的支配。平漢線上，無論保定、正定各地，無數的難民逃到山村小鎮，擠滿了大街小巷。男女老幼都衣衫襤褸，哭泣擁擠著。[4]各縣的國民黨政權機構，多數實際上已經歸於瓦解。在晉東北區域，只有五台縣長宋劭文、盂縣縣長胡仁奎等少數抗日縣長仍然堅持政權工作，其他各縣的政府人員大都已經逃散一空。散兵流匪，到處肆擾。社會秩序，完全陷於紊亂、破壞和崩潰之中。日寇和漢奸正普遍組織漢奸政府與維持會。[5]

根據中共中央的指示，1937 年 11 月 7 日八路軍 115 師分兵 3 千組建晉察冀軍分區，開展敵後抗日救亡工作。聶榮臻任軍分區司令員兼政治委員。沒過幾天，中共晉察冀省委也在阜平成立，黃敬任晉察冀省委書記。八路軍在晉察冀的出現，給人們帶來了希望。人們悲觀失望的情緒逐漸轉變為積極的行動和希望。鄧拓到晉察冀後恢復了中國共產黨的組織生活，並擔任中共晉察冀省委宣傳部副部長。

1937 年 12 月，中共晉察冀軍區政治部創辦《抗敵報》。1938 年 2 月，中共晉察冀邊區省委創辦黨刊《戰線》，鄧拓題寫了刊名。1938

[3]　聶榮臻：〈光明正大，耿直不阿──《鄧拓詩詞選》序〉，《人民新聞家鄧拓》第 1 頁。
[4]　鄧拓：〈聶榮臻將軍在晉察冀〉，《鄧拓全集·第四卷》第 360 頁。
[5]　鄧拓：〈慶祝軍區成立一周年與我們的任務〉，《鄧拓全集·第二卷》第 25 頁。

年 4 月，《抗敵報》改為中共晉察冀省委機
關報，後又改為中共中央晉察冀分局機關
報。為加強報紙宣傳的力量，聶榮臻決定
編輯部主任不再由軍區政治部主任舒同兼
任，而調鄧拓專任。

　　從 1938 年 2 月起，鄧拓在《抗敵報》、
《戰線》上發表社論、評論。社論通常不
署名，評論、短論多署名惲忒、鄧拓、溫
洲。這些政論文章，不再是學院裡的學術
研究，不再是思想界的自由爭論，而是根
據黨的方針對群眾所作的宣傳。它不代表

「信是毛錐能退敵」，1938
年 4 月起鄧拓擔任中共晉
察冀分局機關報《抗敵報》
編輯部主任。

個人立場，而代表共產黨對某一特定歷史時期所出現的各種社會問
題、思想問題進行解答、宣傳。這一時期，共產黨的迫切任務是組織
各方面力量抗擊日本侵略者。鄧拓大量的政論文章都圍繞這一主題展
開，具有明確的現實針對性。

　　整合民族自尊心、提高民族自信力是取得抗戰勝利的關鍵。「我中
華民族的優良德性與優良傳統是什麼？」鄧拓在〈論民族自尊心和抗
戰勝利的自信心〉中慷慨寫道：「我們的民族，是最艱苦卓絕，臨危不
懼，不屈不撓，酷愛和平，維護正義，追求真理，而富有偉大的犧牲
的精神的。歷史上有多少英雄豪傑，志士仁人，殺身成仁，捨生取義，
轟轟烈烈，發揚了至高無上的民族精神──發揮了我中華民族的優良
德性與優良傳統。他們所以能夠『臨危不動』、『威武不屈』，造就偉大
的事業，就因為他們始終保持著民族偉大的精神，沒有忘了祖先所遺
留的優良德性與偉大傳統，一句話，他們有著至高無上的『民族自尊
心』，不甘於屈辱，不甘於落後，因此，他們在歷史上，不斷地成就了
千秋不朽的功業。」他歌頌「越王勾踐的臥薪嚐膽，伍子胥的復仇雪
恥，岳武穆的精忠報國，文天祥的正氣千秋」，也歌頌孫中山艱苦奮鬥、
不屈不撓的革命精神，歌頌八路軍英勇抗敵的英雄行為；同時也沉痛

鄧拓（右一）還兼任英文翻譯。這是 1939 年 5 月他陪同聶榮臻（左一）、美國合眾社記者郝喬治觀看八路軍繳獲的日軍文件。

地指出，由於主客觀上的原因，「使得一般國民沒有能夠充分保持著堅強的民族自尊心，以至有的受了虛偽的宣傳欺騙而不自覺，遇到危險困難，不自禁地就動搖起來，甚至在敵人的威逼利誘與無恥的鼓動煽惑之下，竟中其圈套，被其利用」。他呼籲道：「我們希望在部隊中，在廣大群眾中，廣泛地進行民族的教育，深入民族思想，加強民族戰鬥意識的鍛煉，使每一個戰士和每一個群眾，都能深切瞭解當前民族抗戰的嚴重任務，那麼，不管抗戰臨到何種困難的階段，處於任何艱苦的環境，都可以為我所克服，而取得最後的勝利。」[6]

　　針對社會上存在的太平麻痺思想和「驚慌失措」心理，鄧拓寫了〈克服太平觀念〉、〈認清當前戰爭的形勢〉，警醒大家「我們不能忘記今天的邊區，是處在敵人的包圍之中，隨時有被敵人破壞蹂躪的危險，而且，我們可以肯定地說：正因為我們邊區不斷地發展與進步，敵人必定要向我們猛烈地進攻與破壞。因此，我們絕不能有半刻忘記了敵人進攻的危險，而放鬆了準備與警惕」[7]。號召大家「積極地制裁侵略者，反對和消滅這一人類的公敵──日本侵略者」。認為「要徹底肅清太平觀念和恐日病，要徹底克服『麻木不仁』和『驚慌失措』，必須使全邊區的人民，正確地瞭解目前日寇進攻的情形，明瞭敵我的優點和缺點，堅定勝利的信心，積極克服我們自身的一切弱點，以粉碎日寇的進攻」[8]。面對日本侵略者一次又一次的瘋狂掃蕩，他寫了〈粉碎敵

6　鄧拓：〈論民族自尊心和抗戰勝利的自信心〉，《鄧拓全集・第二卷》第21-24頁。

7　鄧拓：〈克服太平觀念〉，《鄧拓全集・第二卷》第10頁。

8　鄧拓：〈認清當前戰爭的形勢〉，《鄧拓全集・第二卷》第17頁。

寇對邊區「掃蕩」〉、〈紀念「七七」，堅持長期抗戰〉，號召大家，「我
們對於敵人的破壞可以避免的，預先要儘量設法防備避免，但是遭受
了不可避免的損失時，我們決不怨歎，只有仇恨，努力向敵人討還血
債！」[9]春耕時節來臨，他寫了〈迅速開展春耕運動〉、〈回答邊區政府
農業生產的號召〉，從堅持抗日持久戰的意義上闡述開展春耕運動的意
義。整個抗戰時期，《抗敵報》、《晉察冀日報》的社論絕大多數都是圍
繞抗戰主題展開，從民族抗戰的高度具體指導民眾的生活的方方面
面、鼓動民眾的鬥志。

　　1940 年彭德懷等指揮的
「百團大戰」取得了抗日戰場
的輝煌勝利，鄧拓立即向大家
通報具體戰績，鼓舞民眾。百
團大戰從 1940 年 8 月 20 日開
始一直持續到 12 月。在八路
軍總部的統一指揮下，晉察冀
軍區、晉冀魯豫軍區部隊以正

1939 年 5 月鄧拓和陳波兒（左一）率戰
地婦女兒童考察團成員在晉察冀邊區。

太路為重點進行大規模的交通破襲戰。正太路是日軍在華北的主要交
通線。這次戰役中，各戰區軍民與敵人進行了大小戰鬥 1800 多次，
斃傷日偽軍 25000 餘人，俘虜日軍 281 人、偽軍 18000 餘人，拔除敵
人大小據點 2900 多個，繳獲了許多炮、步槍、馬槍、機槍等武器，
在廣闊的區域內破壞鐵路、公路、橋樑、車站、隧道等敵人必需的交
通設施，大量收割日軍的電線，取得了重大的勝利。同時八路軍也傷
亡約 17000 人。八路軍將士不畏犧牲、保家衛國的精神，沉重打擊了
侵略者，強烈鼓舞了中國人民。毛澤東聽到勝利的喜訊後，當即致電
彭德懷說：「百團大戰真是令人興奮，像這樣的戰鬥是否還可以再組
織一兩次？」蔣介石亦驚喜交加，向八路軍總部發出嘉獎電稱：「貴

9　鄧拓：〈粉碎敵寇對邊區「掃蕩」〉，《鄧拓全集·第二卷》第 36 頁。

部窺此良機，斷然出擊，予敵甚大打擊，特此嘉獎。」日本華北方面軍的作戰記錄則記載說：「此次襲擊，完全出乎我軍意料之外，損失甚大，需要長時期和鉅款方能恢復。」晉察冀軍區在三個半月的連續戰鬥中，作戰 330 多次，斃、傷、俘日偽軍 4900 多人，繳獲各種炮 6 門，長短槍 900 多支，彈藥 10 餘萬發，還有大量軍用物資。[10] 三個半月的連續戰鬥中，鄧拓不僅向前線派出記者，及時報導戰場情況，還在 1940 年 9 月親自寫了〈要發揚百團大戰與邊區子弟兵的偉大勝利〉、〈慶祝百團大戰的勝利，繼續百團大戰的精神〉兩篇社論，鼓舞邊區人民。

　　1943 年的大「掃蕩」之後，鄧拓采寫了〈控訴日本法西斯兩腳獸的滔天罪行〉、〈瀦龍河兩岸的血雨腥風——任邱、高陽人民反「聯莊」的殘酷鬥爭〉等通訊，揭露日本侵略者的殘暴面目、激勵中國軍民的反抗精神。「在易縣寨頭村及附近艾河、杏樹台、喬家河等村莊，十一月五日至八日三天中，我百餘老鄉落入敵手。敵人挖了十個大坑，於九日將這百多個老鄉先用刺刀狂戳，然後活埋，其中有十一家全家被難而滅門絕戶。而阜平大×坪村被殺害得只剩下婦孺了。十二月十二日拂曉，敵人以步騎兵包圍平山東西崗南，在一天中殺害我鄉親一百三十四人，重傷十二人，其中五十餘人是被敵人用火燒死的。在井陘老虎窖，敵人將被捉的七十多個鄉親完全趕到洞裡，施放瓦斯彈，除兩個人跑出來其餘全被毒死。在曲陽賈口，只是已發現的屍體就有一百二十多個。……」[11]「饑餓與毒刑加深了群眾對敵人的仇恨，任邱關章鋪的一個老百姓，衝到守衛的敵人面前，一手奪下了敵人的槍，要打死敵人，旁邊兩個日本兵向他開槍，所有被扣的群眾，憤怒的情緒更加高漲了，他們暴動了，有一百多人從敵人的嚴密監視下衝了出來，敵人開槍追捕，三十多人犧牲了，將近一百人跑脫了；……有一

[10] 聶榮臻：《聶榮臻回憶錄·中》，解放軍出版社 1984 年版第 505 頁。

[11] 鄧拓：〈控訴日本法西斯兩腳獸的滔天罪行〉，《鄧拓全集·第二卷》第 204 頁。

個五十多歲的老頭，敵人捉住要殺他，他臨死時高聲向群眾呼喊著：『老鄉們聽著，鬼子今天殺死我，你們要記住給我報仇！』」[12]

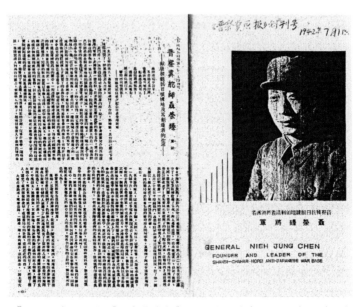

1942 年鄧拓在《晉察冀畫報》創刊號上發表了人物傳記〈晉察冀舵師聶榮臻〉。

1942 年 7 月，鄧拓在《晉察冀畫報》創刊號上發表了人物傳記〈晉察冀舵師聶榮臻──敵後抗日模範根據地及其創造者的生平〉[13]，以

---

[12] 鄧拓：〈潛龍河兩岸的血雨腥風──任邱、高陽人民反「聯莊」的殘酷鬥爭〉，《鄧拓全集・第二卷》第 211 頁。

[13] 〈晉察冀舵師聶榮臻〉1942 年 7 月發表於《晉察冀畫報》創刊號上，但後來考慮到稱聶榮臻為舵師有在延安之外另立山頭之嫌，便從全黨統一領導的角度出發銷毀了這期刊物。1944 年 12 月該文經修訂、刪減後更名為〈聶榮臻將軍怎樣創造晉察冀解放區〉，重新發表於《群眾》雜誌第七卷 23、24 期。1986 年《鄧拓文集》收錄此文時更名為〈聶榮臻將軍在晉察冀〉，補充了載於《晉察冀畫報》的部分資料，並作了簡單說明。2002 年《鄧拓全集》收錄時沿用了〈聶榮臻將軍在晉察冀〉的篇名和內容。

各種生動的細節，表現聶榮臻在晉察冀邊區怎樣著手邊區民主建設、領導軍民抗擊日本侵略者，多方面塑造出聶榮臻從容、睿智、英勇的形象。「九月底的一個早晨，郵局送來一封不尋常的書信，交聶司令員親啟，聶將軍正在接聽陳莊戰鬥的消息：八百餘敵人，經過四晝夜的激戰，已經完全被殲滅在陳莊的南山了。他剛放下電話耳機，打開書信，原來是敵酋田中部隊長邀約他在陳莊會師『和平合作』的『投降書』，一陣哈哈大笑引起了四座的驚疑。他把書信遞給座中的賓客，用極端諷刺的口吻笑著說：『可惜得很，我現在到陳莊，已經看不見田中部隊的官兵了，我只看得見他們躺在戰場上的累累屍骨，憑弔一番而已！』」白求恩大夫逝世前給聶榮臻將軍留下一份遺囑，「聶將軍立刻打開信，才看了頭兩句，淚水充滿了他的兩眼，他終於控制不住了，他走了兩步面向著路旁的樹蔭，頭俯下了，他用手絹壓住了嘴唇，撲面的寒風帶著他的啜泣聲吹過了四野」。[14]這篇人物傳記還第一次寫到了聶榮臻救助日本戰爭孤兒美穗子的動人故事，表現八路軍的人道精神。這個故事在 80 年代美穗子重訪中國的時候廣為人知。

　　投入到民族解放的事業中，鄧拓意氣奮發。他深深體會到把個體生命融入群體的事業中、把個體生命交付給自己所認定的歷史理性中所帶來的精神歸宿感。但是，他對意識形態的認同中卻明顯包含著領袖崇拜的價值缺陷。不僅〈晉察冀舵師聶榮臻——敵後抗日模範根據地及其創造者的生平〉這篇生動的人物傳記包含著崇拜英雄、神化領導的價值趨向；而且修訂後的〈聶榮臻將軍怎樣創造晉察冀解放區〉也僅僅是減弱了這種傾向，並未從根本上改變這種領袖崇拜思想。

　　在辛苦的宣傳工作之餘，鄧拓還時常兼任八路軍的英文翻譯。戰友智良俊回憶他第一次見到鄧拓的情景便是，1938 年夏的一次軍民聯歡大會上，「有從北平來的幾位英美教授講話，我看到一位身穿草綠色軍服的青年在作翻譯，他氣宇軒昂，從容自若，口齒流利清晰，講得

---

[14] 鄧拓：〈聶榮臻將軍在晉察冀〉，《鄧拓全集・第四卷》第 374、375 頁。

有聲有色。……我驚奇山溝裡竟有這樣的人才。後來聽說這位青年翻譯叫鄧拓。」[15]

二、國共關係

這一時期，根據中國共產黨的統一戰線原則，鄧拓顯然已經把孫中山的三民主義理想與國民黨現實統治勢力區別對待。他讚美孫中山是「中華民族曠古的巨人，中國的民族革命的偉大導師」，認為「他的三民主義，完全根據著整個民族的歷史要求：要求獨立，要求自由，要求幸福。民族主義是代表著我們全民族對外在國際上獲得獨立平等的要求；民權主義是代表我們全國民眾對內在政治上獲得自由平等的要求；民生主義是代表我們全國民眾對內在經濟上獲得幸福平等的要求」。他還認為，誰要是把孫中山先生的三民主義綱領同「聯俄、聯共、扶助農工」三大政策分離開來，誰就是不瞭解孫中山先生及其偉大的革命主張。[16]同時鄧拓還強調「必須把孫中山先生的真三民主義同漢奸汪派的假三民主義嚴格分開，孫中山先生的真三民主義是要經過抗日民族統一戰線的不斷擴大與鞏固，以爭取民族獨立、民權自由、民生幸福的民主共和國的建立，而汪派漢奸的假三民主義則以『中日提攜』、『共同防共』、建立『東亞新秩序』而滅亡中國」。[17]這時候的鄧拓已經不是 18 歲時把國民黨現實統治與孫中山視為一體的單純的青年了。他不僅注重區別汪偽漢奸與孫中山的不同，還注重辨析堅持獨裁政策的國民黨政權與堅持民主憲政的孫中山的不同。他批評國民黨「憲政其名訓政其實，民主其名專政其實的反動企圖」，呼籲全體人民

---

[15] 智良俊：〈懷念鄧拓同志〉，《憶鄧拓》第 55 頁。

[16] 鄧拓：〈紀念民族巨人誕生，努力完成民族解放事業〉，《鄧拓全集‧第二卷》第 31-32 頁。

[17] 鄧拓：〈用真三民主義打碎假三民主義〉，《鄧拓全集‧第二卷》第 56 頁。

的普選權，呼籲各抗日黨派在國家政治地位上的一律平等。[18]在 30 年代末、40 年代初的抗戰形勢中，鄧拓在各種評論中都十分強調國共合作、強調民族氣節。1939 年 3 月在邊區的一個報告會上，他說：「今天各階級盡可以有自己的文藝思想，也像各階級黨派仍各有其自己的政治理想一樣，但更重要的是各階級要為著一個現實的共同歷史事業而共同創造，在政治上如此，在文藝上也是如此。」[19]這裡，他把民族救亡的歷史使命置於階級的分歧之上，強調各階級在民族危亡中的聯合。

1941 年「皖南事變」之後，抗戰仍然是鄧拓評論的核心主題，但是國共聯合的號召在鄧拓的文章中已經更多地轉換成了對國民黨親日派、反共派的控訴。這當然不僅僅是鄧拓個人的政治主張，而是共產黨在國共兩黨摩擦的緊張局勢中所做出的政策調整。

蔣介石眼看共產黨在抗日鬥爭中逐漸壯大，十分焦慮。1940 年 10 月 19 日，他指示何應欽、白崇禧以國民黨政府軍事委員會正、副參謀總長名義致電八路軍朱德、彭德懷和新四軍葉挺、項英，命令黃河以南的八路軍、新四軍於 1 個月內按照規定的線路開赴黃河以北。11 月 9 日，朱德、彭德懷、葉挺、項英覆電何應欽、白崇禧，既駁斥國民黨的這一要求，又表示為顧全大局，仍答應將皖南新四軍部隊開赴長江以北。1941 年 1 月 4 日，江南新四軍軍部及部隊 9000 餘人，在葉挺、項英正副軍長的率領下，向蘇南轉移北上，行至安徽涇縣以南、太平縣以北的茂林地區，與國民黨軍隊 7 個師 8 萬餘人發生衝突、遭到聚殲。國民黨第三戰區長官顧祝同稱新四軍「違抗命令，不遵調遣」。7 晝夜奮戰之後，新四軍但終因眾寡懸殊，措施失當，彈盡糧絕，除 2000 餘人突出重圍外，一部分被俘，大部犧牲。軍長葉挺與對方談判被扣；政治部主任袁國平犧牲；副軍長項英、參謀長周子昆，在突圍

---

[18] 鄧拓：〈一黨專政還是民主憲政〉，《鄧拓全集・第二卷》第 60-64 頁。
[19] 鄧拓：〈三民主義的現實主義與文藝創作諸問題〉，《鄧拓全集・第五卷》第 148 頁。

中被貪財的叛徒劉厚總殺害。1941 年 1 月 17 日，蔣介石稱新四軍「叛變」，宣佈取消其番號，並聲稱要將葉挺交軍事法庭審判。這就是震驚中外的「皖南事變」，也稱「茂林事變」。周恩來等根據中共中央指示，向國民黨提出抗議，並在新華日報上刊登親筆題詞：「千古奇冤，江南一葉，同室操戈，相煎何急！」針對蔣介石取消新四軍番號的決定，1941 年 1 月 20 日，中共中央軍委發佈重建新四軍軍部的命令，任命陳毅為新四軍代理軍長，領導新四軍繼續堅持長江南北的敵後抗日鬥爭。在一片反對聲中，國民黨蔣介石集團陷於孤立。1941 年 3 月，蔣介石被迫「保證」決不再有「剿共」的軍事行動。

　　1941 年 1 月 19 日和 25 日，鄧拓即在《晉察冀日報》發表社論〈為茂林慘變而控訴〉、〈為茂林事件我們應該做些什麼〉，憤怒控訴「親日派陰謀家和反共頑固派」的罪惡。他呼籲道：「我們一致要求國民政府：嚴厲懲辦此次茂林慘變的肇事禍首，並肅清何應欽等親日派陰謀家；我們要求立即釋放一切被俘人員及一切被捕之共產黨員，不得殺害一人，並禁絕對共產黨員之任何卑鄙行為。我們要求退還圍繳自新四軍的全部人槍並優厚撫恤死難人員及其家屬；我們要求平毀西北的封鎖線和撤退華中的『剿共軍』；我們要求保護抗戰團結到底，誓死制止親日派的分裂陰謀！」[20]2 月 16 日，他又發表社論〈偉大的對民族國家的忠義行為〉，歌頌八路軍新四軍的抗日忠義行為。

三、戰地青衫侶

　　到 1941 年，鄧拓已經是虛歲 30 的大齡青年了。大家都十分關心他的婚姻大事，但是他成天只是埋頭工作，有點空閒時間就是讀書，

---

[20] 鄧拓：〈為茂林事件我們應該做些什麼〉，《鄧拓全集・第二卷》第 103 頁。

在天津私立三八女子中學
讀書的時候，丁一嵐（當
時名劉孝思）（1921-1998）
是校學生自治會副主席。

一點也不著急。這惹得許多同志為他著急。這時，有一位年輕姑娘走進了鄧拓的視野。她就是丁一嵐。

丁一嵐原名劉孝思，1921 年出生於河北省塘沽鎮（今天津市塘沽區）一個鐵路職工家庭，祖籍福建福州。1935 年北平學生高喊「停止內戰，一致抗日」的口號、發動「一二‧九」運動的時候，她正在天津私立三八女子中學學習。雖然只是一名初中學生，但她愛國熱情高漲，不僅積極參加各種學生活動，還擔任了校學生自治會副主席。抗戰爆發後，天津淪陷，她不願意做亡國奴，懷著滿腔激憤參加了「平津流亡同學會」。1937 年 9 月 20 日，她害怕父親阻攔，就悄悄離開家，離開了日寇鐵蹄下的天津，和同學一起從塘沽乘船到煙臺，又經濰坊來到濟南，向徐州、南京進發。離開父母姐弟、離開溫暖的家，她的目的只有一個，就是抗日，就是救國！但是怎樣的工作才是切實的救國工作，她還是有點兒茫然。正在此時，她偶然看到《解放三日刊》上有一則抗大陝北公學的招生簡章。陝北公學？延安！她心中一陣激動。延安，一直是當時進步青年心目中的革命聖地，在大家的想像中是一個沒有剝削壓迫、人人平等自由的理想世界，她也是嚮往已久了。於是，她和同學任致商量後，兩人決定立刻動身到這個革命聖地去。在地下共產黨組織的幫助下，她們倆歷盡艱辛，終於於 1937 年 10 月底到達延安。到延安後，她改名劉嘯詩。她在陝北公學學習了三個月，加入了中國共產黨；又被安排到中央黨校學習半年。到中央黨校後，出於保密原則，她又改名于虹。黨校畢業後，她留校做俱樂部主任。正當她熱情投入俱樂部工作，積極組織各種文藝活動的時候，中共中央又號召青年到敵後抗日根據地去支援

前線工作。當她聽到彭真[21]介紹晉察冀邊區的情況，就決定報名到晉察冀去，因為她的家鄉天津就在晉察冀的邊緣，正處於日寇鐵蹄的踐踏中。她要到抗日的前線、要到自己淪陷的家鄉去與侵略者做面對面的鬥爭！而她的男朋友趙石英則按組織安排到家鄉四川去工作了。

　　1938 年 11 月，丁一嵐從延安來到晉察冀邊區，首先來到一二零師所在的嵐縣。於是，她改名丁一嵐。于虹的「于」拆成了「丁一」，「嵐」字則從嵐縣中來。不久，丁一嵐被安排在平山縣婦救會擔任副主任、宣傳部長，兼任《晉察冀日報》通訊員。到晉察冀不久，遠在四川的男友趙石英因為關山阻隔、音訊難通，就向丁一嵐提出終止戀愛關係。丁一嵐理智上可以理解趙石英的決定，但是心裡還是非常難過。婦救會組織部長劉光運知道她的感情波折，又看到鄧拓這個才德俱全的大齡青年還是單身一人，就有意要撮合他們倆。劉光運是報社支部書記侯薪的妻子。她和鄧拓也很熟悉，就向鄧拓介紹丁一嵐。鄧拓聽了，只是笑一笑，沒有說什麼，但是心中卻留下了「丁一嵐」這個名字。

　　1941 年 2 月，平山縣東熟泥溝村一個年輕的婦救會幹部陳珠妮因為積極參加抗日工作，被公公、丈夫殘酷地殺害了，屍體還被鐵棍燙得傷痕累累，慘不忍睹。陳珠妮的慘死，激起丁一嵐心中的怒火。經過實地調查後，平時只寫短訊、消息的丁一嵐，提筆一鼓作氣寫下了一篇 3000 字的報導，字裡行間充滿義憤。她把文章冠上〈血的控訴〉的標題，以「路群」的筆名向《晉察冀日報》投稿。6 月份，平山縣

---

[21] 彭真（1902-1997）：原名傅懋恭，山西省曲沃縣人。1923 年在山西省立第一中學學習期間加入中國共產黨。1938 年任中共中央晉察冀分局書記。1941年到延安，曾任中共中央黨校副校長、中共中央組織部部長、中央書記處候補書記、中共中央東北局書記等職。1948 年至 1966 年間任中共北京市委書記、北京市委第一書記，並曾兼任中央政法小組組長、中共中央書記處書記。「文革」中遭到批判，1979 年平反後任中共中央政法委員會書記、全國人大常委會委員長。是中共第七、八、十一、十二屆中央政治局委員。長期主持政法工作。主要著作編為《彭真文選》。

人民政府經過調查、審訊、判決，槍決了陳珠妮的公公和丈夫。《晉察冀日報》隨即發表了相關消息和丁一嵐的通訊。

〈血的控訴〉中的義憤之情和流暢文字引起了鄧拓的注意。「路群」是誰呢？優秀的通訊員是不可多得的呀！鄧拓立刻提筆給「路群」寫了一封信，鼓勵她多寫稿件。不久他就從報社同志口中知道「路群」就是丁一嵐。這時，儘管還沒有見過面，鄧拓心中對丁一嵐的好感卻在逐漸加深。而丁一嵐得到鄧拓的讚揚、肯定，也很高興。丁一嵐後來回憶，「第一次見面是在分區的婦救會。他身穿一襲軍裝，清癯消瘦的面龐，兩眼卻炯炯有神，言語斯文。他詢問了我的家庭情況與個人經歷，順帶瞭解了我們分區婦女、青年會的情況。」[22]接下來，兩人書信往來，十分投緣。一天，報社記者顧寧要到平山縣出差。顧寧與鄧拓私交甚深，鄧拓就委託他去看望丁一嵐。顧寧看丁一嵐和鄧拓十分般配，就建議丁一嵐不妨和鄧拓做深入的交往。「顧寧走後，一嵐想了很多，很多。在書信往來中，她不是感受不到鄧拓的才華、誠摯和熱情，但她仍有顧慮。一來鄧拓長她近十歲，自己只是個二十歲的小婦女幹部，不願別人說她攀大首長；二來聽說鄧拓身體不好，患有肺病；三來呢，雖與趙石英早已斷了聯繫，但感情上那點牽扯，還真有點剪不斷，理還亂。她想，先不急見面，還是保持通訊聯繫吧。不久，大規模的反『掃蕩』開始了，事情也暫時被擱置下來了。」[23]

1941 年 12 月的一個夜晚，在任致和劉光運的熱心安排下，鄧拓、丁一嵐初次約會於平山縣的瓦口川邊。他們在皓月下踏著落葉，漫步在長堤上，彼此傾吐著理想、抱負。儘管出於矜持，丁一嵐的話並不多，但是她健朗純真的氣質卻深深打動了鄧拓的心；她那清澈的明眸，映在瓦口川的水中，也清晰地銘刻在鄧拓的腦海中。而鄧拓那儒雅的風度、淵博的談吐，也驅散了丁一嵐心中的顧慮，激發了她的愛。不

---

[22] 鄧壯：〈丁一嵐：詩思縈繞伴終生〉，《黨史博覽》，2008 年第 3 期。
[23] 龐暘：《鄧拓和他的一家》，春風文藝出版社 1998 年第 1 版第 79 頁。

知不覺，夜已經深了，要回去了。依依送別之後，鄧拓回到屋中，心情仍然難以平靜。他覺得人海茫茫，自己長時間一個人孤身獨守，好像冥冥之中就是為了等待她的出現。幾天裡，鄧拓寫下〈初晤〉、〈夜別〉、〈寄意〉三首詩記述當時的情景、抒發自己的綿摯深情。在〈初晤〉中，他寫道：

> 山村曲水夜聲沉，皓月霜花落木天。
> 盼澈清眸溪畔影，寄將深慮阿誰邊？
> 矜持語短長懸憶，悵惜蕪堤不遠延。
> 待得他時行篋裡，新詩綺札讀千篇。[24]

1942年2月19日，儘管風沙撲面、春寒料峭，鄧拓和丁一嵐漫步在平山滹沱河邊的西柏坡村外，心中卻是暖意盈懷。這一天，他們正式許下心願，決定一生都要攜手同行。當晚鄧拓寫下〈心盟〉表達自己的深情：

> 滹沱河畔訂心盟，捲地風沙四野鳴。
> 如此年時如此地，人間長此記深情。[25]

沒過幾日，鄧拓又寫了一首五言詩〈定情〉，追記2月19日這個終生難忘的日子，抒寫自己的心志：

> 戰地青衫侶，風沙北國春。
> 白雲浮終古，江水去長東。
> 身世三生劫，心天一向紅！
> 高情為爾我，天地兩無窮。[26]

1942年2月19日鄧拓在〈心盟〉詩中寫道「人間長此寄深情」。

---

[24] 鄧拓：〈初晤〉，《鄧拓全集‧第四卷》第28頁。
[25] 鄧拓：〈心盟〉，《鄧拓全集‧第四卷》第33頁。
[26] 鄧拓：〈定情〉，《鄧拓全集‧第四卷》第34頁。

他要讓終古不變的白雲、要讓滾滾向東的江水，見證自己這地久天長的深情，見證這烽火中以共同革命理想為基礎的堅貞愛情。北國的風沙、戰爭的嚴酷，只能使得他的愛情愈煉彌堅。

這一段時間，在緊張工作的空隙中，鄧拓經常和丁一嵐在河邊山間漫步，也經常在夜窗燈火下圍爐夜話。愛情這個最具私人性的情感中，鄧拓釋放了在嚴酷的戰爭環境中、在持重的領導身份中一直被壓抑的浪漫情懷。他摘花送給丁一嵐，用冰清玉潔的梨花代表愛情的純潔。他不斷寫詩送給丁一嵐，用詩歌來表達心靈最深處的情感體驗。在心有靈犀的交流中，他們既有理想的共鳴，也有對對方和自我生命的深深憐愛。

> 夜窗燈火話爐邊，一點靈犀見慧天。
> 顧影縈懷身未死，顰眉欲語意遲延。
> 偏憐何事愁難遣，獨怪長年病未瘥。
> 恕我癡心多懶慢，深宵猶自訴連綿。[27]

這首寫於 1942 年 3 月的〈夜話〉，以愁病為愛情的主調，風格婉約纏綿；用詞不再是鄧拓詩中常出現的廓大意象，而偏愛傳統婉約詞中常用的「顧影」、「顰眉」、「偏憐」、「病」、「深宵」等語彙。自我的惆悵，不再像鄧拓的多數詩詞那樣引向對歷史與時代重負的承擔，而指向對自我與愛人生命的顧念、憐惜。它表明鄧拓在堅定的革命鬥士之外，還存有與「多愁多病」的傳統書生氣質相通的一面。愛到深處，心中的歡樂越深；愛到深處，心中的憂鬱也越深。愛，使人的心變得異常柔軟。這愛的溫存，照見了生命的脆弱。鄧拓覺得幾乎不堪承受生命的脆弱，又義無反顧地要去護衛這生命的脆弱，同時又強烈渴求把自己交給一種可以信任的力量，得到最溫存的庇護。這種可以信任的力量，來自原本是陌生的異性世界，但在同聲同氣的共鳴中卻親切得如

---

[27] 鄧拓：〈夜話〉，《鄧拓全集・第四卷》第 35 頁。

同自我的一個部分。它使人仿佛回歸
母體一樣放心地鬆弛自己，閉上那一
隻面對世界時一直警覺地睜著的眼
睛，回到最安詳平和的心境中。

　　鄧拓愛丁一嵐「春溫」與「秋肅」
並存、烈火與柔情相兼的個性。在他
心目中，丁一嵐的心地是那樣的純
淨，氣度是那樣的從容，她就像映在
水中的霞光一樣絢爛耀眼。[28]閉上眼

1942 年 3 月 8 日鄧拓和丁一嵐結
婚。他們可謂「戰地青衫侶」。

睛，他總能看見她的「明眸」、「倩
影」，總能聽到她的盈盈「笑語」。[29]在游擊辦報的「秋徵」歲月中，
他被無邊的思念所折磨著。「錦字紅箋斷客邊，夜行憔悴聽杜鵑。戰歌
詩思河邊憶，秋月霜花馬上眠。惆悵山南人遠矣，躊躇心下意愀然。
相逢若問君何似，萬斛潮來只不平」[30]。

　　經過一年多的熱戀，鄧拓與丁一嵐終於在 1942 年 3 月 8 日這一天
在河北平山縣的滾龍溝二莊結婚了。聶榮臻、張瑞華夫婦請他們倆到
家中舉行家宴。丁一嵐也於這年秋天從平山縣婦救會調到《晉察冀日
報》報社從事資料編輯工作。

四、游擊辦報

　　鄧拓從 1938 年 4 月起任《抗敵報》的編輯部主任，全面負責報社
的工作。1940 年 12 月《抗敵報》改為《晉察冀日報》，鄧拓擔任社長

---

[28] 鄧拓的〈題像〉詩中有「映水霞光耀眼新」、「春溫秋肅凝冰火」的句子，
見《鄧拓全集‧第四卷》第 37 頁。

[29] 鄧拓的〈寫影〉詩中有「淺水波光飄倩影，明眸笑語啟輕唇」的句子，見
《鄧拓全集‧第四卷》第 38 頁。

[30] 鄧拓：〈秋徵〉，《鄧拓全集‧第四卷》第 28 頁。

兼主編，同時還擔任新華社晉察冀總分社社長。游擊辦報，是戰爭時期新聞業的重要特點。「實際上，『游擊辦報』的中心問題，就是不論敵後環境如何殘酷，戰鬥如何頻繁，物質條件如何短缺，交通運輸如何困難，報社同志都必須千方百計，堅持出版，堅持把黨中央、毛澤東同志的聲音傳達到廣大幹部和廣大群眾中去；把前方和後方各條戰線的勝利消息傳播到人民群眾中去，鼓舞邊區軍民的鬥志和勝利信心，團結黨內外同志和廣大群眾，抗戰到底，徹底粉碎敵人的『掃蕩』和各種陰謀伎倆。」[31]這就要求鄧拓不僅要能文，還要能武；不僅要能領導報紙的編輯出版，還要能組織對敵鬥爭。

戰爭中資源奇缺，而且要求報社要能邊行軍邊出報。怎樣簡化排版、印刷工作，是一個大問題。鄧拓提出「三千個常用字裡做文章」，減輕鉛字原料緊缺的壓力。鄧拓還和印刷廠工人反覆商量、探討，設法改良工具。1941 年，印刷工人牛步峰動腦筋把沉重的石印機改裝成了輕便的鉛印機。鄧拓給他授獎。隨即鑄字和排版的工人也想辦法把鉛字的字身縮小、把字架改裝成可拆裝的輕便架子，把字盤裝進木箱裡。這樣整套排版、印刷工具裝在八隻騾子上就能自如地搬運。「八隻騾子辦報」成為戰爭中流動辦報的佳話。流動辦報中，有些必要的書隨身攜帶很不方便。鄧拓受白求恩大夫馬鞍形手術箱的啟發，也做了一個馬鞍形的書箱架。下馬時打開馬上就能用；上馬時，合上箱蓋立刻就能走。這個馬背上的資料室也是晉察冀辦報史上的一段佳話。

晉察冀邊區處在津浦、平漢、北甯、平綏、正太、同蒲等幾條鐵路的中間，直視著平津。日本侵略者把這塊抗日根據地視為心腹大患。1938 年 2、3 月，日寇對邊區進行四路圍攻，進犯到阜平縣城。《抗敵報》第 24 期剛剛上版，石印機就被敵機炸毀。1938 年 9 月日寇調集 5 萬兵力從八路圍剿邊區。《抗敵報》社和軍區、邊區黨委、邊區政府一起住在五臺山，正處於日寇的合圍中心。聶榮臻對鄧拓說，五臺山是

---

[31] 蕭白：〈憶人民新聞家鄧拓〉，《人民新聞家鄧拓》第 236 頁。

戰場，報社可先向太行山的北部山區轉移。鄧拓想了想說：「我們必須多出幾期報紙，先做好宣傳工作，儘快把反『圍攻』的消息告訴邊區人民，不必搶先轉移。」鄧拓一方面安排大家準備轉移，一方面抓緊時間又出了幾期報紙，號召大家堅壁清野、粉碎敵人的圍攻。出完這幾期報紙，在向太行山北部轉移的路上，報社收到了軍區政治部和邊區黨委反「圍攻」的文告，鄧拓和支部書記侯薪商量之後，決定避開大路，鑽進險峻山區中的瓦窯村抓緊再出一期報紙，把共產黨的抗日聲音及時傳遞給群眾。瓦窯村是一個只有十幾戶人家的貧困小村。報社擠在鄉親們騰出來的幾間柴房中排字。記者們在膝蓋上寫稿，在鄉親們的炕上校稿。大家睡地鋪，吃土豆、蔓菁菜飯，爭取儘量不要給熱心的鄉親們添麻煩。這期報紙印完，敵人已經到達龍泉關，離瓦窯村只有 20 里路了。報社才動身轉移到平山的土樓村繼續出報。[32]

　　1941 年和 1943 年，日寇對晉察冀抗日根據地進行了兩次最為殘酷的「掃蕩」。「……這三年間，報社的隊伍就就翻越過五臺山、恒山、燕山的許多崇山峻嶺，渡過了唐河、易水、沙河、拒馬河、滹沱河等大大小小的河流，住過許多令人難忘的親切的小山村。」[33]1941 年，敵人動用 7 萬兵力對邊區進行「鐵壁合圍、捉捕奇襲、縱橫掃蕩、篦梳掃蕩、反轉電擊、輾轉訣別」，推行毫無人性的「三光政策」，見屋就燒，見人就殺，見物就搶。那樣的形勢下，要避開日軍，從敵人包圍的縫隙中沖出去，找個隱蔽的地方出報極不容易。這次反「掃蕩」，《晉察冀日報》社兩次被敵人包圍在平山縣滾龍溝大山上，險遭不測，但終化險為夷。[34]滾龍溝是一條彎彎曲曲的山徑，離大道還有七八里地。一條小川穿過兩山之間。巨大的臥牛石，一個個突出在溪流之上。一次報社轉移時因天黑迷路了，沒有突圍出去。當時山溝的兩頭都發現了敵情。待到天亮，日軍的飛機也出動了，到山裡來偵察轟炸。鄧

<hr>

[32] 周明、方炎軍：〈烽火十年憶鄧拓〉，《人民新聞家鄧拓》第 29-30 頁。
[33] 丁一嵐：〈憶鄧拓〉，《憶鄧拓》第 19 頁。
[34] 蕭白：〈憶人民新聞家鄧拓〉，《人民新聞家鄧拓》第 237 頁。

拓對大家做了簡短的動員，說「敵機轟炸，我們沒有傷人，我們是不幸中的萬幸。但是目標暴露了，敵人知道山溝裡有人。我們無論如何也要衝出去。」於是，他把隊伍化整為零，編成不同的組，安排大家分散突圍，說「能沖出去幾個就算幾個！」並且告訴大家幾天後重新集合的地點。在他的安排下，大家分頭衝上左右兩邊的高山上，一會兒奔跑，一會兒躲在草叢樹木中觀察敵人的動靜。很快大家都脫險了。不久，報社的物質設備也都找回來了。[35]平時書生味十足的鄧拓，在戰場上卻顯得分外地鎮定自若。在最危急的時刻，他對大家說：「如果敵人衝上山頭來，我們萬一走不脫，就和他們拼了，寧死不當俘虜！你們有手榴彈，在萬不得已時，就拉開它，和敵人同歸於盡。我和老謝（謝荒田，當時報社的指導員）有手槍，會把最後一顆子彈留給自己。」這一個月的掃蕩中，鄧拓利用滾龍溝山高路險、溝谿縱橫、群眾熟悉、道路熟悉、又有我方的儲備物資等有利條件，指揮得當，儘管多次遇險，結果都化險為夷，還沒有間斷過報紙的出版。從 1941 年 9 月 30 日到 10 月 31 日，報紙出版了 24 期。本來，日寇造謠說「晉察冀邊區垮了」、「聶榮臻跑回延安了」。當報紙送到各地，群眾看到聶榮臻的文章〈誓死驅逐日寇出邊區〉，敵人的謠言也就不攻自破了。[36]

　　1943 年秋天的反「掃蕩」中，日本鬼子的「篦梳式」的「掃蕩」是不放過每條山溝的。日寇凡是在山上搜出群眾，就立即用槍射殺，或點火把他們燒死在山洞中。敵人「掃蕩」共 87 天，阜平區被殺害的當地群眾就有 752 人，曲陽逃到阜平被殺害的中國民眾還有 80 人。日軍在平陽村設了 5 個殺人場。堆在平陽街上的屍體就有 300 多人。村內街上屍體橫陳，黃土變成紫黑色，滿地是人頭、碎骨、人皮、爛腸，慘不忍睹。敵人「掃蕩」到達的地方，隨處可見火光沖天、黑煙成雲

---

[35] 夏景元：〈生死與共〉，《人民新聞家鄧拓》第 401-402 頁。
[36] 周明、方炎軍：〈烽火十年憶鄧拓〉，《人民新聞家鄧拓》第 32 頁。陳春森：《特色鮮明的〈晉察冀日報〉》，2005 年 9 月 10 日《晉察冀日報史學術研討會論文彙編》。

的慘景。這是日寇在焚燒中國人的房屋、糧食。中國人的物資財產，
日寇能就搶走的就搶走，連一把紅棗一雙鞋都不放過；搶不走的就破
壞，連一隻水缸一把鋤頭都不放過。日寇大量屠殺中國民眾、輪姦婦
女、煮殺嬰兒，無惡不作。[37]

　　當時報社正駐紮在阜平縣易家莊西部的馬蘭村，位於敵人的合擊
圈內，也是敵人攻擊的重要目標。9月21日下午報社奉命轉移出馬蘭
村，暫時隱蔽在東坊子村外。指揮部和各隊隊長分析情況，認為敵人
雖然已向馬蘭方向襲來，但估計敵人到達馬蘭還得一天時間。鄧拓當
機立斷，決定立即回到馬蘭，爭取利用這一天的時間再出一期報紙。
報社折回馬蘭後，鄧拓連夜撰寫動員反「掃蕩」的社論，組織大家編
發通報邊區戰況和蘇德戰場消息的稿子。報紙於22日早晨發排，下午
4時出報。日寇從西面進村的時候，報紙已經通過交通員送往各地了，
報社也已經冒雨飛快向東轉移了。

　　在轉移的途中，由於偵察員的失誤，報社在靈壽縣北營村與敵人
遭遇。混戰中，鄧拓身邊的3位同志鄭俊疊、安志學、曹鬥鬥當場犧
牲，還有1位同志負傷，鄧拓騎的馬也被打死了。鄧拓從馬上急跳下
來，指揮隊伍先向村西梯田邊的山路上轉移，再登上高高的「抱犢嶺」，
隱蔽起來。在奔跑的途中，已經懷孕6個多月的丁一嵐體力不支，漸
漸落後了。鄧拓跑過來拍著她的肩頭，鼓勵她一定要堅持下去跟上隊
伍，然後又不得不離開她，自己到前邊去指揮隊伍。在最險峻的一段
山路上，丁一嵐拽著一位戰友的步槍托往上攀，終於也登上了山頭。[38]
「彈火燃眉隨突陣，田梯訣別痛牽衣。……最是寇氛紛擾日，相逢舉
案又齊眉。」[39]戰爭中生死與共的境遇，加固著鄧拓夫婦之間的愛情
與親情。

---

[37] 鄧拓：〈控訴日本法西斯兩腳獸的滔天罪行〉，《鄧拓全集・第二卷》第
　　203-205頁。
[38] 丁一嵐：〈憶鄧拓〉，《憶鄧拓》第20頁。
[39] 鄧拓：〈憶北營之變〉，《鄧拓全集・第四卷》第61頁。

　　第二天拂曉，鄧拓在軍區的幫助下集合起一部分同志，掩埋了犧牲的戰友，然後帶著報社向只有 3 戶人家的小山村日卜轉移。日卜在阜平縣境內，處於四面高山之中，路途險隘。報社於 10 月初到達，在那兒住了近半個月，出了 12 期報，及時把邊區政府的聲音、把戰地消息傳遞給了與日寇進行頑強鬥爭的邊區軍民。日卜地方小，報社的吃住都成問題。鄉親們和抗日的部隊非常貼心，說有我們吃的就餓不著你們。搞伙食的同志按照鄧拓的指示，記下用了老鄉多少土豆多少糧，等到反「掃蕩」結束後再歸還。他們在鄉親們騰出的兩間茅草房中接收電訊、寫作稿件、編排報紙、印刷報紙。他們自己動手搭茅草棚，自己下山背糧食。條件艱苦，但是想到肩負的民族救亡使命，大家都嚴格自律，不畏犧牲，拼命地去做自己力所能及的一份工作。天寒地凍的夜晚，在山坡上燃枝取暖，鄧拓心中充盈著一種浪漫的豪情。後來鄧拓在〈憶日卜〉的小詩中寫道：

記得昨宵篝火紅，戰地詩歌倍匆匆。
枕戈斜倚窭茅帳，假寐醒時月正中。[40]

「戰地烽煙自在人」，1943 年鄧拓在河北阜平縣。

後來，敵人向日卜襲來，鄧拓帶領報社又轉移到孟縣龍清耳，繼續出報。報社在這裡隱蔽駐紮了一個半月，出報 28 期。這段時間，報紙大量報導了各地群眾的抗日游擊戰爭。報社記者、通訊員采寫了許多戰地通訊。倉夷寫的〈「爆炸英雄」李勇在反「掃蕩」裡〉、沈重寫的〈神槍手李殿兵〉、秋浦

---

[40] 鄧拓：〈憶日卜〉，《鄧拓全集‧第四卷》第 51 頁。

寫的〈靈壽游擊小組的勝利〉等，影響很大，鼓舞著邊區人民開展「地雷戰」、「飛行射擊」、「麻雀戰」、「游擊戰」打擊侵略者。

等到日寇發現報社駐地、向龍清耳方向撲來的時候，報社在鄧拓的帶領下又迅速向邊區外線的「無人區」轉移。在這隆冬歲月中，隨後的 19 天裡，他們在指揮部的領導下，在「無人區」黨政機關和群眾的支持下，忽而東、忽而西，轉山頭、兜圈子，反覆穿插，與敵人周旋，終於戰勝了饑寒、擺脫了敵人、回到了邊區腹地。這 19 天的穿插游擊中，報社保存了大部分的力量，但病號隊的 4 位同志胡畏、黃慶濤、弓春芳、侯春妮卻在敵人的偷襲中不幸犧牲了。[41]

1943 年的「掃蕩」持續了 3 個月。報社先後犧牲的 7 位同志後來都安葬在馬蘭村。1945 年鄧拓做詩〈題馬蘭烈士墓〉，祭奠為民族解放事業獻身的戰友：

> 故鄉如醉遠，天末且棲遲。
> 瀝血輸邦黨，遺風永夢思。
> 懸崖一片土，臨水七人碑。
> 從此馬蘭路，千秋烈士居。[42]

1943 年報社隊伍向「無人區」轉移時，丁一嵐已近臨產期，無法隨行，便隱蔽在靈壽縣的一個小山村，鑽進了山洞。1943 年 12 月，丁一嵐在阜平縣易家莊老百姓家中生下了大女兒。鄉村條件十分艱苦。隆冬時節，刺骨的寒風從破舊的門洞中往裡鑽，大人、孩子都凍得鼻子發紫。負責照看她的小通信員只好找房東夫婦借來床單擋風、燃起濕柴火取暖。可煙一熏，孩子又嗆得受不了。這些情況當時鄧拓都不知道。女兒出世，他只得到了一個口信。女兒滿月後，就寄養在阜平縣麻棚村老鄉陳守元家，認陳守元的妻子為乾娘，直到已經會跑

---

[41] 何紀榮、李長彬等：〈嚴峻的考驗〉，《人民新聞家鄧拓》第 376 頁。
[42] 鄧拓：〈題馬蘭烈士墓〉，《鄧拓全集・第四卷》第 60 頁。

了，鄧拓才第一次見到她。鄧拓夫婦給這個女兒取名鄧小嵐。取「嵐」字，不僅在名字中體現出這個孩子是他們夫婦之間的紐帶，而且還因為「嵐」與馬蘭村的「蘭」諧音，能夠紀念這次「反掃蕩」的勝利。[43]

　　緊張的游擊辦報生涯充滿艱險，且時有戰友犧牲、親人離別所帶來的心慟，但所有的艱難困苦都摧毀不了鄧拓的意志。作為報社領導，他一身系全隊的安全。大家戰鬥的時候，他也戰鬥；大家休息的時候，他還不能休息，還要分析敵情，趕寫社論。他因為缺少睡眠，眼睛都熬紅了，人也更瘦弱了，但依舊精神抖擻、意氣風發。在〈反「掃蕩」途中〉中，他寫道：

> 風雪山林路，悄然結隊行。
> 兼程步馬急，落日水雲橫。
> 後路殲頑寇，前村問敵情。
> 棘叢揮斤釜，伐木自丁丁。[44]

---

[43] 王必勝：《鄧拓評傳》第 95 頁；張帆：〈才子鄧拓──一個蒙冤者的血淚人生〉，海天出版社 2003 年第 1 版第 156 頁。
[44] 鄧拓：〈反「掃蕩」途中〉，《鄧拓全集‧第四卷》第 50 頁。

第五章　塞外征魂心上血[1]

一、軍民情誼

　　在團結抗戰的艱難歲月中，八路軍紀律嚴明，與老百姓建立了深厚的魚水情誼。報社每搬到一個村莊，鄧拓都要問：群眾有什麼反映？對我們有哪些意見？借用老鄉的東西都還了沒有？損壞的東西賠了沒有？有沒有違反群眾紀律的地方？報社每住一村，總要讓困難戶幫助磨麵粉，磨 100 斤小麥或玉米，交 80 斤，餘下 20 斤麩麵，留給老鄉；讓困難戶幫助拆洗棉衣、棉被，付給一定的報酬。編輯部按照鄧拓的交代，每到一地，就幫助村裡小學教文化、教唱歌，開展文娛活動。在鄧拓的言傳身教下，全社每個同志都自覺遵守群眾紀律，注意搞好群眾關係，並且互相競賽，看誰住的院子裡裡外外打掃得最乾淨，看誰幫房東挑水、幹活最多，看誰和群眾關係最好。[2]艱難的歲月中，報社經常糧食不夠吃。1939 年大水災之後，報社僅存的小麥根本不捨得磨麵，要吃時，就吃麥仁粥和高粱黑豆混合麵。有的編輯、記者、工人，都不得不拔野菜、採樹葉來填肚子。越是艱難的歲月，鄧拓越是囑咐大家要維護群眾利益。報社同志從自己僅有的口糧、衣物中擠出一些捐給受災群眾，從繁忙的工作中擠出時間幫助群眾恢復生產。報

---

[1]　鄧拓：〈祭軍城〉，《鄧拓全集·第四卷》第 55 頁。
[2]　趙繼英：〈高尚的品質，學習的榜樣〉，《人民新聞家鄧拓》第 407-408 頁。

社同志在山野裡見到從樹上落下的桃子、柿子，就撿起來送還老鄉；報社同志幫助群眾耕種的時候，鄉親們做好飯請他們吃，他們總是婉言謝絕。[3]

報社多次遷駐阜平縣馬蘭村，馬蘭村成了報社的根據地。報社人與馬蘭人結下了生死交情。馬蘭四面臨山，村前有一條胭脂河，河水清澈。村邊坡地邊儘是茂密的果樹林，盛產核桃、栗子等。1939 年初，《抗敵報》社駐紮在馬蘭村。經中共阜平縣委介紹，鄧拓便參加馬蘭黨支部的會議，幫助他們開展工作，尤其著重給他們講解馬克思主義理論。他經常和村幹部們商量馬蘭的生產、學習、工作，為村幹部們出主意，想辦法，幫助他們把力量組織起來，搞好生產，搞好團結，搞好抗日工作。馬蘭村共 39 戶人家，分白、王、李三姓。誰家有多少地，誰家勞動生產好，誰家生活最困難，誰家抗日最積極，鄧拓都心中有數。鄧拓經常抽出時間，走訪鄉親，和老百姓拉家常，發現有的家庭不和，他就給說和說和。逢年過節，他還以報社名義請些鄉親到報社作客，共度佳節，感謝鄉親們對報社的幫助。有一回，報社的一匹騾子走山坡摔死了，他就請鄉親們一起吃騾肉，並借機向他們宣講抗日的道理。馬蘭村人都認報社的「鄧主任」就是他們自己村的「鄧主任」。

鄧拓有一匹石青色的大洋馬，又肥又壯，是楊成武部隊在擊斃日軍阿部規秀中將戰鬥中的戰利品。聶榮臻把它轉送給鄧拓，它就成了鄧拓外出開會或工作的坐騎。鄧拓非常喜愛這匹大洋馬。有空他就去看看馬頭，瞧瞧馬尾，摸摸馬身。差不多每天晚飯後，鄧拓都要騎著大洋馬到馬蘭村村東的河灘上跑馬，直到大洋馬淌了汗，才把馬交給勤務員慢慢遛。大洋馬專聽鄧拓的話，讓它跑多快，它就跑多快；讓它站住，它就站住。陌生人到它面前，它就又咬又踢，令人生畏。鄧拓雖然喜愛大洋馬，但除了他騎用的時間外，他都讓別人用。大洋馬

3　周一民：〈馬蘭村的革命精神永存〉，《人民新聞家鄧拓》第 416-417 頁。

1944 年鄧拓騎著從日寇手中繳獲的大洋馬走在通往馬蘭村駐地的路上。

實際上成了公用馬。誰因公外出，只要和他說一聲，誰都可以騎用。從報社的部長、科長、編輯、記者，到一般工作人員，乃至糧秣管理員，都騎過這匹大洋馬。[4]

鄧拓 1940 年曾為那匹石青色大洋馬寫過一首〈詠黑驪〉，表達自己的喜愛和自豪之情：

> 龍文八尺出軍槽，得汝天涯亦自豪。
> 莫對恒山鳴鬱鬱，遙懷黑水浪滔滔。
> 渡河越嶺多負重，昂頸翻蹄遠弩曹。
> 風雨賓士應無憾，邊區抗戰有微勞。[5]

馬蘭村有一個習俗，就是娶親的時候，新郎要騎馬迎親。可是誰家也沒有馬，每到娶媳婦的時候就發愁。鄧拓知道這一情況後，便主動讓馬。不論誰家娶媳婦，鄧拓就叫飼養員備好鞍子，把那匹高大威猛的青色大洋馬拉到街心。每次總是鄧拓抓好韁繩，讓新郎上馬高高

---

[4] 趙繼英：〈高尚的品質，學習的榜樣〉，《人民新聞家鄧拓》第 405 頁。
[5] 鄧拓：〈詠黑驪〉，《鄧拓全集・第四卷》第 25 頁。

興興去娶親。1943 年，北營村突圍的時候，這隻黑驚被敵人的子彈打死了，鄧拓痛心不已。

　　1939 年，鄧拓瞭解到馬蘭 185 口人中沒有幾個識字的，就和村幹部商量辦起了民校。村民們白天幹活，晚上上學。沒有教員，報社出；沒有教材，報社編印。每天吃罷晚飯，村裡就響起一陣民校上學的鑼聲，能入學的男女老少都拿著報社發的課本，興高采烈地去聽課學習。第一課就由鄧拓講「打日本，救中國」。他講得頭頭是道，大家聽得津津有味。民校也教唱歌，第一支歌唱的是「工農兵學商，一齊來救亡，拿起我們的武器刀槍⋯⋯」。第一次政治課，勸婦女撒腳（即改變纏足的習慣）和剪髮。民校隨著形勢的變化，講共產黨和邊區政府的各種方針政策，如減租減息，什麼是「二五減租」，等等，結合實際，生動有趣，村民們很喜歡。馬蘭民校從 1939 年，堅持到 1947 年，收穫不小。每晚學個把鐘頭，有的村民達到了高小程度，有的成了抗日工作中的骨幹，有的被提拔為縣區幹部。

　　1943 年日寇「大掃蕩」的重點，就在阜平。鄧拓在動員反「掃蕩」全村大會上，分析了敵人此次「掃蕩」的兇殘特點，指明我們必勝的前途，號召大家搞好「堅壁清野」工作、組織游擊隊、開展地雷戰、打擊敵人、保護老百姓。馬蘭村游擊隊地形熟悉，作戰英勇，讓地雷、石雷處處開花，在馬蘭村的東嶺上炸死了好些個敵人。[6]

　　報社是敵人這次「掃蕩」的重要目標。鄧拓在日本鬼子到達之前，便指揮報社同志堅壁好部分物資，而後轉移到靈壽、五台、孟平三縣之間的深山區，山西、河北交界的無人區繼續出報。日寇在馬蘭村附近反覆搜山，都找不到報社的蹤跡。1943 年深秋的一個黑夜，日寇奔襲馬蘭村，抓住了 40 多個來不及逃避的老鄉，用刺刀逼著他們問：「誰是馬蘭村人」「晉察冀日報的人哪裡去了？」「報社的機器物資埋在什麼地方？」鄉親們沒有一個人開口，日本鬼子惱羞成怒，陸續殺害

---

[6]　白玉順：〈馬蘭村人思念馬南邨〉，《人民新聞家鄧拓》第 420-424 頁。

了王夢玉、王家祥、萬壽山、李懷貞、王孟林等 17 位鄉親，還把馬蘭村白姓人家幾代人的祖墳挖開。日寇一邊殺人一邊威逼鄉親們開口供出情況。鄉親們在日本鬼子血淋淋的屠刀面前不僅沒有屈服，甚至沒有流淚，只是憤怒地盯著敵人。他們寧死不屈，沒有一個人供出敵人要知道的情況。他們用鮮血和生命譜寫了軍民團結對敵的悲壯之歌。

反「掃蕩」之後，鄧拓派報社記者帶了 30 斤節省下來的小米到馬蘭村慰問軍烈屬。報社和馬蘭村人的心貼得更近了。[7]

二、統一戰線

建立民主政府、動員全民抗戰，是共產黨在抗戰時期的重要工作。1938 年 1 月，晉察冀邊區軍政民代表大會在阜平縣城召開，醞釀成立晉察冀邊區臨時政府。會議有共產黨和國民黨的代表，有各抗日軍隊的代表，有各抗日階層的代表，有蒙、回等少數民族的代表，有晉察冀三省部分縣的「動委會」、「救國會」、「自衛會」的代表，還有五臺山的和尚和喇嘛代表。代表們從深山僻壤，從冀中平原，從游擊區和敵佔區，跋山涉水遠道趕來，聚集一堂，共商抗日救國大計。

會議籌備期間，在審查與會代表資格的時候，對於五臺山的和尚和喇嘛的代表權問題，籌備處曾出現過分歧意見。有的青年同志說，和尚和喇嘛是出家人，只會燒香念佛，對抗戰不會有什麼好處，沒必要吸收他們參政。黃敬、鄧拓不同意這種看法。他們認為，和尚和喇嘛也是中國人，也有團結抗日的一致要求。僧人們組織的「動委會」、「自衛隊」，在五臺山持著刀槍放哨，為過往的抗日部隊提供食宿，都說明他們是抗日的。我們不能用歧視的眼光來看待他們。

---

[7] 張帆：《才子鄧拓──一個蒙冤者的血淚人生》第 164-168 頁。

　　五臺山是我國的四大佛教聖地之一，那裡有三百多座廟宇，和尚喇嘛加起來有幾千名。這些廟宇，分為青廟和黃廟兩種。和尚廟叫做青廟，喇嘛廟叫做黃廟。和尚喇嘛們看到抗日的部隊，都非常歡迎。晉察冀軍區成立的時候，部隊都駐紮在五臺山的寺廟裡。這些寺廟很大，一座寺廟住幾百人不成問題。部隊初到的時候，和尚喇嘛奏樂相迎。十二個樂師穿著同樣的黑袈裟，長笛、短笛、皮鼓、小鑼合奏，樂聲優雅莊嚴。八路軍對這些僧人以及各種佛教習俗也十分尊重，相處甚是融洽。黃敬、鄧拓沒法說服個別看不起僧人的同志，只好把分歧交給聶榮臻。聶榮臻支持黃敬、鄧拓的看法，特意到籌備處專就這個問題作了發言，最後說服了反對的同志。大會開幕式上，和尚和喇嘛的代表一走進大會會場，其他與會代表都熱烈鼓掌並呼口號歡迎。和尚和喇嘛們深受感動。他們打出了「我們出了家，但並沒有出國」的口號。相當一部分僧人參加了抗日工作，還有一些年輕僧人加入了抗日部隊。由於五臺山寺院在全國僧侶界的影響力很大，他們的抗日熱情也極大地鼓舞了全國僧侶界。[8]

1938 年鄧拓（左三）與聶榮臻（左二）、白求恩（左四）、宋劭文（右三）、潘自力（右二）等在「模範醫院」成立儀式上。

　　1942 年 9 月，鄧拓在《晉察冀日報》上發表社論〈從敵人的鐵蹄下把宗教解救出來〉。憤怒控訴日本侵略者摧殘宗教的暴行。「……美麗的青岩寺、台麓寺、昭提寺、普濟寺、益受寺等八大寺院都變成了瓦礫場。」「六百頭牲口是被拉走了，普濟寺的四十萬斤存糧和一切能搬動

8　聶榮臻：《聶榮臻回憶錄》（中），第 372-373 頁、第 385-387 頁。

的東西，也都被敵人運走了，而北山寺的五丈長的字塔，普薩頂的金佛，某寺的八寶藏金，北山寺用人血寫的金剛經等稀世名品，也都在『中日佛教一體化』的名義下失蹤了！僧人好多被屠殺……。」「敵寇對於基督教的待遇，也並沒有稍好一些。」他們搶掠教堂，毒打、殺害神父，強姦修女。「冀中藁無縣南四公的敵人於去年曾將該縣九門村的回民清真寺，縱火焚毀，火光兩日未熄，並且在那裡殺死了兩個回民。」「……一切有關於人類自由思想和文化的遺物，都是他們極端仇視和蓄意破壞的對象。」[9]日本侵略者對於整個中華民族的暴行，促使中華民族的各個不同的團體凝聚起來共同抵禦民族的敵人。

　　1938 年 1 月 15 日晉察冀邊區政府成立，確立了政權的性質是抗日民族統一戰線的政權，選舉產生了「晉察冀邊區行政委員會」，把邊區政權在系統上和地區上統一起來。而後，立即開展民選村長工作。毛澤東 1941 年 11 在第二屆陝甘寧邊區參議會說：「國事是國家的公事，不是一黨一派的私事，因此共產黨員只有對黨外人士實行民主合作的義務，而無排斥別人、壟斷一切的權利。」1940 年晉察冀邊區開展憲政運動，改革縣以下各區村政權組織機構，進行全邊區民主大選舉。1943 年 2 月晉察冀邊區參議會成立。這一時期，共產黨與黨外人士實行民主合作，邊區各級建立「三三制」抗日民主政府。按規定共產黨員在參議會和政府組成中只能占三分之一，超過數額需自動退出；其他各黨派及無黨無派人士占三分之二。這次參議會選舉結果，7個駐會代表中，共產黨員僅占 2 人，國民黨聯辦主任郭飛大也被選為駐會代表。9 個政府委員中，共產黨員僅 3 人。鄧拓不僅在《晉察冀日報》上發表〈當前村選與村建設中的幾個問題〉、〈邊區新民主主義政治建設的新時期〉等社論，闡述邊區的民主制度，而且還通過組織詩社等活動開展統戰工作。

9　鄧拓：〈從敵人的鐵蹄下把宗教解救出來〉，《鄧拓全集‧第二卷》第 172-175 頁。

1943年2月，晉察冀邊區參議會開會期間，鄧拓和聶榮臻、皓青、阮慕韓、張蘇、劉奠基、宋劭文、呂正操、于力等發起成立了「燕趙詩社」。「燕趙詩社」是個以吟詠舊體詩為主的詩歌團體，社名取自「燕趙自古多慷慨悲歌之士」。鄧拓撰寫〈詩社緣起〉如下：

> 古來燕趙，豪傑所聚，慷慨壯歌，千秋景慕。方今板蕩山河，
> 寇氛未消，黎明前夜，國難猶殷。有志之士，奮起如雲，邊區
> 民主，讜論宏開，定反攻之計，期必勝於來朝。竊謂盛會不常，
> 機緣難遇，誠宜昂揚士氣，激勵民心，以燕趙之詩歌，作三軍
> 之鼓角。為此倡議立社，邀集聯吟，所望縉紳耆老，碩彥鴻儒，
> 踴躍參加，共襄斯舉。[10]

「以燕趙之詩歌，作三軍之鼓角」，表明這個詩社不僅不是為藝術而藝術的社團，也不是以文人趣味相吸引的團體，而是一個以民族救亡為使命、以詩歌為宣傳武器的抗日統一戰線。

1943年，鄧拓和聶榮臻等發起了成立「燕趙詩社」，目的是「以燕趙之詩歌，作三軍之鼓角」，為民族抗戰而歌。

---

[10] 鄧拓：〈詩社緣起〉，《鄧拓全集・第四卷》第48頁。

現存的詩稿中，鄧拓與皓青、于力酬唱最多。邊區參議會期間，鄧拓即作《贈邊區參議會諸老，步皓青老人原韻》[11]四首：

其一
邊疆參政此先聲，當見千秋大道行。
山厦軒昂開讜議，詩心浩蕩越長城。
騷壇今日聯吟韻，新國他年篤舊情。
信是毛錐能退敵，好隨戰纛向黎明。

其二
破碎河山國士悲，揭竿隴畝集雄師。
哀軍必勝驅強虜，夜霧將消接曉曦。
莫話艱難生死事，惟聞慷慨古今辭。
霜晨山野陳兵馬，父老欣欣閱虎羆。

其三
千年苛政問如何？舊史斑斑血淚多。
易水送行空落照，秦庭擊築剩悲歌。
快當鐵騎夏台日，喜得趙符恒岳阿。
刎頸交深紓國難，相如讓道結廉頗。

其四
直搗黃龍奏凱旋，相期和樂太平年。
燕然諸將欣銘石，朔土萬民慶立壇。
四海為家寬闊地，大千仰首自由天。
刀環馬革都豪傑，畫閣何須看列班！

以「毛錐」「退敵」，是這些愛國文人在山河破碎、民族危亡之際共同的人生追求。

---

11 鄧拓：〈贈邊區參議會諸老，步皓青老人原韻〉，《鄧拓全集·第四卷》第46-48頁。

　　于力是這一時期鄧拓與之交往甚密並結下終身友誼的忘年交朋友。于力，原名董魯安，滿族人，1886 年出生，原係燕京大學國文系主任，潛心研究佛學、文學、修辭學，是優秀的學者，也是虔誠的佛教徒，著有《修辭學講義》等多種學術著作，並出版了舊體詩《溫巽堂詩》。太平洋戰爭爆發後，燕京大學遭日軍查封。有的教授被逮捕，董魯安也被軟禁在家。他在薪金停發、舉家靠典當度日的情況下，拒絕日寇、漢奸的利誘，與夫人商量好之後，故意留下一張紙條說：因看破紅塵，決意到五臺山出家，家人不必悲傷，亦無需尋找。他在中共地下黨的幫助下，幾經周折，逃出了北平，穿過日偽的多重封鎖線，於 1942 年 8 月 15 日到達晉察冀邊區參加抗日工作，1943 年起擔任邊區參議會副議長。為保護仍在北平的家屬的安全，他化名于力。不久，由鄧拓組織、編發，于力在《晉察冀日報》上連載了長篇報告文學〈在魔鬼掌握中的地區裡──人鬼雜居的北平市〉[12]。該文以作者耳聞目睹的大量事實，憤怒揭露日寇和漢奸在北平所犯下的滔天罪行，熱情謳歌北平人民的愛國主義行為。延安的《解放日報》同時也選載了這篇報告文學。于力還是作家老舍自幼的朋友，也是老舍名著《四世同堂》中愛國詩人錢默吟的原型人物之一。共同的愛國熱情和深厚的文化修養，使于力和鄧拓一見如故，立即成了忘年交。于力的《平山日記》中，僅 1942 年 9 月 18 日至 12 月 16 日止，記敘他們兩人見面談話、互送文稿、寫詩唱和的文字就有 22 處之多。11 月 12 日這天，鄧拓就附信送和詩兩首。[13]于力的兩首原詩分別作於 1942 年 10 月 26 日和 11 月 10 日。鄧拓步其韻和詩兩首，其一如下：

　　　烽火關山離亂時，西來聚義添鬢絲。
　　　棄家獨為心憂國，投筆欣看手舉旗。

---

[12] 1984 年 3 月群眾出版社以當時的副標題〈人鬼雜居的北平市〉為書名出版了單行本。
[13] 于浩成：〈戰友情深〉，《人民新聞家鄧拓》第 119-129 頁；秦時月：《「投筆從戎」的董魯安教授》，《炎黃春秋》1994 年第 1 期。

> 時局艱難堅鬥志，襟懷浩蕩壯新詩。
>
> 鴻儒清勁萬流重，落落自由一布衣。

這首詩後來發表的時候三、四、五、六句都有所修改，並加上標題〈觀《史可法》歌劇有感，即步于力先生次魯迅〈感舊〉原韻〉[14]。

1943 年秋冬的反「掃蕩」中，《晉察冀日報》在嚴酷的環境中仍然堅持游擊辦報，及時把資訊輸送到讀者手中。于力先生十分感動，曾作《閱報》詩一首，盛讚道：「新報猶然排日來，可憐鬼子妄想摧。饒他東蕩西衝猛，掃著村村裂膽雷。」鄧拓立即和詩道：「挺筆荷槍笑去來，巍巍恒嶽豈能摧？攻心一紙殲頑寇，更聽千村動地雷。」[15]

三、痛悼戰友

鄧拓才氣逼人，下筆千言，倚馬可待，但絲毫沒有才子的傲氣。鄧拓是共產黨的高級幹部，是報社的一把手，但絲毫沒有權威者的盛氣。這與他的個性有關，也與他的個人修養有關。他天性是個溫和的人，自小就是文質彬彬、與人為善。文人氣質，在他身上往往體現為內心深處的多愁善感，從而使他的堅強耐苦顯得更富有立體感。日常與人交往中，他並不猖狂傲物、任性使氣，而總能寬容待人、嚴於自律。同時，他投奔共產黨參加革命是為民族、國家、民眾的利益而奉獻自己，是為了追求歷史理性，並不是為了仕途上的投機，自然就能以平等的態度對待屬下，就能以平實的態度投入到工作中，總能吃苦在前、責任自擔。這使他無論在哪兒，總能贏得周圍人的普遍尊重，

---

14 鄧拓：〈觀《史可法》歌劇有感，即步於力先生次魯迅〈感舊〉原韻〉，《鄧拓全集·第四卷》第 43 頁。

15 鄧拓：〈觀《史可法》歌劇有感，即步於力先生次魯迅〈感舊〉原韻〉，《鄧拓全集·第四卷》第 45 頁。

1942 年鄧拓帶領《晉察冀日報》編輯部在河北平山縣滾龍溝堅持「游擊辦報」。

總能收穫到真摯的友情。但是殘酷的戰爭，常常要使他的友情成為內心永遠的傷痛。他有多位戰友陣亡在戰場上，有多位同事因勞累而病逝在崗位上。

詩人司馬軍城便是這樣一位與日寇戰鬥到最後一刻的摯友。司馬軍城原名牟倫揚，又名顧寧，湖北利川人。他出生於 1919 年，比鄧拓小 7 歲。抗戰前就讀於武昌高中。抗戰爆發後，他輾轉來到延安，先在陝北安吳堡戰時青年訓練班學習，後轉入陝北公學 11 隊學習。聽了周恩來的抗戰形勢報告後，他向黨組織要求上華北前線。他在家信中寫道：「革命不成功我是不回來的，如果你們想念我了，革命也快成功了，中國也就要獲得解放了。」1938 年 4 月，他從陝北公學畢業，來到晉察冀敵後抗日根據地。黨組織分配他到《抗敵報》作編輯兼記者工作。這時他改名顧寧，並以司馬軍城為筆名發表了大量戰地詩歌。他的詩歌名篇有〈太行山的子弟兵〉、〈絞繩下的婚禮〉、〈世界是我們的〉、〈長河頌〉。他是一位活躍於前線的戰地記者，也是報社機關的自衛隊隊長，還擔任過印刷廠廠長，樣樣工作都幹得十分出色，是鄧拓的得力助手，也是鄧拓的摯友。鄧拓與丁一嵐見面前還曾委託司馬軍城借出差之機去代自己去看望丁一嵐。

　　1942 年華北敵後抗日根據地進入了極其艱苦嚴酷的階段。日偽對冀中平原和冀熱遼地區連續發動了毀滅性的「掃蕩」。為保衛這塊扼住敵人關內交通咽喉的抗日根據地，中共中央北方分局決定抽調司馬軍城等一批優秀幹部支援冀東。司馬軍城和報社的一批同志一起從晉察冀邊區出發，冒著生命危險，穿過敵人的十道封鎖線，終於來到冀東

根據地。到了冀東，司馬軍城按照組織安排擔任《救國報》總編的工作。[16]

> 翰墨閒忙談笑時，燈花開處悟真知。
>
> 高山雲樹堪浮白，亘古春秋了夢思。
>
> 莫道書空看逝日，還憑讜論啟來茲。
>
> 淘沙千里東飛浪，想見故人灤水湄。[17]

鄧拓在這首〈送報社同志支援冀東〉中抒發了戰友之間的深厚情誼，也表達了對黨報工作意義的理解。在報紙的筆墨縱橫中，鄧拓感受到了追尋真理的樂趣；在黨報的宣傳工作中，鄧拓體會到了追尋理想、改造現實的價值。除了這首集體送別的詩之外，鄧拓又另寫了一首〈步韻送軍城〉：

> 生長江南錦繡城，蒼茫世上少年行。
>
> 山中學道飄青鬢，火裡博金見至情。
>
> 離亂旅途天野闊，軒昂戰蠹日邊明。
>
> 風沙撲面迷濛處，端賴慣征識路人。[18]

司馬軍城雖然是一位 20 來歲的青年，卻留著連鬢的長須。在嚴酷的戰爭環境中，他熱情地為理想而戰。不畏艱險的理想追求與不屑凡庸的浪漫情懷兩方面，他都與鄧拓深深共鳴。到冀東後，他與鄧拓仍然頻通書信。1943 年 4 月初給鄧拓的信中，他浪漫地寫道：「你看，朝暉起處，即我在也！」一周後，即 1943 年 4 月 7 日，司馬軍城帶領《救國報》的 4 位同志到河北豐潤白官屯附近採訪，不幸陷入 100 多位日軍的包圍圈中。面對強大的敵人，他們 5 人雖然只有幾支勃朗寧

---

[16] 胡飛揚：〈沙場詩骨塞外魂——記抗日民族詩人司馬軍城〉，《黨史天地》1994 年第 10 期。

[17] 鄧拓：〈送報社同志支援冀東〉，《鄧拓全集・第四卷》第 41 頁。

[18] 鄧拓：〈送報社同志支援冀東〉，《鄧拓全集・第四卷》第 40 頁。

手槍，但毫不畏懼，沈著應戰。激戰中，司馬軍城被日寇的炮彈打中，身負重傷，戰友們要背他突圍，他堅決不肯，仍然舉槍向敵人射擊，掩護戰友突圍。在生命的最後一刻，他靠在一位戰友的手臂上，慢慢吐出這樣兩句詩：

> 炮，敵人的炮火，
> 它吞掉了我的生命。

然後閉上眼睛，仰臥在冀東的大地上。[19]

鄧拓聽到司馬軍城犧牲的噩耗，不禁失聲痛哭，徹夜難眠。茫茫黑夜中，鄧拓仰望長空，痛切地感覺到明天的太陽還會再升起來，可是親愛的戰友卻再也不會回來了，一個年僅24歲的生命就這樣在戰場上化成枯骨！這裡，灤河水邊，杜鵑啼血；黃金台畔，戰友心碎，那麼，司馬軍城家鄉的漢水是否會感應到這一份深切的哀慟，也發出悲咽聲呢？鄧拓提筆寫下七律詩〈祭軍城〉，向犧牲的戰友祭奠：

> 朝暉起處君何在？千里王孫去不回。
> 塞外征魂心上血，沙場詩骨雪中灰。
> 鵑啼漢水聞灤水，腸斷燕台作吊台。
> 莫怨風塵多擾攘，死生繼往即開來。[20]

15 年後，鄧拓又寫了散文〈國殤‧詩魂‧詩的永生〉，追悼這位犧牲在抗日戰場上的摯友。他說：「這些年來，我時常想起司馬軍城同志」，「他生前喜讀屈原的《九歌》，特別讚賞〈國殤〉那一篇。他的犧牲也算得是真正的『國殤』了。」鄧拓引用戰友陶晶然輓司馬軍城的詩，「人心畢竟似重山，生死迢迢入夢難。慧劍成虹終定鼎，遙聞碧落

---

[19] 胡飛揚：〈沙場詩骨塞外魂——記抗日民族詩人司馬軍城〉《黨史天地》1994年第 10 期。

[20] 鄧拓：〈祭軍城〉，《鄧拓全集‧第四卷》第 55 頁。

「朝暉起處君何在？」1943 年，戰友司馬
軍城（原名牟倫揚、又名顧寧，1919-1943）
犧牲在日寇的炮彈下。

應開顏」，祝願司馬軍城這樣一位戰士氣質的詩人「詩骨流芳」、「含笑
九泉」。[21]

　　攝影記者、青年詩人雷燁，是犧牲在戰場上的另一位戰友。雷燁，
原名項俊文，1917 年出生於浙江金華。少年時代因父母雙亡而從金華
中學輟學，靠教小學的薄薪撫養弟妹。1938 年，在妹夫的支持下，變
賣祖居作旅費到延安投奔革命。1938 年 12 月雷燁抗大畢業後，擔任
八路軍總政前線記者團晉察冀組長，兼任《晉察冀日報》特派記者，
與鄧拓結下了深厚的友誼。他給鄧拓的印象是「像一個書生，又像一
個軍人，是一個青年，又是一個老成人」。正是這種戰士與書生相結合
的氣質、熱情與穩重相間的個性，引起了鄧拓的深深共鳴。不到半年，

---

[21] 鄧拓：〈國殤・詩魂・詩的永生〉，《鄧拓全集・第四卷》第 455-458 頁。

「嗚呼雷燁，不負乎生又不愧乎死！」1943 年，戰友雷燁（原名項俊文，1917-1943）被日寇包圍，他頑強抵抗之後把最後一顆子彈射進了自己的頭顱。

他調到冀東軍區，「寄來的書信充滿著塞外的戰歌與詩思，我讀罷一行就控制不住內心一下的激動」。1943 年鄧拓在散文〈慟雷燁〉中抒寫了自己和雷燁的友情，也記敘了雷燁英勇捐軀的壯烈場景。那是 1943 年 4 月 20 日，冀東軍區宣傳科長、組織科長雷燁帶領 2 名警衛員到晉察冀畫報社駐地曹家莊去取秘密文件。這時，發現日寇要來掃蕩了，報社催他趕快撤離。他們 3 人早晨撤出曹家莊，沒想到走到北邊的南段峪小村子時竟然與日寇狹路相逢，被敵人包圍在山谷中。「那一條狹長的平靜的山溝，在數小時之內，突然籠罩著彈藥和血腥的氣味，敵人冒死的侵入，戰鬥迫在眉睫。你帶了二三人，臨時轉移，但是敵人進來了，你讓別人先走，自己就留在後面，翻過山梁，要下河槽，側面高坡上已經被敵人佔據。人地生疏，情況不明，你卻憑著自己的膽識，就不利的地形，拔出身旁的手槍，向敵人射擊，受傷數處，依然奮勇不屈，直到彈竭勢危，自知不免，於是把身上攜帶的文件撕毀了，照相機摔碎了，使不為敵人所得，最後舉槍對準自己的頭顱，讓最後的一顆子彈，結束自己的生命，保全自己崇高的節操，躺倒在太行的山野，讓父母給予自己獻於民族與革命事業的軀體和熱血，永遠獲得祖國的溫暖。敵人獰笑地撲來，但是因為一無所得而頹唐地失望了，它們又一次看到了中國男兒之不可辱——尤其是革命的文化工作者永遠不可辱的巍昂氣節。」「嗚呼雷燁，民族的深沉與友情的悲痛，永遠刻入我的心底於無窮；嗚呼雷燁，不負乎生又不愧乎死，你的精神永遠伴隨著鬥爭而長在！」[22]雷燁壯烈犧牲的時候年僅 26 歲。

---

[22] 鄧拓：〈慟雷燁〉，《鄧拓全集・第四卷》第 350-352 頁。

第六章　青絲依樣似舊時[1]

一、整風被審

　　戰爭的嚴酷儘管時常給鄧拓帶來失去戰友的傷痛，帶來「日暮悲歌心化木，天涯苦笑淚成冰」[2]的傷心嗟歎，但這絲毫摧毀不了他的意志，反而讓他在化悲痛為力量中更加堅定了為民族的解放、為歷史的正義而奮鬥的決心。真正難以忍受的打擊來自革命陣營內部的不信任。鄧拓由於抗戰前來自河南，又曾經有兩次被捕的經歷，在整風運動中受到了不公平的衝擊、受到了黨組織的懷疑。

　　1942 年冬延安整風運動全面發動。整風運動從延安開始，而後逐漸推廣到中共領導的各個抗日根據地。它是「中共歷史上進行的第一次全黨範圍的政治運動，……這是一場由毛澤東直接領導，包括諸多方面內容的黨內整肅和重建的運動，它包含：黨內上層的鬥爭與黨的中央權力機構的改組；全黨的思想改造；審查幹部的歷史和『肅反』；新制度的創建。」「毛澤東在整風中運用他所創造的思想改造和審幹、肅反兩種手段，沉重打擊了黨內留存的五四自由民主思想的影響和對蘇俄盲目崇拜的氣氛，不僅完成了黨的全盤毛澤東化的基礎工程，而且還建立起一整套烙有毛澤東鮮明個人印記的新傳統，其

---

[1]　鄧拓：〈戰地歌四拍——反「掃蕩」前夕遙寄一嵐〉，《鄧拓全集・第四卷》第 62 頁。

[2]　鄧拓：〈哭太年〉，《鄧拓全集・第四卷》第 53 頁。

一系列概念與范式相沿成習,在 1949 年後改變了幾億中國人的生活和
命運。」³

　　1942 年「10 月 19 日,毛在西北局高幹會議開幕詞中怒斥對敵特
破壞麻木不仁的自由主義。11 月,毛更有意擴大審查範圍,指示不僅
要查清革命與反革命的『兩條心』,還要查清無產階級與非無產階級的
『半條心』。」⁴隨後,陝北公學學員張克勤在康生屬下審訊人員的輪
番威逼之下,精神崩潰,違心承認自己是假共產黨、是受國民黨指派
到延安搞特務活動的。因張克勤在蘭州做過地下工作,並在蘭州加入
共產黨的,康生等便把甘肅的中共地下黨組織打成執行國民黨「紅旗
政策」的紅皮白心的「紅旗黨」,進而判斷國統區的中共組織十之八九
都已經被國民黨滲入,大舉開展「審幹」、「反奸」和「搶救」運動,
製造各種冤假錯案。

　　1943 年 2 月,原中共河南省委交通科長杜征遠被送往延安中央組
織部接受隔離審查。審幹人員誘逼杜征遠說,前河南省委書記張維幀、
當時的河南省委書記王志傑、河南省委宣傳部長郭曉棠、河南省委組
織部長危拱之都是特務,就你這個交通科長還能不是特務?杜征遠不
願杜撰自己是特務,也不願意陷害無辜者,審幹人員就拿麻繩放在杜
征遠面前,威脅說要勒死他。杜征遠在連續的威逼脅迫之下終於精神
崩潰,被迫承認自己是「日本特務」和「國民黨特務」。審幹人員又進
一步逼迫杜征遠交代「是誰介紹的,在什麼地方參加的」,「別人誰是
特務,和誰聯繫」等問題。1943 年 7 月 15 日,在延安中央大禮堂召
開的中共中央直屬機關幹部大會上,康生做「搶救失足者」的報告,
宣佈延安已經逮捕了 200 多人,宣佈「破壞河南黨的杜征遠」是「敵
探兼國特的兼差特務分子」。康生又根據杜征遠的假口供,把張維幀、
王志傑、郭曉棠、危拱之等無端打成特務,把整個河南地下黨都打成

³　高華:《紅太陽是怎樣升起的‧前言》,(香港)中文大學出版社 2000 年第
　　1 版。
⁴　高華:《紅太陽是怎樣升起的》,第 480 頁。

是「紅旗黨」。一時間，在延安，凡與河南地下黨有關係的同志，甚至從河南來的黨外幹部、家屬以及 13 歲的孩子都被當作「紅旗黨」而受到批判。他們大多數在沒有任何證據的情況下就被打成了「特務」、「叛徒」、「奸細」。[5] 鄧拓正是在河南從事過地下工作的共產黨員，自然也在重點懷疑對象之列。

1943 年延安大整「紅旗黨」的時候，正是晉察冀根據地最為艱難困苦的時期。在侵華日軍「鐵壁合圍」和「大掃蕩」的嚴酷戰爭環境下，晉察冀的整風運動只能間歇進行，基本限於學習文件的「正面教育」。直至 1944 年戰爭形勢緩和後，晉察冀根據地的全面整風才正式開始。這時聶榮臻已經回到延安參加中共「七大」，晉察冀分局副書記兼軍區政委程子華全面主持邊區工作。程子華根據中央的指示，安排根據地的上層領導幹部在職學習整風檔，開展批評和自我批評，而將一些被懷疑是「有問題」的幹部集中到黨校學習和接受審查。[6] 鄧拓因為受「河南黨」冤案牽連，於 1944 年夏被暫時調離了《晉察冀日報》的崗位，集中到晉察冀中央分局黨校學習，直至 1945 年 5 月才重回《晉察冀日報》。

面對審幹人員充滿敵意的審問，鄧拓的心靈備受傷害。由於審幹人員是最信賴的黨組織派來的，鄧拓再也不能像在敵人的監獄中那樣居高臨下地去蔑視審問者。黨在鄧拓心目中一直是至高無上的精神依賴，來自黨組織的不信任讓鄧拓就像斷線的風箏那樣感到精神無助。對於戰爭的嚴酷、敵人的殘暴，鄧拓有充分的思想準備。從在上海從事地下工作開始，他就隨時準備為正義的事業獻出自己的生命；可是，他從來沒有想到有一天自己的忠誠會換來組織的不信任。鄧拓陷入深深的憂鬱和孤獨之中，卻沒有一個人可以吐露心事。同志關係本來就是由組織建構起來的。失去組織的信任，同志之間也變得異常冷漠。

---

[5] 張文傑：〈河南黨組織被康生誣陷為「紅旗黨」的歷史真相〉，《河南黨史通訊》第 1 期；轉摘自《中共黨史文摘年刊》1985 年，中共黨史資料出版社。

[6] 高華：《紅太陽是怎樣升起的》第 542 頁。

妻子丁一嵐儘管同在黨校學習，但二人分處兩個隊，並不能隨意見面、交談。顯然，鄧拓對革命這架機器的殘酷性思想準備不足。越是感到憂鬱孤獨，他便越加思念親愛的妻子；越是對生命感到懷疑，他便越加要勉勵自己振作精神。這些百轉千迴的情緒凝成跌宕的詩句，鄧拓寫下了〈戰地歌四拍〉[7]這組詩：

> 一年又值秋風起，
> 北雁祇南飛，
> 望南來雁影無蹤，
> 算不合關山阻？
> 遠水繞荒村，
> 莫是枕經眠未曉？
> 明鏡菩提勤拂拭，
> 不著人間塵土。
> 青絲依樣似舊時，
> 鎮日書空，
> 孤懷無寄！
> 入鄉有意從頭認，
> 壯志縱成煙，
> 不向蓬蒿浪擲！
> 心血如潮，
> 七度春秋銷北地，
> 數三十又三年，
> 衰逝堪傷天欲晦；
> 問後來歲月，
> 還能幾許？

7　鄧拓：〈戰地歌四拍──反「掃蕩」前夕遙寄一嵐〉，《鄧拓全集・第四卷》第 62-64 頁。

古道淒清埋詩塚，
高山流水休再聽，
廣陵散絕，
無復當年韻！
只如今抖擻舊精神，
酬盡心頭文字債，
待取新衣上征途，
好將身手試，
長為孺子牛。

鼙鼓又聲喧，
打疊琴書無著處，
縮地失長鞭，
腳跟無線，
咫尺吳頭楚尾，
想旦夕四野動烽煙，
顧不得驚起伯勞飛燕各東西。
漫負笈攜囊早登程，
且休回首，
向茫茫平沙去處舞干戈，
莫念那恒嶽巍巍雲裡人！

別離滋味濃還淡，
欲訴又箋殘，
想將心緒譜奇弦，
彈與知音人不見；
結伴同行重話舊，
不識何時也！
果不相逢時，

　　強飯加衣好護持，

　　獨立西風裡，

　　珍重復珍重。

　　這第一、第四首詩中，鄧拓著重抒發對妻子的思念和關切。第二、第三首詩中，回首三十三年的人生歲月，回首在根據地游擊抗戰的七度春秋，再面對目前不被組織信任的困境，鄧拓不禁感到天地蒼茫、時光無限，而作為個體的人是多麼脆弱無力。他覺得滿懷的壯志，都可能化為雲煙；覺得自己的心境異常蒼老，再難以用浪漫情懷去憧憬未來歲月。儘管難以抹去自我生命的荒涼感，鄧拓還是不改甘為「孺子牛」的志向，他還是勉勵自己要抖擻精神、繼續在革命的征途上跋涉前行；還是鼓勵妻子「且休回首，向茫茫平沙去處舞干戈，莫念那恒嶽巍巍雲裡人！」[8]鄧拓在忠信被疑的情況下，既撫惜自我的精神傷痛，又不改追求理想的心志。這與屈原被放逐之際吟詠《離騷》既抒發自己的憂愁，又表達自己「路漫漫其修遠兮，吾將上下而求索」的理想追求何其相似！這體現了知識份子的生命自覺和理想堅韌。所不同的是，鄧拓在憂傷孤獨之中並沒有像屈原責備楚王寵信奸佞、批判世俗混濁那樣去責備、批判任何人、任何制度。聖主賢臣的儒家文化，還提供了士大夫以天理大道對抗世俗權勢的思想可能。但是，革命的意識形態，在高度的一統化之中，此時在中國還沒有發展出可供質問革命異化的思想資源。任何人只要對革命忠誠，就很難從思想上去對抗、審視革命組織的種種作為。組織懷疑你，你所能做的只是不斷剖白自己、不斷證明自己的忠誠，爭取重新回到組織的懷抱，並沒有你去質問組織的理。鄧拓自覺以革命戰士、以共產黨人的高標準嚴格要求自己，就不僅不會在理性上質問組織，而且不會對組織有什麼非理性的怨氣。鄧拓在備受打擊之時審視自己的過去歲月，追問自己的「後

8　鄧拓有鄧雲特的筆名，丁一嵐平時在家又昵稱他「大雲」，故自稱「雲裏人」。

來歲月，還能幾許？」這種對時間的焦慮，在本質上是能否實現人生價值的焦慮。這種焦慮源於強烈的願望與強烈的不自信所造成的衝突。強烈的願望來源於鄧拓濟世救國的高遠情懷，而不自信則是因為他把黨認定為歷史正義的化身，這樣，一旦黨懷疑自己，固有的忠誠意識使得他不會去懷疑黨與歷史正義的必然聯繫，而只覺得自己可能要跌出代表歷史正義的戰車，墮入無邊的歷史陰影中，使生命失去意義。這樣的焦慮，並沒有對黨的任何怨言，但是表現出對自我人生的強烈關注，因而仍然是一種相當個人化的思想漫遊了。這樣的情感他只能在這寫給妻子的詩中宣洩，使之限制在最個人化的空間中，而不至於呲咧出社會性的鋒芒。而即使在幾十年之後，丁一嵐編輯《鄧拓詩集》時，經反覆斟酌，仍然刪去「鎮日書空，孤懷無寄！入鄉有意從頭認，壯志縱成煙，不向蓬蒿浪擲」、「衰逝堪傷天欲晦」、「古道淒清埋詩塚，高山流水休再聽，廣陵散絕，無復當年韻」這樣一些情緒低落的句子，因為「她考慮到這首詩寫於抗日戰爭中，本應充滿昂揚和豪邁，而鄧拓那些惆悵情緒，需要做特別的注釋讀者才能明白」。[9]擔心讀者不明白，實際上是擔心受到誤解，擔心政治評價上再出麻煩。儘管幾十年之後，人們認識到「惆悵和憂鬱，並不總是灰暗與消極，也不會是豪邁、昂揚的對立面。它們不會損傷人的理想主義，不會讓人消沉。相反，在特殊情形下，在特別的人身上，它們反倒使豪邁與昂揚更為深沉」。[10]但相當長一段時間內，革命的意識形態是不允許它的忠誠戰士有任何惆悵與憂鬱的。革命意志薄弱這類武斷的評價，總是很容易被強加在那些有個人化人生感悟的忠誠者身上。瞿秋白不就是因為在〈多餘的話〉中袒露出這類虛無的個人化情感而被長久地誣為叛徒嗎？

9　李輝：〈書生累——關於鄧拓的隨感〉，李輝編著：《書生累——深酌淺飲「三家村」》，海天出版社 1998 年第 1 版第 38 頁。

10　李輝：〈書生累——關於鄧拓的隨感〉，李輝編著：《書生累——深酌淺飲「三家村」》第 39 頁。

丁一嵐極其珍惜這首長詩。1948 年，解放戰爭勝利在望，在一個風和日麗的下午，她請鄧拓把這首〈戰地歌〉抄在絲絹上。史無前例的「文革」中，抄家成風。為了保存這方詩絹，丁一嵐小心翼翼地把它縫在棉衣內襟裡。歷經漫長的十年災難後，它才重見天日。

鄧拓在面對自我、面對妻子這些最個人化的時刻，揮之不去的傷懷才與堅忍不拔的自勉相交織，堵塞在心頭上。更多的時候，他總是強壓住心中的惆悵，壓住種種個人化的感受，只是用濟世的革命理想鼓勵自己，用烈士犧牲自我的精神鞭策自己。黨校受審的日子裡，他特別思念報社的戰友們，提筆寫下〈寄雷堡故人〉七律一首，表達自己聞雞起舞、不畏艱辛的戰士情懷：

> 八荒風雨久縱橫，關塞崎嶇望不平。
> 生欲濟人當碌碌，心為革命自明明。
> 艱辛化作他山石，赴蹈從知烈士情。
> 歲月有窮願無盡，四時檢點聽雞鳴。[11]

二、《李自成進京》

鄧拓等人在晉察冀中央分局黨校學習的整風檔之一是郭沫若的〈甲申三百年祭〉。〈甲申三百年祭〉是一篇一萬七千字的長文，1944年 3 月 19 日，即明朝滅亡紀念日，開始在重慶《新華日報》連載，分四日載完。郭沫若以李岩的人生悲劇為主線，批判明朝政治，也批判李自成左右二膀劉宗敏、牛金星進京之後的行為，總結歷史教訓，感歎人物命運。他說：「進了北京以後，自成便進了皇宮。丞相牛金星所忙的是籌備登基大典，招攬門生，開科選舉。將軍劉宗敏所忙的是拷

---

[11] 鄧拓：〈寄雷堡故人〉，《鄧拓全集・第四卷》第 60 頁。

夾降官，搜括贓款，嚴刑殺人。紛紛然，昏昏然，大家都像以為天下就已經太平了的一樣。近在肘腋的關外大敵，他們似乎全不在意。山海關僅僅派了幾千兵去鎮守，而幾十萬的士兵卻屯積在京城裡面享樂。」「在過分的勝利陶醉當中，但也有一二位清醒的人，而李岩便是這其中的一個。」大順朝失敗，清兵入關，郭沫若認為：「這無論怎麼說都是一場大悲劇。李自成自然是一位悲劇的主人，而從李岩方面來看，悲劇的意義尤其深刻。假使初進北京時，自成聽了李岩的話，使士卒不要懈怠而敗了軍紀，對於吳三桂等及早採取了牢籠政策，清人斷不至於那樣快的便入了關。又假使李岩收復河南之議得到實現，以李岩的深得人心，必能獨當一面，把農民解放的戰鬥轉化而為種族之間的戰爭。假使形成了那樣的局勢，清兵在第二年決不敢輕易冒險去攻潼關，而在潼關失守之後也決不敢那樣勞師窮追，使自成陷於絕地。假使免掉了這些錯誤，在種族方面豈不也就可以免掉了二百六十年間為清朝所宰治的命運了嗎？就這樣，個人的悲劇擴大而成為了種族的悲劇，這意義不能說是不夠深刻的。」

此文一發表，國民黨《中央日報》即對之進行集中攻擊。顯然，他們認為郭沫若以史為喻，意在抨擊國民黨統治腐敗苛酷、缺少民族抗戰的責任心。而延安的《解放日報》則在一個月後全文轉載了〈甲申三百年祭〉，並且加了長篇按語予以熱情肯定。而後，毛澤東在黨的高級幹部會上就說：「我黨歷史上曾經有過幾次表現了大的驕傲，都是吃了虧的」，「全黨同志對於這幾次驕傲，幾次錯誤，都要引為鑒戒。近日我們印了郭沫若論李自成的文章，也是叫同志們引為鑒戒。不要重犯勝利時驕傲的錯誤。」顯然，毛澤東和重慶的國民黨人是從不同角度來認識〈甲申三百年祭〉的主旨的。毛澤東以李自成大順朝的失敗教訓告誡共產黨人要謙虛謹慎、戒驕戒傲。

晉察冀中央分局黨校為貫徹毛澤東「學習郭沫若論李自成文章」的指示，決定編演京劇《李自成進京》。找誰編劇呢？創作組的同志首先想到多才多藝的鄧拓。但是鄧拓是受審查的懷疑對象，怎麼能啟用

呢？不行。可是，編劇不容易呀。編演《李自成進京》，可不是一般的文藝自娛，是政治任務，是響應黨中央的號召，只能做好不能做砸。能擔此任的人，既要有豐厚的歷史知識，又要有良好的藝術修養，當然，最重要的一條是要能準確理解中央的旨意。找來找去，黨校上下一致認為，只有鄧拓所在的「官最大反革命最多」的第一支部出人任編劇才合適。黨校俱樂部主任陳靖，是第一支部的宣傳委員，也是「河南問題研究組」的成員，認定了非請鄧拓出來領頭編劇不可。黨校副校長趙振聲支持陳靖的意見，作了批示。這樣，鄧拓就以帶罪之身擔任起了領頭寫編《李自成進京》的政治宣傳任務。

當然，讓這些審查對象擔當政治宣傳任務，領導是免不了要扣緊審幹主題，交代編劇人員要「一心一意，不要三心二意」，以免他們稍受重任就翹尾巴，忘了自己是誰。那些無緣無故地被懷疑甚至被劃定為「兩條心分子」、「半條心分子」的同志，早就憋了一肚子氣、一肚子的委屈，一直沒有地方發洩。這時候，一位「兩條心分子」聽到領導用這種口氣指派他們編劇，就忍不住激動起來說：「晉察冀那麼多專業文藝團體，文工團人數也比黨校多，他們排演《雷雨》、《日出》這些大戲，勁頭那麼大，花錢那麼多，今天為什麼不帶頭響應號召呢？這活我們幹不了，還是讓他們幹吧。」領導一聽這些審查對象還敢撂擔子，火氣就冒起來了，覺得審幹審了這麼長時間了還馴服不了這些人那還了得。雙方處在僵持狀態，收不了場。這時，鄧拓平靜地站起來說：「大家先別急。還是我執筆寫第一稿，邊寫大家一起邊討論、修改。」於是，矛盾便緩解了下來。[12]

鄧拓這麼做，並不是他心裡就沒有委屈，而是在他的觀念中，個人的利益、個人的委屈乃至於個體生命的感受都是不算什麼的，只有黨的利益、黨的任務才是至高無上的。儘管許多審幹人員態度粗暴，他心靈深處也很受傷害，但是既然他們是黨指派來的，那麼，他就不

---

[12] 陳靖：〈鄧拓寫京劇《李自成進京》前後〉，《人民新聞家鄧拓》第 134-137 頁。

會去和他們、和黨校的領導們使氣。在他的觀念中，雖然是黨讓他受委屈了，但是黨指派的工作仍然必須無條件地去做，根本沒必要去計較具體指派工作的人的態度。他一貫任勞任怨，更不會去和其他單位的同志計較工作本來應該誰來幹。其實，只有全身心投入到黨的工作中，他才能暫時忘掉個人所受的不平待遇，才能體會到融入歷史理性所帶來的精神歸宿感。工作，對於他來說，就像呼吸，就像陽光，是活著的第一需要。面對來自黨組織的懷疑、不公，他只相信有一天烏雲會散去，黨組織終會理解自己的忠誠。他的組織觀念、忠誠意識早已滲透到了潛意識深處了，所以，他決不會去懷疑黨組織，更不會發牢騷來對抗黨的威望，也不會去質疑審幹人員的合法性。他只有默默地埋頭工作著，就像一隻無言的駱駝，像一個溫順的好兒子。鄧拓的忠誠、自律中有著一種犧牲自我、成全群體的崇高精神，但是，他以及許多共產黨人那時都沒有意識到無鋒芒的溫馴也是縱容暴政的溫床。

在《李自成進京》一劇的創作過程中，鄧拓實際上起到了領導和骨幹的作用。交稿時間緊，天氣又冷，幾個人工作的小屋，放上一杯水，十多分鐘就會結上一層薄冰。鄧拓就和同志們盤腿坐在涼炕上，用被子圍住下半身，趴在小炕桌上寫。沒有油燈，鄧拓和同志們就白天寫稿，晚上摸黑討論。談到夜深人靜的時候，總是靈感最多的時候。大家思維最活躍，都暫時忘卻了受審的處境，沉醉到工作的快樂中，獲得了精神翱翔的歡樂。對於李自成的悲劇，大家的理解不一，鄧拓總是能扣緊毛澤東關於以史為喻提醒共產黨人要有長遠眼光的觀點來引導大家、說服大家。

1945 年元旦前，鄧拓和編劇組的同志們完成了《李自成進京》的第一稿。而後，邊排邊改，到春節正式定稿時，這場四幕十五場的大戲也差不多排出來了。有趣的是，編劇小組指派丁一嵐飾演武藝精強、多情好義的女英雄紅娘子。後來成為名演員的田華，這時飾演的是崇禎的宮女。《李自成進京》成功演出，受到了群眾的歡迎，也受到了上

級黨組織的表揚。鄧拓就是這樣拋卻個人得失，去忠實地完成黨的交給的任務。[13]

三、對領袖的忠誠

鄧拓不僅忠誠於共產黨，還忠誠於黨的領袖。這集中體現在他對毛澤東思想的宣傳上。

1938 年 10 月，中共中央六屆六中全會確立了毛澤東為中共的領導核心。「長期以來，他們（指中共領導層，引者注）都知道毛擅長軍事指揮，也都逐漸信服毛在軍事指揮方面的才幹。自長征結束以來，毛澤東在政治方面的領導成為事實，也被眾人逐漸習慣以至承認，但大家在心理上，還是將『理論家』的名號與張聞天、王明聯繫在一起。」「從 1940 年始，在延安的《解放》週刊和《中國文化》等刊物上，逐漸出現稱頌毛澤東對馬列主義理論貢獻的文章。陳伯達、艾思奇、和培元、張如心等紛紛撰文，讚頌毛澤東『深刻的靈活地根據辯證唯物主義理論與方法闡明中國革命的規律性』，使馬列理論與中國具體的革命實踐相結合，與中國的歷史實際相結合。」[14]1941 年 2 月，中央馬列學院教員張如心在文章中首先提出「毛澤東同志的思想」的概念。1942 年 2 月 8 日，延安舉行「澤東日」，徐特立、蕭三作關於毛澤東生平報告，聽眾約千餘人。這一天，「張如心又在《解放日報》上第一次對『毛澤東主義』作了闡釋。顯然未經許可，張如心不可能提出這個概念，而在《解放日報》上提出如此重要的概念，陸定一、博古必定事先將其文章送審，向毛澤東、任弼時請示彙報或打過招呼。」[15]「在中共黨內，在一個相當長的歷史時期內，無論是在大革命時期，抑或

---

[13]　陳靖：〈鄧拓寫京劇《李自成進京》前後〉，《人民新聞家鄧拓》第 136-137 頁。
[14]　高華：《紅太陽是怎樣升起的》第 605 頁。
[15]　高華：《紅太陽是怎樣升起的》第 607 頁。

是江西蘇維埃時期，都沒有頌揚黨的領袖的傳統，對黨的領袖進行大規模的頌揚、讚美，始於四十年代。首先開創這個先例的是中共中央領導層內毛澤東的同僚，他們率先對自己原來的同事毛澤東進行熱烈的讚美」[16]。這些人有王明、劉少奇、朱德、彭德懷、陳毅、羅榮桓、康生等，還有周恩來等。這些人讚美毛澤東的動機並不一致。有的是出於對毛澤東的由衷信服，如一貫以忠厚著稱的朱德和以耿介著稱的彭德懷；有的是出於妥協的策略，如在整風運動中屢屢以「教條主義」名目挨整的王明；有的是出於宗派利益，如從莫斯科歸國後便迅速對留蘇陣營反戈一擊的康生；還有的則主要是出於對傳統文化忠誠意識的習慣性繼承，如周恩來。

1942 年 7 月 1 日，鄧拓在《晉察冀日報》發表社論〈紀念「七一」，全黨學習和掌握毛澤東主義〉。這是延安外其他抗日根據地較早回應「毛澤東主義」的提法、系統闡述「毛澤東主義」內涵的一篇理論文章。在這篇社論中，鄧拓認為，毛澤東思想方法的最本質特徵是「毛澤東同志強調把馬列主義的唯物辯證法放在中國社會的具體環境中來運用。」圍繞這個基本點，他詳細闡述了毛澤東政治路線和軍事路線的內涵，並得出結論說「毛澤東主義，就是中國馬克思列寧主義，每一個中國的馬克思列寧主義者，實際上就必須是而且也只有是毛澤東主義者。」所以，他號召全黨深入學習和掌握毛澤東主義，「真正靈活地把毛澤東主義的理論與策略，應用到一時一地的每一個具體問題與實際鬥爭中去！」[17]

在社論中把毛澤東主義定為中國唯一的馬克思列寧主義，既是鄧拓對毛澤東思想的真心信服，也是當時中共中央集體思想意志的體現。「鄧拓崇拜毛澤東，與一般人不同，他的理論素養與政治素質，使他不僅僅出自一種樸素的感情，而是基於理論欽佩之上的由衷愛

---

[16] 高華：《紅太陽是怎樣升起的》第 608 頁。

[17] 鄧拓：〈紀念「七一」，全黨學習和掌握毛澤東主義〉，《鄧拓全集‧第二卷》第 161 頁。

戴。」[18]鄧拓在理論上欽佩毛澤東，原因是多重的。首先，鄧拓的理論興趣源於救國救民的現實目的，具有明顯的務實性。與學院派知識份子不同，他對純粹形而上的哲學思辨並沒有太大的興趣。他這種思維傾向，也是深受儒家文化強調經世致用特徵浸染、投身現實變革的知識份子所共有的心理傾向。而毛澤東思想在指導中國共產黨的實際鬥爭中具有策略上的明顯的現實有效性，這自然就讓鄧拓由衷信服、而不再從更深廣的學理上對之做一分為二的辨析。其次，鄧拓的知識來源主要有兩個方面，一個方面是中國傳統文化；另一個方面是蘇俄化的馬克思主義。中國傳統文化，儘管包含了狷狂傲世、退隱山林的文人傳統，但這種狷傲退隱對專制文化的不合作基本上僅限於疏離皇權，尚沒有真正建構出足以與專制皇權相對峙的異端傳統、與集體主義相抗衡的個人主義傳統。而蘇俄化的馬克思主義，即列寧主義－史達林主義，並沒多少防止個人崇拜的思想資源，沒有多少容許異端思想存在的空間。當代有的學者認為：「馬克思主義本來是批判『救世主』思想的，但在馬克思的理論中，無產階級實際上代替了救世主的地位，成為救世階級。到了列寧，這個救世階級又為共產黨所代表，成為救世黨；黨又掌握在領袖手中，於是領袖成為新的救世主。」（王若水）鄧拓救國救亡的人生信念，更接近儒家仁人志士救民眾於水深火熱中的獻身意識，並沒有多少西方的自由主義、個人主義觀念，也沒有多少中國「五四」時期的多元文化觀念，所以，在信服了毛澤東的思想理論後，他就很容易認同毛澤東思想是當時中國的唯一真理，認為「每一個中國的馬克思列寧主義者，實際上就必須是而且也只有是毛澤東主義者」，不會去追想是否還有別一種方式的真理可以與毛澤東主義並存或相互補充，更不會去追問毛澤東主義這種具有現實策略有效性的思想是否在終極價值上存在什麼缺憾、什麼漏洞。鄧拓的理

---

[18]　李輝：〈書生累——關於鄧拓的隨感〉，李輝編著：《書生累——深酌淺飲「三家村」》第 42 頁。

論素養，使得他比一般的革命者能夠更深刻地理解領袖、黨中央的理論追求，並不能使他獨立地去反思領袖的理論、並不能使他平等地去審視領袖思想。事實上，以革命者自詡的鄧拓，本來也不以追求哲學思想的獨創性為己任。儘管他在 1941 年 6 月和成仿吾、江隆基、何干之一起發起成立了邊區新哲學會，但是，他的哲學興趣是闡釋、推廣馬列主義毛澤東思想。他對自己的角色期待、黨對他的角色期待都是黨在宣傳戰線上的忠誠戰士，而不是獨立的自由思想者。事實上，在整風運動中，具有自由思想的共產黨人，如王實味、丁玲等，都被鎮壓或者馴化了。鄧拓宣傳毛澤東思想，既是執行當時中共中央的指示，也熔鑄著他個人對領袖的由衷欽敬。

鄧拓對毛澤東的欽敬，首先是投身政治的革命戰士對領袖的忠誠，是理論工作者對革命理論家的崇拜，其次還緣於他在文人情懷上與毛澤東的共鳴。毛澤東長於詩詞、書法。而這兩種藝術樣式正是鄧拓的最愛。毛澤東的早期詩詞境界廓大、格調豪邁，悲愴情懷與英雄豪氣相間。1925 年的深秋，在長沙橘子洲頭看「萬山紅遍，層林盡染」，毛澤東感到天地無限寥廓，不禁在惆悵中「問蒼茫大地，誰主沉浮」，並以「曾記否，到中流擊水，浪遏飛舟」的激情「糞土當年萬戶侯」。1935 年，紅軍一度損失慘重。毛澤東和部隊一起默默行走在遵義婁山關的山間，心情異常沉重，頓覺「馬蹄聲碎，喇叭聲咽」、「蒼山如海，殘陽如血」。此時，毛澤東深切體會到「雄關漫道真如鐵」的艱難困苦，但他依然倔強地從心底發出「而今邁步從頭越」的堅定誓言。鄧拓和毛澤東一樣，詩詞中都可見其胸襟廣闊，非一般偏於婉約、耽於私情的文弱書生所能相比。只是鄧拓更深於士大夫式的憂患，而毛澤東則更多江山主人的豪氣。而這正契合於賢臣與明主的關係模式。

1938 年，木刻家、作家金肇野參加「抗戰文藝工作團」從延安來到五臺山，隨後留在晉察冀開展敵後文藝工作，與鄧拓結為朋友。在一次閒談中，他問鄧拓「您認為現在哪個人的書法最好？」鄧拓毫不猶豫地回答說：「當然是毛主席囉。」金肇野又問：「如果不考慮作者

的身份地位呢？」鄧拓回答說：「那也是毛主席。在當今，講書法藝術，我認為還沒有一個人的功底能比主席高深多少。」鄧拓說，毛澤東博覽名家墨蹟碑帖，可能也研究過懷素大草，創造出他自己的書法風格。鄧拓歸納毛澤東書法的特點是：瀟灑剛勁，有內涵的功力，時代的氣息，讓人喜愛卻難以學習。鄧拓經常研究毛澤東的書法。[19] 毛澤東在詩詞和書法藝術上的成就，使得鄧拓不僅在理性上、而且在心理情感也更加服膺毛澤東。感情上的服膺更加消磨了他的理性鋒芒，增強了他的思想崇拜。

正是出於對毛澤東思想的多方面認同，早在 1940 年《新民主主義論》剛發表的時候，鄧拓便寫下〈讀毛主席《新民主主義論》〉七律詩一首，化用毛澤東多首詩詞中的典故，表達對領袖的欽敬：

> 萬水千山只等閒，長城繞指到眉端。
> 陣圖開處無強敵，翰墨拈來盡巨觀。
> 風雨關河方板蕩，運籌帷幄忘屯艱。
> 蒼龍可縛纓在手，且上群峰絕頂看。[20]

1942 年，「毛澤東主義」在延安及其他抗日根據地迅速傳播。1943 年 4 月 22 日，毛澤東可能是考慮到史達林尚未獨稱「史達林主義」、只與列寧合稱「列寧－史達林主義」，延安就宣傳「毛澤東主義」並不合適，就寫信給凱豐，稱自己的思想尚未成熟，現在不是鼓吹的時候。1943 年 7 月 5 日，王稼祥在《解放日報》發表〈中國共產黨與中國民族解放的道路〉，首次提出「毛澤東思想」的概念，以之替代不甚合適的「毛澤東主義」。1943 年 7 月 6 日，劉少奇在《解放日報》發表〈清算黨內的孟什維克主義思想〉，同樣使用「毛澤東思想」的概念。1945 年 3 月，劉少奇在六屆七中全會討論準備提交七大的黨章中提出了以「毛澤東思想」貫穿黨章。七大修改後的黨章總綱中規定：中國共產

---

[19] 金肇野：《和鄧拓在一起的日子》，《人民新聞家鄧拓》第 99-100 頁。
[20] 鄧拓：〈讀毛主席《新民主主義論》〉，《鄧拓全集・第四卷》第 23 頁。

黨以馬克思、列寧主義的理論與中國革命的實踐之統一的思想——毛澤東思想，作為自己一切工作的指標。至此，毛澤東思想在中國共產黨的意識形態中確立了一尊的權威地位。

鄧拓不僅是較早系統闡述毛澤東思想的黨內理論家，而且是最早選編、出版《毛澤東選集》的人。早在 1938 年毛澤東《論持久戰》發表的時候，晉察冀日報社就在鄧拓的領導下以「七七出版社」的名義印行了《論持久戰》。此後，毛澤東凡有新作在報紙上發表後，晉察冀日報社都將它印成單行本出版。這已經成為一條不成文的規定，直到報紙終刊。《論持久戰》和《新民主主義論》這兩本書，晉察冀日報社曾多次再版，大量發行到邊區各地。鄧拓還想出一個點子，由晉察冀日報社印刷一種線裝的毛邊紙本，把《論持久戰》偽裝成上海廣益書局印行的《文史通義》，把《新民主主義論》偽裝成北平佛教總會印行的《大乘起信論》，還用《婦女問題》、《紅樓夢》、《水滸傳》等多種書名偽裝毛澤東的各種著作，經過劉仁等領導的城工部發行到北平、天津、保定、石家莊、大同、太原、張家口等地；經過韓光領導的東北工委，發行到瀋陽、大連等地，在敵佔區宣傳毛澤東思想。

1944 年初，為了系統地宣傳毛澤東思想，經中共中央宣傳委員會（書記是毛澤東，副書記是王稼祥）批准，中共中央晉察冀分局決定出版《毛澤東選集》。聶榮臻、程子華、劉瀾濤將這項工作交給了鄧拓。這部書共 800 多頁，約 50 萬字，選收了 29 篇文章，主要是毛澤東抗日戰爭開始後到 1944 年 6 月間的論著，也收錄了〈湖南農民運動考察報告〉、〈紅四軍黨第九次代表大會決議案〉，以及抗戰爆發前夕在延安召開的中共全國代表會議上的報告和總結。鄧拓全面主持《毛澤東選集》的選編和出版工

1944 年晉察冀日報社在鄧拓的具體負責下選編、出版了第一部《毛澤東選集》。

作。他寫了〈編者的話〉，熱情闡述毛澤東思想、高度評價毛澤東思想。這種評價，與 1945 年 6 月中共通過的黨章精神是一致的。

　　當時由於日寇封鎖，很難買到好紙。鄧拓便派人到阜平、平山、靈壽等地辦手工造紙廠，用稻草、麻繩頭子造紙。自己造的紙不太白，不太細，就用它們印報紙和刊物，省出好一些的紙來，印《毛澤東選集》。[21]

　　1948 年 4 月的一天，鄧拓第一次見到了毛澤東。這天清早，鄧拓接到了晉察冀中央局的緊急電話通知，讓他馬上到中央局參加緊急會議。鄧拓立即帶上警衛員，從晉察冀日報社駐地麻棚村趕往中央局駐地城南莊。他們上午八點左右到達的時候，毛澤東吃完早飯正在前院中散步。鄧拓「伸出手來，笑著奔向」毛澤東，毛澤東「也伸出手快步走過來，兩人緊緊地握起手來，高興地哈哈大笑。」不久，劉瀾濤、周揚也來了。「隨後他們和毛主席邊說邊走，來到後院，會議室就在那裡，大約九點開會。一直到下午四點左右才散會。」[22]

---

[21] 周明、方炎軍：〈烽火十年憶鄧拓〉；沈達、曹國輝：〈鄧拓要我們印好〈毛澤東選集〉〉；趙清學：〈第一個編《毛澤東選集》的人〉。均收入《人民新聞家鄧拓》。

[22] 張成林：〈難忘的三年〉，《人民新聞家鄧拓》第 413、414 頁。

第七章　戰史編成三千頁[1]

一、張家口辦報

　　1944 年冬，中國軍民對日寇進行戰略反攻的時機已臻成熟。1945 年春夏，日寇在中國內地受到中國各方抗日武裝的頑強阻擊。國際上，盟軍摧毀了日本的海上武力，在沖繩島登陸；盟軍和緬甸人民軍、中國遠征軍並肩殲滅了緬甸戰場上的日軍。這一年初夏，希特勒自殺，蘇軍攻克了柏林，納粹德國宣佈無條件投降，墨索里尼也被義大利游擊隊縊死街頭。軸心國徹底潰敗的命運已經註定。1945 年 7 月 26 日，中、美、英三國發表《波茨坦宣言》，宣告盟國對日作戰，直至它停止抵抗為止，正告日本政府應立即宣佈無條件投降，否則，「盟軍將全面攻佔日本本土」。8 月 6 日，美空軍在日本廣島投下第一顆原子彈。8 月 8 日，蘇聯宣佈對日作戰，並加入《波茨坦宣言》。8 月 9 日，美空軍又在日本長崎投下第二顆原子彈。1945 年 8 月 10 日下午 7 時，日本政府通過瑞典、瑞士兩中立國向中、美、英、蘇四大盟國發出了《日本請降照會》。

　　《晉察冀日報》接到毛澤東主席 8 月 9 日發表的聲明——〈對日寇的最後一戰〉，緊接著又接到日本無條件投降的消息。鄧拓立即致電各地，並領著編輯部人員加班增出《晚刊》半張，趕印號外、傳

---

[1]　鄧拓：〈《晉察冀日報》終刊〉，《鄧拓全集·第四卷》第 71 頁。

單分送各地。邊區軍民和其他中國各地軍民一樣，聽到罪惡的日本侵略者終於舉手投降的消息，不禁歡呼雀躍，徹夜狂歡，遊行慶賀。各地鞭炮聲、鑼鼓聲不斷。勝利的時刻，人們回想起八年來所受的民族苦難，回憶起浴血犧牲的民族英雄，不禁流下了喜悅而又辛酸的熱淚。

鄧拓當即填詞〈清平樂・慶祝抗戰勝利〉，用「喜見漫山遍野，火光星月齊明」[2]的景色表達自己的喜悅心情。正當鄧拓徹夜在編輯部加班的時候，丁一嵐參加了宣傳隊。她站在凳子上向簇擁著的群眾宣讀八路軍總部的文告、電訊。火把的光照在臉上，分外明亮莊嚴。她的聲音高亢洪亮，充滿激情而又清晰平穩，穿越了曠野，傳達著勝利的消息。

1945 年 8 月 10 日，八路軍朱德總司令發佈命令：「日本已宣佈無條件投降，同盟國在波茨坦宣言基礎上將會商受降辦法。因此，我特向各解放區所有武裝部隊發佈下列命令：一、各解放區任何抗日武裝部隊均得依據波茨坦宣言規定，向其附近各城鎮交通要道之敵人軍隊及其指揮機關送出通牒，限其於一定時間向我作戰部隊繳出全部武裝，在繳械後，我軍當依優待俘虜條例給以生命安全之保護。二、各解放區任何抗日武裝部隊均得向其附近之一切偽軍偽政權送出通牒，限其於敵寇投降簽字前，率隊反正，聽候編遣，過期即須全部繳出武裝。三、各解放區所有抗日武裝部隊，如遇敵偽武裝部隊拒絕投降繳械，即應予以堅決消滅。四、我軍對任何敵偽所占城鎮交通要道，都有全權派兵接收，進入佔領，實行軍事管制，維持秩序，並委任專員負責管理該地區之一切行政事宜，如有任何破壞或反抗事件發生，均須以漢奸論罪。」

11 日，八路軍總部又連續發佈了六道命令，命令晉綏解放區賀龍領導的武裝部隊、晉察冀解放區聶榮臻領導的武裝部隊、冀熱遼解放

---

[2]　鄧拓：〈清平樂・慶祝抗戰勝利〉，《鄧拓全集・第四卷》第 84 頁。

區的武裝部隊向內蒙和東北進軍；命令山西解放區的武裝部隊肅清同蒲路沿線和汾河流域的日偽軍；命令各解放區的武裝部隊，向一切敵占交通要道展開積極進攻，迫使日偽軍投降。

同一日，蔣介石發佈命令，命令中共的一切部隊、武裝「原地駐防待命，不得擅自行動」，命令國民黨軍隊「加緊進軍，勿稍鬆懈」，命令淪陷區偽軍「維持治安，趁機贖罪」。意在制止和限制八路軍、新四軍受降。隨後，蔣介石又警告「各戰區、轄區以內敵軍不得向我指定之軍事長官以外之任何人投降、繳械；應策動各戰區偽軍反正，令其先期包圍集中之敵，並控制敵軍撤離後之要點、要線，以待國軍到達」。

8月13日，毛澤東在延安幹部會議上作了《抗日戰爭勝利後的時局和我們的方針》的講演，抨擊蔣介石說：「中國大地主大資產階級的政治代表蔣介石，大家知道，是一個極端殘忍和極端陰險的傢伙。他的政策是袖手旁觀，等待勝利，保存實力，準備內戰。果然勝利被等來了，這位『委員長』現在要『下山』了。八年來我們和蔣介石調了一個位置：以前我們在山上，他在水邊；抗日時期，我們在敵後，他上了山。現在他要下山了，要下山來搶奪抗戰勝利的果實了。」並且確定了「我們的方針是針鋒相對，寸土必爭」。

根據中共中央和八路軍總部的指示精神，聶榮臻等立即向日本華北派遣軍辻村發出通牒，命令其所屬部隊無條件投降。同時，晉察冀軍區任命了平、津兩市的衛戍司令，晉察冀邊區行政委員會任命了平、津、保、張等大城市的市長。鄧拓奉命留下報社部分人馬在阜平繼續出報，組織精幹人馬到北平出版《晉察冀日報》。但是，北平城中的日寇尊奉蔣介石給岡村寧次的命令，拒絕向八路軍投降。國民黨北平行營主任、國民黨政府軍事委員會北平行營主任李宗仁由西安派他的參謀長王鴻韶到北平設置前進指揮所接管北平；李宗仁隨即到北平派他的高級參謀接收偽華北政務委員會。在這種情況下，中共中央把張家口定為晉察冀邊區的首府。於是，鄧拓又奉命再把人馬分為兩部分：

一部分留在北平郊區出版《新聞要聞》，他帶領另一部分人馬於 1945 年 9 月 12 日趕到剛剛收復的張家口辦報。[3]1945 年 9 月開始出版的《晉察冀日報》，成為解放區第一份在城市出版的大型日報。

張家口是察哈爾省省會，地處京、晉、蒙交界處，北傍長城，南接平川，三面環山，地形險要，清水河由北向南，將市區分為東西兩部分，自古即為兵防重鎮和進入蒙俄及東歐市場的陸路商埠。張家口 1937 年被日軍侵佔，後來成為「偽蒙古聯合自治政府」的首府。日本天皇宣佈投降後，駐張家口的日軍駐蒙軍司令部率第 118 師團、獨立混成第 2 旅團等部共 2 萬餘人，拒不向八路軍投降。1945 年 8 月 20 至 23 日，八路軍經過激烈戰鬥，從日寇手中奪回了張家口這座重鎮。張家口是八路軍、新四軍在大反攻中收復的第一個省會。這一勝利，使晉察冀與晉綏解放區聯成一片，並為八路軍進軍東北創造了條件。張家口也成為晉察冀邊區政治、軍事、經濟和文化中心，並因此而享有「第二延安」的美稱。

抗戰勝利之後，在剛剛收復的大城市中，中國共產黨的工作重心轉換為創建新的社會秩序、建構新的意識形態。報紙的讀者對象中也增加了大量城市居民。《晉察冀日報》刊登了大量宣傳共產黨政策的文章，同時也刊登了大量揭露國民黨腐敗統治的文章。1945 年 12 月 10 日的北平通訊《五子登高》就揭露了重慶高官進入平津以後，金子、票子、房子、戲子、皮子立刻貴起來的社會混亂局面。這一時期，共產黨軍隊、幹部的廉潔自律和國民黨官僚的腐敗跋扈，確實在老百姓眼中形成了鮮明的對比。進入張家口後，中共晉察冀分局改為中央局。作為中央局宣傳部副部長兼《晉察冀日報》社長、總編的鄧拓，不僅負責報社工作，還要統管通訊社、廣播電臺、圖書出版等領導工作，工作十分繁忙。張家口新華廣播電臺是新組建的新聞單位。丁一嵐發揮播音特長，由報社調往廣播電臺工作。

　　1945 年 10 月 19 日，晉察冀解放區文化界千餘人，在張家口華北聯大禮堂隆重舉行魯迅逝世九周年紀念大會。鄧拓作為晉察冀邊區文聯代表在會上做了〈沿著魯迅的方向前進！〉的發言。鄧拓高度評價魯迅「橫眉冷對千夫指」的勇氣和「俯首甘為孺子牛」的精神。當然，「千夫」在這個語境中並不是指國民性批判話語中的庸眾，而引申向民族救亡中的敗類和意識形態鬥爭中的敵人。鄧拓說：「今天中國反動派仍在用著一切陰謀想奪去人民解放鬥爭的果實，想把人民繼續踏在腳下，今天我們紀念魯迅，應明確地辨別出誰是中華民族的優秀兒女，誰是人民的叛逆。」[4]1945 年 8 月 5 日，鄧拓又發表了〈大眾的魯迅與魯迅的普及〉，深入闡述這一觀點。他認為，「『全民族的最大多數』是誰？當然是人民大眾，是工農兵廣大群眾，魯迅就是代表這個大眾的，屬於這個大眾的，而魯迅的方向就是為這個大眾服務的方向，我們研究魯迅的全部目的必須是為了實現這個方向，舍此以外不能有其他目的，離開此目的而研究魯迅，亦必毫無意義。」[5]顯然，鄧拓對魯迅精神的闡釋是沿著毛澤東對魯迅的評價展開的。這個話語系統，高度肯定了魯迅對民族的責任心、使命感，但是卻隱去了魯迅作為一個啟蒙思想家對大眾思想意識所作的反思、批判，隱去了魯迅作為一名現代知識份子在文化思想上超越於大眾、超越於政治的精英性質。同時，認為研究魯迅的目的僅僅是為了實現「為大眾服務的方向」，判定「離開此目的而研究魯迅，亦必毫無意義」，也以一元專斷的姿態設定了魯迅研究的框框套套。這種先驗的意識形態立場，追隨毛澤東〈延安文藝座談會上的講話〉精神，展示了黨控制研究者主體意識的文化態度。

　　《晉察冀日報》由農村進入城市，面臨著轉型和擴展的重大任務。這時期張家口聚集了許多文化名人，鄧拓十分重視這一人才資源，力邀他們加入《晉察冀日報》的工作，也和他們中的許多人結下深厚的友誼。蕭軍便是鄧拓這一時期結交下的一個好友。1945 年冬，蕭軍從

4　鄧拓：〈沿著魯迅的方向前進！〉，《鄧拓全集‧第二卷》第 222 頁。
5　鄧拓：〈大眾的魯迅與魯迅的普及〉，《鄧拓全集‧第五卷》第 188 頁。

延安來到張家口，全家借住在《晉察冀日報》宿舍中。兩人頗為投緣，時常在一起飲酒作詩。鄧拓邀請蕭軍主編《晉察冀日報》的《魯迅學刊》，介紹魯迅的生平、思想和創作。1946 年初夏，蕭軍應彭真之邀將赴哈爾濱出任東北大學魯迅藝術文學院院長，出了四期的《魯迅學刊》只好停刊。1945 年 5 月 19 日深夜，鄧拓送詩作別，並附一短簡說：「剛才可惜沒有多談，送你一首小詩，看後一笑。明早你出發時，希望能看看你，別了！握手。」鄧拓的送別詩寫道：

> 戰歌詩思繞長春，結伴還鄉氣若龍！
> 《三代》鴻篇才未盡，十年遊客意猶濃。
> 胸懷作計充閫將，去住為生勝老農。
> 翰墨場中飛虎出，高巒深澤縱奇蹤。[6]

《三代》指蕭軍的長篇小說《第三代》。鄧拓以株守田園的老農比喻自己不能像蕭軍那樣遍遊各地。但是鄧拓和蕭軍在文人內心中的英雄豪氣上卻是深深共鳴的。蕭軍回到宿舍，收拾完行裝，已是凌晨 3 點。他為友情所激動著，就在燈下步鄧拓原韻和詩一首，以致念想：

> 一別鄉關十二春，豪情湖海慕元龍？
> 醇醪乍酌人初醉，古塞春遲綠未濃。
> 雖許丹心酬父老，只餘一筆報工農。
> 相逢他日知何往？同氣連枝跡有蹤。[7]

蕭軍在詩中剖白了自己以「丹心」「報工農」的赤子情懷。這正是他和鄧拓心靈共鳴的思想基礎。他以三國時湖海居士陳元龍的典故抒寫自己不拘小節的胸懷，又以程普讚周瑜的典故——「與公謹交，如飲醇醪，不覺自醉」——讚美鄧拓的人格魅力，以「同氣連枝」的比喻抒發自己與鄧拓之間心有靈犀的深厚情誼。

6　鄧拓：〈為蕭軍同志送行〉，《鄧拓全集・第四卷》第 175 頁。
7　蕭軍：〈悼鄧拓並敘〉，《人民新聞家鄧拓》第 80 頁。

1946 年 5 月鄧拓又延請著名女作家丁玲主編《晉察冀日報》副刊。丁玲在上海主編過「左聯」機關刊物《北斗》，到延安後又主編過《紅中副刊》和《解放日報》副刊，具有豐富的辦刊經驗，她的作品在文藝界更有廣泛的影響。在丁玲的主持下，《晉察

1946 年在張家口，鄧拓（後排左四）先後請蕭軍（右三）、丁玲（右一）等主編《晉察冀日報》副刊。

冀日報》副刊每日發行，吸引了艾青、王朝聞、賀敬之、楊朔、蕭軍、蕭三等人的來稿，團結了一大批文藝界人士，發表了大量優秀作品，一時非常活躍。

二、意識形態激情

抗戰勝利後，中華民族又面臨著內戰的危險。國共兩黨本來就是內戰的老對手，但在日寇入侵這一民族危亡的重大災難面前，兩黨雖然有摩擦，但總體上說都能把黨派恩怨放在第二位去共同抵禦外侮。整個抗日戰爭時期，國民黨軍隊在正面戰場上反擊侵略者，共產黨軍隊在敵後戰場上浴血奮戰，兩黨軍隊都對民族的救亡做出了自己的貢獻，而且實際上都起到了互相幫助對方牽制敵人的作用。現在抗戰勝利了，共同的敵人被打敗了，如何分享勝利果實，如何面對原來內戰中的對手，又是擺在國共兩黨以及各民主黨派之間的嚴峻問題。共產黨八路軍在民族抗戰中迅速壯大，要求國民黨結束一黨專政、建立民主聯合政府，同時還要求蔣介石承認解放區的民選政府和抗日軍隊。

國民黨則要收編、取消解放區政府和共產黨軍隊。而以民盟為首的民主黨派主張國共雙方都交出軍隊，軍隊歸國家所有，建立多黨制的民主國家。在重大分歧面前，國共兩黨都是一手準備談判，一手抓緊準備戰爭。1945 年 8 月 14 日、20 日、23 日，蔣介石前後三次發電邀請毛澤東到重慶商談「國際、國內重要問題」。毛澤東於 8 月 28 日偕同周恩來、王若飛前往重慶談判。10 月 10 日，國共簽訂《會談紀要》（即《雙十協定》），同意避免內戰，但未能就共產黨政權及軍隊的合法性達成共識。

　　毛澤東在重慶遇到第一次國共合作時期的老友柳亞子，就抄錄了自己 1936 年 2 月所作的〈沁園春·雪〉贈柳亞子。1948 年 11 月 14 日吳祖光在所編的《新民報晚刊》首次發表毛澤東的〈沁園春·雪〉，並加按語稱讚該詞「風調獨絕，文情並茂，而氣魄之大乃不可及」。11 月 28 日，重慶《大公報》又將毛澤東的贈詞和柳亞子的和詞一併發表。一時，該詞在重慶各界引起巨大反響。郭沫若、聶紺弩、黃齊生等均有和詞。柳亞子稱讚該詞為「千古絕唱」，「雖東坡、幼安，猶瞠乎其後，更無論南唐小令、南宋慢詞矣」。有人則根據毛澤東對「秦皇漢武」、「唐宗宋祖」和「成吉思汗」的點評，根據「俱往矣，數風流人物，還看今朝」之句，認為毛澤東有「帝王思想」、「欲專制獨裁」。鄧拓此時也在張家口作和詞〈沁園春·步毛主席《雪》原韻〉一首，上聯寫道：「北斗南天，真理昭昭，大纛飄飄。喜義師到處，妖氛盡斂；戰歌匝地，眾志滔滔。故國重光，長纓在握，孰信魔高如道高？從頭記，果憑誰指點，這等奇嬈？」[8] 整首詞表達了對革命事業、對歷史正義的信心，也表達了對領袖的讚美。這種仰望義旗式的唱和，也再次表明，鄧拓在本色上是一個革命事業的忠誠戰士，而絕不是一個獨立於黨集團利益之外的自由知識份子。

8　鄧拓：〈沁園春·步毛主席《雪》原韻〉，《鄧拓全集·第四卷》第 67 頁。

1946 年 4 月 8 日，王若飛、葉挺、秦邦憲、鄧發等在重慶參加國共談判和政協會議後返回延安的中共代表，在山西興縣黑茶山因飛機觸山而不幸全部犧牲。飛機觸山的原因，延安方面對外公佈說是天氣不好，但是大家都懷疑是國民黨特務在儀器上做了手腳。延安和重慶都為他們的犧牲舉行了追悼活動。鄧拓聞訊即寫下一篇百字長聯──〈哀悼「四八」遇難烈士〉：

> 舉世驚傳靈耗，萬家無語倍傷悲，痛幕幕征途，荊棘叢生，妖氣猶未斂，全憑奔走協商，丹心耿耿，問當道食盡諾言，何以對將來青史？
>
> 長空遽殞群星，千古未聞此浩劫，歎茫茫天地，浮沉無主，國事正如麻，豈意關山飲恨，齎志悠悠，把平生遺留事業，都付予後死吾人。[9]

這副長聯，把對烈士的哀悼和對國民黨的斥責交融在一起，慷慨激昂，氣勢磅礡，表現了真摯的憤怒和沉重的歷史使命感，也展示了深厚的文學素養。讀到的人，都十分佩服，一時大家爭相傳誦。聯中「妖氣」的比喻，與〈沁園春·步毛主席《雪》原韻〉的思路一脈相承，把意識形態鬥爭中的敵人妖魔化。這是國共兩黨對待對手的共同思路，其實也是一切意識形態鬥爭共有的思路。面對「將來青史」的自信，正是鄧拓作為一個忠誠戰士的精神動力。

1946 年 5 月柳亞子先生 60 壽辰，鄧拓做賀詩〈壽亞子先生〉兩首。他讚美柳亞子「幽憂早動乘桴志，晚節尤深濟世情」、「滄桑閱盡心猶壯，一念延都接莫京」。[10]「延都」、「莫京」當是指延安和莫斯科。顯然，對救國救民使命的承擔和意識形態的一致性，是鄧拓確定「誰是我們的朋友」的基本原則。

9　鄧拓：〈哀悼「四八」遇難烈士〉，《鄧拓全集·第四卷》第 72 頁。

10　鄧拓：〈壽亞子先生〉，《鄧拓全集·第四卷》第 73 頁。

三、考古興趣與文人情懷

　　鄧拓是一個堅定的革命者，但是在意識形態立場一致的前提下，革命者也有不同的個性風格。這一時期，鄧拓仍然保持著歷史學學者的研究興趣，也保留著滄桑易感的文人情懷。

　　1947 年秋，中央土地會議在河北省西柏坡召開之後，鄧拓和晉察冀中央局組織部長趙振聲等帶領土改隊在河北淶水縣工作。在阪城村進行土改工作的日子裡，鄧拓聽說村東二三裡地外有一座黃土山崗，傳說是個古城遺址，那裡有很多古代瓷器。鄧拓一有空就帶著秘書、警衛員，拿著鐵銑、鐵釺子上山去挖。他們走四五裡路才到山頂，開始時挖到的是一些小的碎瓷片，當挖過已經耕種的熟土層再往下挖的時候，才發現大塊的瓷片，挖到二尺多深時，越挖越多。他們先後三次上山挖了兩大筐瓷片，小的有拳頭大，大的有碗口大。顏色有兩種，大多是灰色的，碎片上都有花紋，是凹紋的菱形圖案；另一種是比現代的紅瓦淺得多的紅陶瓷片，也有紋飾。鄧拓用手絹擦去陶瓷片上粘著的沙土，花紋就更明顯了。然後他用相機一一拍照。挖掘中，他們發現了一塊直立的碎陶罐的瓷片，陶罐內側還有已經黴爛結成硬塊的糧食殘渣，塊上有很多小洞。鄧拓興奮極了，他高興地向秘書和警衛員宣佈說：「這就證明這裡古代確實有人住過。」發掘中，他們還發現了一枚四五寸長，銹蝕嚴重的銅箭頭。挖到這些東西，鄧拓如獲至寶。趙振聲見到他用馬馱回這些寶貝，就風趣地說：「老鄧，你搞得真不少，你是什麼東西都想搬弄回來。」[11]

　　除古代文物外，鄧拓還十分注意收藏同時代的珍品，尤其注意收藏毛澤東的手跡。1940 年〈新民主主義論〉的複寫稿排印之後，他就

---

[11]　張成林：〈難忘的三年〉，《人民新聞家鄧拓》第 412-413 頁。

把稿子要來珍藏起來。1946 年畫家尹瘦石到張家口，展示了毛澤東給柳亞子的信和〈沁園春‧雪〉的原稿，鄧拓立刻製了版收藏起來。1948年毛澤東把〈在晉綏幹部會議上的講話〉，交給《晉察冀日報》發表，打出清樣後，毛澤東校對了一遍，作了一些修改，要求再打一次清樣，他又再校對一遍，又作了一些修改。鄧拓把這兩份清樣都珍藏起來。這些文物，鄧拓並沒有占為己有。解放初期，他就把這些文物全部交給了中國歷史博物館。

　　1946 年他還贈詩給文物收藏家陳紫蓬，讚揚他把所收藏的大量易縣燕下都出土文物都捐給晉察冀邊區政府，說他「君愛文明非愛寶，身為物主不為奴」[12]。為研究人類文明而收藏文物，並不是佔有財寶，也正是鄧拓對待出土文物的態度。鄧拓珍愛文物，但在個人生活方面對身外之物卻看得很淡。平時他僅有兩三身半新半舊的衣服。1947 年的《中秋》詩中，他寫道「西風一馬無餘物，秋色滿懷到栗園」[13]。對儉樸的生活，他始終感到自豪。

　　考古、文物方面的興趣，使得鄧拓在革命者氣質中始終滲透著學者、書生的情懷。而滄桑易感的情感特徵，又使得鄧拓在革命者的氣質中始終疊加著文人的印跡。1948 年 4 月，他贈陶軍詩二首[14]如下：

其一

英風文采識名家，憶舊他年聽暮笳。

筆墨干戈都到老，江河日月如流華。

三杯魯酒寧傷別，六幅吳綾愧畫鴉。

關塞天涯家國恨，一生九死抱琵琶。

其二

無才投筆誤狂歌，天涯蒼茫世願多。

---

[12] 鄧拓：〈贈陳紫蓬先生〉，《鄧拓全集‧第四卷》第 76 頁。

[13] 鄧拓：〈中秋〉，《鄧拓全集‧第四卷》第 78 頁。

[14] 鄧拓：〈贈陶軍同志（二首）〉，《鄧拓全集‧第四卷》第 82-83 頁。

　　　如故年華過荏苒，傷心夢幻倍蹉跎。

　　　半生事業成空論，未死雄心欲渡河。

　　　走馬山林新戰役，鬢絲何憾對風波。[15]

　　這兩首詩，第一首表達對朋友的傷別之情，也表達了為濟世「雖九死其猶未悔」（戰國・楚・屈原《離騷》）的情懷。第二首詩以南宋宗澤臨終連呼「渡河」的典故和岳飛屈死風波亭的悲壯故事作比，流露出一種極為蒼茫、悲愴的自我意識。這種夢幻成蹉跎的深切憂慮，與屈原「日忽忽其將暮兮」（戰國・楚・屈原《離騷》）的遲暮感一脈相承。36 歲的鄧拓，心中充滿年華荏苒、事業成空的憂患，這表明他雖然把自己融入革命事業中，雖然對歷史的正義充滿自信，但在另一方面，他對自我生命仍然極為敏感，對自我存在意義的追問並不能完全消融於群體烏托邦想像中。當然，鄧拓某些時候對自我生命意義能否實現產生焦慮感，並不包含質問烏托邦想像的歷史合法性的鋒芒，而僅僅是擔心個體被甩出烏托邦事業而失去生命意義。但是，無論如何，鄧拓內心中對自我生命價值的強烈關注，畢竟是站在個體生命本位的立場上思考問題，畢竟帶著個體是否必然能與群體烏托邦事業建立鐵定關係的疑問，而且鄧拓「鬢絲何憾對風波」的堅定，也依然不同於在群體中徹底放棄自我的人所產生的廉價的浪漫，而是以滄桑為底色的自我生命的頑強。這樣的情感，在大一統的意識形態中顯然很容易被視為消極虛無，也顯得太過個人化了，因而鄧拓並不常表露。即使是鄧拓已離世很久的新時期之初，陶軍撰文〈彩筆干雲，壯懷激

---

[15] 陶軍（1917-1987），安徽貴池人，中共黨員。1940 年畢業於燕京大學政治系，1941 年赴晉察冀抗日革命根據地，任《晉察冀日報》國際版編輯，1946 年始先後在華北聯大、中原大學工作。1951 年起歷任華中高等師範學校（華中師範大學）教務長、副院長、黨委常委等職。1981 年至 1982 年任中華人民共和國駐聯合國教科文組織副代表。撰寫和主編的著作有《國際三十三年》（1914-1945 年）、《辯證唯物主義教程》、《馬克思主義辯證法》、《當代國際政治與國際關係》、《中原大學校史》，注釋《鄧拓詩詞墨蹟選》等。

烈──讀《鄧拓詩詞選》》[16]，盛讚鄧拓的詩歌創作，仍然回避或忽略
了這兩首在鄧拓創作中藝術上屬於上品的詩。

四、黨報理論

　　1946 年 6 月下旬，國、共兩黨的軍隊在中原地區（湖北、河南交
界）爆發了大規模的武裝衝突，長達三年多的全國內戰就此開始。國
民黨軍隊仍稱國民革命軍，共產黨的軍隊則稱為中國人民解放軍。1946
年 10 月 10 日因國民黨軍隊轟炸張家口市，鄧拓帶報社撤離到阜平縣
馬棚村繼續出報。這年秋天，鄧拓率領張帆、李肖白、姚熔爐、杜導
正等組成前線記者團到大同前線等地採訪。1947 年 11 月解放軍從國
民黨手中收復石家莊，晉察冀解放區和晉冀魯豫解放區連成一片。兩
區合併，成立中共華北局、華北軍區、華北聯合行政委員會。

　　1948 年，中共華北局宣傳部決定，《晉察冀日報》與晉冀魯豫邊
區的《人民日報》合併，實現中國共產黨太行山辦報隊伍的大融合。
兩報合併，沿用《人民日報》的名稱；合併後的《人民日報》，是由劉
少奇兼任書記的中共華北局的機關報，還在很大程度上承擔了中共中
央機關報的職能。中共華北局決定由原晉冀魯豫《人民日報》總編輯
張磐石擔任合併後《人民日報》的負責人。鄧拓以大局為重，完全不
計個人得失，滿腔熱情地為兩報合併做好了前期準備工作，而後誠懇
地對張磐石說：「我把《晉察冀日報》交給你了」，[17]隨即按照組織安
排調任中共華北局政策研究室主任，半年後改任中央政策研究室經濟
組組長。

---

[16] 陶軍：〈彩筆千雲，壯懷激烈──讀《鄧拓詩詞選》〉，《人民新聞家鄧拓》
第 149-166 頁。
[17] 錢江：〈鄧拓與《人民日報》的創建（上）〉，《新聞與寫作》2006 年第 7 期。

「戰史編成三千頁，仰看恒岳共峥嵘。」1948 年 6 月《晉察冀日報》與《人民日報》合併，鄧拓深夜提筆，寫下了激情澎湃的「終刊詩」。

《晉察冀日報》從 1937 年 12 月 11 日創刊（初名《抗敵報》）到 1948 年 6 月 14 日終刊，在殘酷的戰爭環境裡堅持出版 10 年 6 個月零 3 天，前後共出版 2854 期，是解放前中國共產黨領導的各敵後根據地中創刊最早、連續出版時間最長的區黨報，而且發行量很大，即使是在反「掃蕩」最頻繁的時期，仍然能發行 5000 到 17000 份之間。在整個戰爭時期，《晉察冀日報》從未停刊過，這和鄧拓的勤奮敬業是分不開的。

1948 年 6 月 14 日發完《晉察冀日報》終刊稿，已是深夜。鄧拓心潮澎湃，題詩一首，作為永久的紀念：

　　毛錐十載寫縱橫，不盡邊疆血火情。
　　故國當年危累卵，義旗直北控長城。
　　山林肉滿胡蹄過，子弟刀環空巷迎。
　　戰史編成三千頁，仰看恒岳共峥嵘。[18]

在主持《抗敵報》－《晉察冀日報》的十多年間，鄧拓逐漸發展、總結出一套辦黨報的新聞理論。這個理論的核心有兩點，一是黨的領導，二是群眾路線。這一時期他關於新聞學方面的重要論文有 1938 年發表的〈論黨報與黨的工作〉、1942 年發表的〈關於統一宣傳和加強黨報工作的幾個問題〉、〈論通訊工作〉，1944 年發表的〈貫徹全黨辦報的方針〉、〈改造我們的通訊工作和報導方法〉，1945 年發

---

[18] 鄧拓：〈《晉察冀日報》終刊〉，《鄧拓全集·第四卷》第 84 頁。

表的〈論如何提高一步〉、〈再論如何提高一步〉、〈三論如何提高一步〉等。

鄧拓明確把黨報看作是黨的宣傳工具的。他說：「公開的黨報的創立和發行，不但可以培養我們的同志，而且將在更大範圍內培養進步的工農分子與廣大群眾在政治上的活動能力和領導能力」，因而黨報是「黨的生活和黨的工作中的重要環節」。[19]這顯然延續了列寧關於黨的出版物的觀念。列寧在 1901 年撰寫的〈從何著手〉中論述說：「報紙不僅是集體的宣傳者和集體的鼓動者，而且是集體的組織者。」正因為把黨報定為革命事業的重要部分，所以鄧拓才把辦黨報看成是獻身革命事業的具體方式，把黨性原則看作是黨報的第一原則。他從黨的事業得失的角度批評了那種「只知道重視秘密的黨內刊物，而忽視公開的黨報」[20]的觀念；他闡述了全黨辦報的原則，認為「各級黨委不僅要把黨報工作列入議事日程上，而且要善於利用黨報來指導工作」，[21]認為黨委必須親自抓黨報工作，「利用報紙、通過報紙指導工作，為報紙寫稿不應該是領導機關與負責幹部的『額外負擔』，而應該是其『本份工作』之一」。[22]

鄧拓還多方面論述了報紙的「群眾路線」。認為報紙要有「群眾內容」、「群眾形式」，還要堅持「群眾寫作」。認為「新的報導」應該有如下特點：一是「典型的報導」，二是「重點報導」，三是「發展的報導」，四是「批判的報導」。[23]強調群眾路線，這是基於鄧拓「為人民服務」的思想，基於共產黨人依靠群眾的思想。而「典型」、「重點」、「發展」、「批判」的觀點，則基於追尋歷史理性、追尋進步事業的信心，也基於人能夠把握歷史走向的自信和努力。

---

[19] 鄧拓：〈論黨報與黨的工作〉，《鄧拓全集‧第五卷》第 267 頁。
[20] 鄧拓：〈論黨報與黨的工作〉，《鄧拓全集‧第五卷》第 266 頁。
[21] 鄧拓：〈貫徹全黨辦報的方針〉，《鄧拓全集‧第五卷》第 285 頁。
[22] 鄧拓：〈再論如何提高一步〉，《鄧拓全集‧第五卷》第 299 頁。
[23] 鄧拓：〈改造我們的通訊工作和報導方法〉，《鄧拓全集‧第五卷》第 287-293 頁。

　　鄧拓思考新聞理論問題，顯然是把自己擺在意識形態戰士的角度考慮問題的。因而，他並不執著於在理論基本原則上的創新，而更注重在原則上符合馬列主義、毛澤東思想。所以，他遵循列寧的宣傳理論，也遵循中國共產黨「全黨辦報，群眾辦報」的方針。他的新聞理論，不是以「我認為」的個體形式發言，而是以「我們認為」的群體代言人的方式來言說的。

　　中國近現代新聞史上有一個強大的自由主義傳統。從王韜、梁啟超，到黃遠生、林白水、戈公振、邵飄萍，再到張季鸞、儲安平等，許多著名報人都強調新聞要獨立於黨派意識形態之外。黃遠生認為必須要有「超然不黨之人，主持清議，以附於忠告之列」[24]。邵飄萍認為記者首先應該是一個自由主義者，要超越任何階級和政治集團，才能做到客觀公正，保證新聞的真實性原則。鄧拓在政治信仰上不是一個自由主義者，而是一個「左」翼戰士。這自然就決定了他與諸多近現代報人的不同。他的新聞理論必然要把這些自由主義報人所反對的黨性原則放在第一位。當然，在他的使命意識中，黨性原則維護的並不僅僅是一個政治團體自身的利益，而是黨的綱領中所強調的廣大人民群眾的利益。因而，他的新聞理論著重闡釋了中國共產黨的「全黨辦報，群眾辦報」的原則。

　　在許多具體業務問題上，鄧拓表現出一個專業行家的獨到見解。他對如何搜集保存整理資料有詳細的論述。他對提高通訊質量有許多具體而精闢的建議。在〈論如何提高一步〉中，他要求報紙「少發表上層機關的報告指示，多發表下層實際的生動的事例；少寫冗長的瑣碎的一般化的通訊，多寫能提出問題、解決問題的中心有價值的精煉的新聞；少些以至於不寫羅列現象鋪陳條文的華而不實甚至不華不實的總結文字，要寫結結實實的從實際經驗提高到理論，指出運動規律，

---

[24] 黃遠生：〈不黨之言〉，《黃遠生遺著・卷一》，上海商務印書館 1926 年版，第 19 頁。

能夠指導運動的文字；少些或不寫別人別處已經常見過的重複的雷同的事情，多寫一時一地某人某事的新特點、新經驗、新方法。不要企圖一下寫出一個面面俱到無所不有的全面性的大文章，而等待材料，結果事過境遷，成了馬後炮而失去了指導意義；要抓住一個典型，一個側面，一個問題，站在運動的浪頭上，及時報導，以推動實際」。[25]

---

[25] 鄧拓：〈論如何提高一步〉，《鄧拓全集‧第五卷》第 295-296 頁。

第八章　願托長庚護月華[1]

一、主持人民日報編輯部

1948 年 11 月平津戰役開始後，鄧拓按照黨組織的安排，和彭真、趙振聲、劉仁、趙毅敏等一起領導接收北平工作，來到北平前線。1949 年 1 月北平和平解放。1949 年 2 月 2 日北平版《人民日報》創刊，鄧拓寫了〈為建設人民民主的新北平而奮

1949 年 5 月鄧拓被任命為中共北平市委宣傳部長。

鬥〉作為代發刊詞，彭真作了修訂。這篇創刊社論歡呼北平的解放，宣告「我們願與北平二百余萬人民在一起，向著毛主席指示的方向，動員我們的一切力量，共同為建設新民主主義的北平而奮鬥！」[2] 3 月，鄧拓隨中國人民解放軍由西苑進入北平城，被任命為北平市委政策研究室主任，趙毅敏被任命宣傳部長。趙毅敏 5 月南下後，鄧拓繼任宣

1　鄧拓：〈絕句兩首〉，《鄧拓全集・第四卷》第 188 頁。
2　鄧拓：〈為建設人民民主的新北平而奮鬥——本報北平版代發刊詞〉，《鄧拓全集・第二卷》第 310 頁。

傳部長至當年 7 月。這時，彭真任中共北平市委書記。1949 年 6 月 1
日，華北人民政府主席董必武任命鄧拓為華北高等教育委員會委員。
1949 年 9 月 21 日，中國人民政治協商會議第一屆全體會議在北平隆
重舉行。鄧拓作為解放區的新聞代表之一出席了會議。這次會議決定
中華人民共和國定都北京。

　　1949 年 8 月 1 日《人民日報》升格為中共中央機關報，鄧拓出任
總編輯並繼續兼任北京市委宣傳部長。這一年他 37 歲。這一時期，人
民日報社社長更換頻繁，先後擔任人民日報社長的有張磐石、胡喬木、
范長江，擔任副總編輯的是安崗。出於敬業謙遜的個性，鄧拓總能與
他們很好地協作。1952 年 1 月，范長江調走後，鄧拓就身兼人民日報
社社長和總編輯兩職。

　　共產黨歷來重視宣傳工作。被任命為中央機關報的負責人，這表
明鄧拓在《晉察冀日報》的工作成績受到了中央核心領導層的高度肯
定，表明他在忠誠原則和工作能力兩方面都得到了高度信任。鄧拓到

1949 年 9 月，鄧拓等新聞界代表在中國人民政治協商會議第一屆全體會
議上。後排左起：張磐石、劉尊棋、陳克寒、儲安平；中排左起：徐鑄成、
徐邁進、惲逸群、邵宗漢、趙超構；前排左起：鄧拓、楊剛、胡喬木、金
仲華、王雲生

任前，當時負責新華社工作的廖承志曾私下對張磐石說：鄧拓「筆桿子硬，也有學問。他雖有書生氣，但有中央領導可發揮得更好。」[3]鄧拓在中共華北局工作期間，時任中組部部長的彭真甚至考慮過推薦鄧拓擔任毛澤東秘書，但是鄧拓沒有接受這一建議。鄧拓私下裡甚至說過「伴君如伴虎」的話。儘管仍然忠誠於自己為之獻身的事業，但經過長期的政治生活歷練，尤其是經歷了整風中的磨難之後，鄧拓深深體會到崇高正義的政治理想與並不崇高的內部政治鬥爭總是相伴而生的。他那被稱之為「書生氣」的品質，使得他願意為自己的政治理想獻身，卻又本能地回避內部政治鬥爭的漩渦。此時他對毛澤東的情感已經轉為敬而不親。

1949 年 8 月鄧拓來到煤渣胡同 2 號的《人民日報》駐地上班。這時的鄧拓，看上去比在晉察冀日報時消瘦了一些，而且腰部因搬東西扭傷後一直未痊癒，只好穿著鋼絲背心堅持工作。但他的工作精神不減當年，每天要工作十幾個小時，夜裡睡覺後還要被叫醒審閱報紙大樣。遇到時間性很強或臨時決定次日要見報的評論，他就親自動手，連夜趕寫。[4]1951 年 6 月的一天深夜，中共中央辦公廳給鄧拓打來電話說，中央關於朝鮮戰爭的問題要報紙明天發

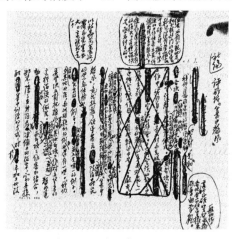

鄧拓經常親自動筆撰寫社論、評論。這是他起草的一篇社論手稿。

3　張磐石晚年自述手稿，轉引自錢江：〈鄧拓和人民日報的創建（下）〉，《新聞與寫作》，2006 年第 8 期。

4　王唯一：〈一個不知疲倦的人〉，《人民日報回憶錄》，人民日報出版社 1988 年第 1 版第 301 頁。

一篇社論。鄧拓根據中央精神，連夜趕寫，幾個小時後，他用毛筆小楷寫好的〈朝鮮停戰一年〉的社論草稿已送往中南海了。黎明前，毛澤東看完後，用鉛筆在原稿上批寫上「照發很好」幾個字。在鄧拓所寫的社論中，由毛澤東簽發的先後有 40 多篇。[5]

　　鄧拓來到《人民日報》以後，使升格成為中共中央機關報的《人民日報》的評論和重要言論有明顯改進。後來擔任《人民日報》總編輯的李莊在回憶錄中指出，以前，在《人民日報》版面上，凡遇國際國內重大問題，除中央領導人直接發言外，多數使用新華社評論，以《人民日報》本報評論和評論員身份表態的文稿是少部分。但到了 9 月以後，特別是新中國開國大典之後，所有重要的社論和評論都由《人民日報》來承擔了。[6]從這時起，「新華社為國家通訊社，《人民日報》為黨中央機關報的性質完全明朗。」[7]

二、三代同堂

　　1949 年 8 月到《人民日報》上班後，鄧拓就一直住在煤渣胡同的《人民日報》宿舍，直到 1957 年夏搬入遂安伯胡同 5 號。剛進城的幾年，丁一嵐住在西城區六部口的電臺宿舍中，長女鄧小嵐、長子鄧雲則寄宿在北海幼稚園中，一家人只有週末才團聚在一起。直至 1954 年丁一嵐才帶著孩子到煤渣胡同的《人民日報》宿舍與鄧拓一起住。從戰爭歲月中走出來的鄧拓和丁一嵐，還是習慣於把個人生活標準壓縮到最低，而革命工作總是被擺到至高無上的位置上。

---

[5] 王必勝：《鄧拓評傳》第 132 頁。
[6] 錢江：〈鄧拓和人民日報的創建（下）〉，《鄧拓全集・第四卷》第 188 頁。
[7] 李莊：《李莊文集・回憶錄編上卷》，人民日報出版社、寧夏人民出版社 2004 年第 1 版第 109-110 頁。

1949 年 3 月陝北新華廣播電臺進入北平，先後更名為北平新華廣播電臺、北京新華廣播電臺，1949 年 12 月 5 日最後定名為中央人民廣播電臺。丁一嵐作為中華人民共和國的第一代播音員，在新華廣播電臺以及後來的中央人民廣播電臺工作，並擔任播音組副組長。1949 年 10 月 1 日，她和齊越一起在天安門城樓實況轉播了開國大典。下午 2 時 58 分，毛澤東和其他領導人出現在天安門城樓上。丁一嵐立

1950 年鄧拓、丁一嵐夫婦剛進北京城不久。

即歡呼起來：「毛主席來啦！毛主席健步登上天安門城樓。」頓時，天安門廣場成了歡騰的海洋。丁一嵐那富有激情的聲音，伴隨著史詩性的解說詞，後來一直長久地繚繞在許多人的腦海中，成為最激動心懷的記憶之一。把毛澤東主席視為偉大、英明的領袖，是當時許多人共同的情感。鄧拓的大女兒鄧小嵐在 1949 年 9 月的中國人民政治協商會議第一屆全體會議上作為少年兒童的代表之一向毛澤東主席獻花。這也是一個巨大的光榮。

　　1949 年進北京城的時候，鄧拓離開故鄉福州已經 16 年了。戰爭歲月，家中音信難通。1938 年他曾從五臺山寄過一封信給家裡，以後便再也沒有得到父母的消息了。現在勝利了，他得知高齡的父母還健在，一直靠師範畢業在小學教書的姐姐鄧淑彬照料，生活十分貧寒，他不禁流下熱淚。勝利了，一切都好了，他分外想念年老的父母、想念久別的哥哥姐姐、也想念那青蓋亭亭的滿城榕樹。1949 年 9 月，他賦詩〈寄父〉表達對故園的深情、對親人的惦念：

　　　　來詩天末寫殘箋，猛憶兒時課讀虔。
　　　　風送塔鈴遙自語，月沉烏夢靜初圓。

高堂貧病暮年苦，戰友青春新歲還。

鄉國今朝欣解放，好將馬列作家傳。[8]

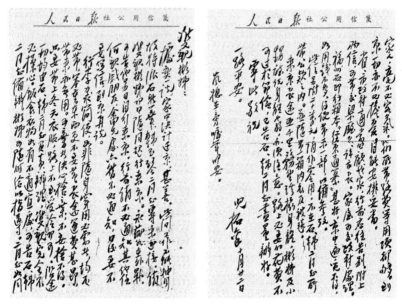

1950 年鄧拓給父母雙親和姐姐去信安排赴京事宜。

　　工作繁忙，他實在抽不開身，就於 1950 年底委託辦公室的同志代他到福州去把父母接到北京來同住。父親鄧儀中此時已過 80 歲，但仍然精神矍鑠，時常吟詩。鄧拓工作繁忙，但仍然像少年時代那樣抄錄下自己寫的詩作請父親批改。父親依然認認真真地一邊哦吟一邊推敲，不時地畫上圈圈點點，給鄧拓提上一些建議。

　　1952 年 2 月，二女兒出生，根據丁一嵐的曾用名于虹，鄧拓夫婦給她取名鄧小虹；1953 年 4 月二兒子出生，這孩子一出生就特別健壯，所以鄧拓夫婦就給他取名阿壯；1954 年 11 月小女兒出生，鄧拓夫婦把「嵐」和「拓」拆開組合成「岩」字，給她取名鄧岩。這時候一家

8　鄧拓：〈寄父〉，《鄧拓全集・第四卷》第 87 頁。

三代在煤渣胡同《人民日報》宿舍共聚一堂，其樂融融。鄧拓和丁一嵐工作繁忙，孩子們時常向爺爺請教作業。孩子們在鄧拓夫婦的言傳身教下對爺爺奶奶都十分孝敬。

　　有一回，擔任中央人民政府軍事委員會代總參謀長兼華北軍區司令員的老領導聶榮臻來看望鄧拓，見他家的六七口人住在煤渣胡同後院狹窄的夾道裡，三間平房幾乎見不到陽光，就關切地問：「你怎麼住這樣的房子呀？」鄧拓笑著說：「這裡安靜，我作夜班，對睡覺有好處。」[9]

　　50 年代，鄧拓二哥的女兒鄧全，就是鄧拓讀中學時經常把馱她在肩上捕蟬、經常帶她練書法的小姑娘，也分配到北京工作了。她也時常回到鄧拓家看望爺爺、奶奶，向叔叔鄧拓請教工作、學習和生活中

1958 年的全家福。前排中間是鄧儀中，後排左一是鄧淑彬，後排右三是丁一嵐。

---

[9]　人民日報社記者：〈鄧拓和人民日報〉，《憶鄧拓》第 92 頁。

的問題。後來她回憶 50 年代鄧拓天亮從報社上晚班回來的情景說：
「我每次見他回來時，總是十分衰弱，躺在椅上閉目不語。由於疲勞
而又睡不著覺，胃口也不好，但情緒卻很高。每說到這許多年走過的
革命道路和新中國的光明情景，他總是熱情洋溢，信心滿懷，使我深
深感動和受到鼓舞。」「我發覺他跟少時在家一樣，手不釋卷，有時間
總是博覽群書。……我說：『你還應該注意休息。』他笑著說：『我這
樣看書就是休息，書裡面有很多東西，很有趣哩！』」[10]

　　鄧拓在家的時候，除休息外，一般總是在思考問題，或寫作讀書。
孩子們見到父親最多的就是伏案的背影。在大兒子鄧雲的記憶中，「他
總是那樣繁忙，總有幹不完的工作、讀不完的書報。我們已經習慣了
爸爸伏案工作度過的假日。媽媽從不允許我們去打擾他，只有在他工
作疲勞的時候，才讓我們到他身邊玩耍一會兒，談談學校裡的生活和
學習，問些問題。……爸爸患有嚴重的偏頭疼，每當用腦過度就痛楚
欲裂，這時爸爸就用梅花針自己敲打後頸，常常打得滲出一片殷紅的
血斑，把疼痛暫時抑制下去，接著繼續工作，並不肯因此停歇。他從
不對我們嚴厲地斥責或是長篇地說教，……」[11]鄧拓關心孩子的成長，
但從不用家長的權威強迫他們什麼。大女兒鄧小嵐能歌善舞，性情活
潑，上小學時，看了蘇聯舞蹈家烏蘭諾娃的芭蕾舞後，就迷上了芭蕾。
小嵐初中時離家到瀋陽報考芭蕾，住在鄧拓的老戰友謝荒田家，鄧拓
給她寫信說：

> 「小嵐：……我親愛的孩子！你一定要以你自己的聰明智慧，
> 反來覆去地從各個方面仔細考慮，正確地安排自己要走的道
> 路。比如說，你本來最喜歡芭蕾舞，我以前同你媽媽也談過，
> 如果你要學舞蹈，就應該學芭蕾；當然學芭蕾假如不夠條件也
> 不應該勉強。你年紀很小，很多事情沒有經驗。你要知道，如

10　鄧全：〈懷念拓叔〉，《憶鄧拓》第 247 頁。
11　鄧雲：〈回憶我的爸爸鄧拓〉，《憶鄧拓》第 238 頁。

果選擇學習的時候不慎重，將來年紀大了要改行就太苦惱了，我希望你能夠選擇一個在各方面都比較適當的學習道路，使你的一生能走一條符合社會需要也符合你自己願望的最好的道路。你說我這樣的想法對不對呢？……」[12]

這份平等而深摯的父愛，在後來的《傅雷家書》中可以看到。但在 50 年代，許多中國的家長，還是習慣於用打罵、訓斥的方式來塑造孩子，因為他們相信權威主義在家庭教育中的作用、相信「不打不成材」。鄧拓的這種家庭民主，使得他的孩子們格外幸運。

鄧拓的家教，特別注重培養孩子的平等意識，尤其注意避免讓孩子產生高幹子弟的優越感。他從不讓孩子搭乘自己的小汽車去上學。每學期開學初，孩子們都要帶大包的行李去學校住宿，丁一嵐就打好背包讓孩子們去擠公共汽車。鄧拓看到孩子背著背包的模樣，總是誇獎他們「真像當年的小八路！」丁一嵐單位在西城區，比較遠，也總是蹬自行車上下班，不沾鄧拓的光。[13]

三、誰領導了五四運動？

新中國一成立，就發生了一場關於「誰領導了五四運動」的討論。1950 年胡華寫的《中國新民主主義革命史》初稿經中宣部審定，正式出版。這本書一時間內成為全國幹部、高等院校乃至高中的教材，發行幾百萬冊。胡華在書中承接 1940 年毛澤東《新民主主義論》的觀點，把新民主主義革命的開端放在「五四」運動。這就引起了爭論。因為在毛澤東之前，並沒有人把「五四」的性質界定為無產階級領導的新民主主義革命。當然，《新民主主義論》也沒有直接點明「五四」

---

[12] 丁一嵐：〈滹沱河畔訂心盟〉，《人民新聞家鄧拓》第 225-226 頁。
[13] 龐暘：〈初進北平：鄧拓〉，《縱橫》，1998 年第 3 期。

是無產階級領導的，但是毛澤東說：「五四運動是在當時世界革命號
召之下，是在俄國革命號召之下，是在列寧號召之下發生的。五四運
動是當時無產階級世界革命的一部分。五四運動時期雖然還沒有中國
共產黨，但是已經有了大批的贊成俄國革命的具有初步共產主義思想
的知識份子。」從這樣的觀點中自然就可以推導出「五四」運動是無
產階級領導的。《新民主主義論》發表之後，國統區的學術界仍然普
遍認為「五四」運動是資產階級革命，也就是毛澤東在《新民主主義
論》中所說的舊民主主義革命。《新民主主義論》儘管影響很大，但
在 40 年代的國統區裡，仍然有相當一批持有歐美自由主義思想的知
識份子們並沒有接受毛澤東的這種觀點。現在新中國成立了，胡華的
觀點在中宣部的指令之下，頗有形成大一統的趨勢。許多人對這個觀
點仍然感到新鮮，沒有把握，有的人並不同意這樣的觀點。於是，許
多信件寄到了《人民日報》。北京中等以上學校在學習中就產生了許
多問題，其中，「第一類問題就是『誰領導了五四運動』、『五四運動
僅僅是一個文化運動還是在政治上、思想上反帝反封建的革命運動』
等等」。[14]

　　1950 年 4 月 29 日，《人民日報》發表了鄧拓寫的社論〈誰領導了
「五四」運動？〉。[15]鄧拓明確說：

> 三十年前的「五四」運動，是以共產主義知識份子、革命小資
> 產階級知識份子和資產階級知識份子的統一戰線為基礎，而以
> 共產主義知識份子為領導骨幹的反帝反封建的革命運動。這是
> 無可爭辯的事實。

　　他的論證在兩方面展開，一是認為在政治方面，「中國的共產主義
者」李大釗實際領導了這場政治運動，而「作為『五四』運動的右翼
的資產階級知識份子的代表，胡適，對於現實的政治，對於人民大眾

---

[14] 鄧拓：〈誰領導了「五四」運動？〉，《鄧拓全集・第二卷》第 311 頁。
[15] 鄧拓：〈誰領導了「五四」運動？〉，《鄧拓全集・第二卷》第 311-317 頁。

的革命運動是那樣害怕、消極、動搖，而站得遠遠的，站在『歧路』上」。二是認為在文學革命方面，「最重要的急先鋒是陳獨秀」，而「很顯然的，胡適的《文學改良芻議》之類的文章和所謂『八不』之類的『主義』，充其量不過是『很平和的討論』，是『歷史進化的態度』，即『一點一滴的改良』，即庸俗的『實驗主義』。正因為這樣，胡適在文學上的淺薄的主張，決不足以說明『五四』以後的中國的新文學的進步內容」。

完全否定資產階級知識份子胡適在「五四」運動中的作用，把「五四」的功績獨歸於具有共產主義思想傾向的陳獨秀、李大釗，並且把陳、李的思想單一化，是執政黨為了佔據歷史正統地位而使用話語權所做的歷史建構。這種從意識形態先驗立場出發的觀點，很快就統一了各種教科書，達到了大一統的效果。到了八、九十年代，中國的一批知識份子重新提出對「五四」運動的再評價，許志英就認為「與其說『五四』文學革命的指導思想是無產階級文化思想，不如說是小資產階級革命民主主義思想和資產階級民主主義思想更符合歷史實際。」[16]林賢治也認為「五四精神」「就是自由的精神，解放的精神，創造的精神。」但那是後話。而當時，范文瀾、李何林等一批革命知識份子都和胡華、鄧拓一樣，認可《新民主主義論》的說法。

鄧拓做出這樣的論斷，一是出於對毛澤東觀點的無條件接受，二是出於維護意識形態價值的自覺立場。對於鄧拓來說，意識形態戰士的身份永遠是第一位的，學者身份是從屬於戰士身份的。這時，他闡釋歷史，黨性原則、領袖觀點、意識形態群體利益被先驗地擺在第一位。思考與意識形態相關的歷史問題，他不免要把一貫倡導的實事求是精神懸擱起來，而從先驗的黨派立場出發去選擇、推演歷史「事實」，這樣，「事實」就失去了客觀性、權威性特徵，而難免成為權力話語建構工程中可以任意進行塑造、切割的「橡皮泥」。當然，落到文字上的

---

[16] 許志英：〈「五四」文學革命指導思想的再探討〉，《中國現代文學叢刊》1983年第 1 期。

時候，他又必須把這個思維過程倒置過來，從而使文章顯得仿佛是從「事實」出發才推演出意識形態原則的模樣來。這種思維模式和寫作模式是意識形態寫作的基本模式之一。

四、《武訓傳》批判

50 年代，中國共產黨在文化領域的重要任務是完成知識份子的思想改造。1949 年 2 月至 1950 年下半年，以大學教師為主要對象兼及中小學教師的政治學習運動，開啟了建國後知識份子在學習中清洗思想、進行自我檢討的先河。1951 年 4、5 月批判《武訓傳》、讓知識份子在批判中改造自我，則開啟了知識份子自我檢討的第二個浪潮。

孫瑜編劇並導演、趙丹主演的電影《武訓傳》1951 年公映，引起盛讚，許多人都寫文章表示自己深受感動。這部電影，「它的醞釀和籌拍，顯然受到陶先生在抗戰中期的艱難環境與國民黨反動派的壓迫下，為了激起人們的奮鬥精神，拯救因經費困難而陷於絕境的育才學校，而提倡『武訓精神』的啟發」。[17]陶行知作為民盟中央民主教育委員會的主任，曾與共產黨密切合作，也十分敬重馬克思主義。1946 年 8 月 11 日陶行知在上海因長期積勞成疾、又受到國民黨暗殺消息的刺激腦溢血去世，延安也舉行了追悼會，毛澤東送的挽詞是：「痛悼偉大的人民教育家」。但是，「陶行知既不是共產黨員，更不是黨的領袖，而是畢業於美國哥倫比亞大學教育學院的杜威弟子。他讀過多少馬列主義的書？在根據地辦過幾所學校？說他是新民主主義教育的開拓者、中國教育工作者的『偉大導師』、他的思想即是新民主主義的教育思想，欲置毛澤東、毛澤東思想於何地？民主革命時期，中國共產黨和毛澤東高度評價陶行知，既出於對陶氏教育思想與教育活動的進步

---

[17] 于風政：《改造》，河南人民出版社 2001 年第 1 版第 140 頁。

性質的認識與肯定，更有對國統區知識份子實行統戰的用意」。[18]其次，「《武訓傳》的拍攝者犯了一個絕大的、為執政黨所不能容忍的錯誤：拿太平起義軍的失敗來反襯武訓辦學的成功。中國共產黨是依靠農民、通過以農民為主體的戰爭取得政權的，它與中國傳統的農民起義有著血緣的聯繫。」[19]因而，共產黨統一中國之後，通過批判《武訓傳》來蕭清國統區知識份子的代表陶行知的文化影響就勢在必行了。毛澤東發動這一場鬥爭的目的是：「……向知識份子說明並使他們接受這樣一個觀點：中國革命的成功，中國社會的進步，決定性的因素是中國共產黨領導的農民革命，而不是知識份子在反動統治下進行的所謂『文化教育』」。[20]

對《武訓傳》的批判主要始於《文藝報》。多年後，當時的《人民日報》總編室主任李莊回憶當年《人民日報》介入這一場批判的情形：

「1951 年 5 月以前，《人民日報》基本沒有登載過讚頌電影《武訓傳》的文字，這與《人民日報》的任務有關。這張報紙忙於登載政治、經濟新聞，言論也偏重這兩個方面。從主觀原因講，編輯部一貫不重視文化、學術方面的宣傳，這是一大缺點。但在批判《武訓傳》這件事情上，上述缺點卻幫了人民日報的忙，使人民日報處在說什麼都可以的主動地位。體現中央領導的意圖，《人民日報》在 5 月 16 日轉載了一位名家的文章〈試談陶行知先生表揚「武訓精神」有無積極作用〉。[21]從題目看，已經不是通常的文藝批評，更重要的是文章前邊加了一篇大字『編者按』，長四百多言，實際是一篇不短的評論，提出

---

[18] 于風政：《改造》第 144-145 頁。

[19] 于風政：《改造》第 141 頁。

[20] 于風政：《改造》第 145 頁。

[21] 該文前面的編者按說：「這篇文章原載《文藝報》第四卷第二期，發表在這裏的文字和題目都曾經作者稍加修改。」該文發表於《文藝報》時的標題是《陶行知先生表揚「武訓精神」有積極作用嗎？》，該文作者為時任團中央宣傳部副部長的楊耳（即許立群）。引者注。

《武訓傳》『歌頌清朝末年的統治階級而污蔑農民革命鬥爭，污蔑中國歷史，污蔑中華民族』。當時我是總編室主任，拿著小樣問總編輯鄧拓，『《武訓傳》的錯誤有這麼嚴重嗎？怎麼我就看不出來？能不能寫得和緩一點？』鄧拓長歎一聲：『有什麼辦法，上邊交下來的，不好動了。』四天以後，火力加碼，《人民日報》社論〈應當重視電影《武訓傳》的討論〉交到總編室。這篇文章最初由一個同志奉命起草，最後由毛澤東審閱，他改寫和加寫了幾大段。作為毛澤東的著作，這篇文章在十年動亂期間重新發表，後來收進《毛澤東選集》第五卷。社論指出『《武訓傳》所提出的問題帶有根本的性質』，所以『應當展開關於電影《武訓傳》及其他有關武訓的著作和論文的討論』。社論給武訓和《武訓傳》定性：『承認或者容忍這種歌頌，就是承認或者容忍污蔑農民革命鬥爭，污蔑中國歷史，污蔑中國民族的反動宣傳為正當的宣傳。』在我們國家裡，『反動宣傳』四字有多大分量，哪個機關、哪些領導能夠確定是『反動宣傳』，人們心裡是有數的。」「在同一天，《人民日報》『黨的生活』欄發表〈共產黨員應當參加關於《武訓傳》的批判〉一文，以不是報紙應有的口吻說：『凡是放映過《武訓傳》的各城市，那裡的黨組織都要有組織地領導對《武訓傳》的討論。』『對武訓、《武訓傳》以及有關武訓各種讚揚文字的反動的錯誤的思想進行有系統的批判。』」[22]

　　作為《人民日報》總編，鄧拓捲入 50 年代的種種政治鬥爭，是必然的。「和黨中央保持一致」，是政黨對自己的黨員的必然要求，也是相當長一段時期內共產黨員對自我的要求。民族面臨外侮的戰爭年代，黨的首要任務就是動員一切力量抗擊侵略者。那時候，鄧拓自己內在的人生追求和黨的要求，一致的時候多。但是，共和國時期，中國共產黨黨內的政治生活屢屢因為「左」傾而陷入不正常的境地，鄧拓從實事求是態度出發所產生的觀點、認識就很容易和黨的指示、領

22 李莊：《難得清醒》，人民日報出版社 1999 年第 1 版第 191-193 頁。

袖的指示形成錯位。鄧拓以投身政治的熱忱，面對自我與領袖的分歧的時候，一般會儘量說服自己接受領袖的觀點。在上級的安排下，從 5 月 20 日毛澤東參與撰寫、修訂的社論發表到 5 月底的這 11 天裡，各報圍繞《武訓傳》而發表的批判和檢討文章即達 145 篇；至 1951 年 8 月底，這類文章已達到 900 多篇。[23]儘管在毛澤東改定的社論發表之前的 5 月 16 日，鄧拓對「上面交下來的」《武訓傳》批判任務發出無奈的長歎，儘管他也一直想把討論儘量納入正常爭鳴的軌道，5 月 18 日《人民日報》「讀者來信」的「編者按」還寫道：「今天所發表的，是一部分對本報社論表示異議或懷疑的來信。我們認為，武訓和《武訓傳》問題的討論，目的既然在於解決思想問題，就應當採取發展討論追求真理的方法，就應當使各種不同的意見都有被討論的機會。」但是，到 5 月 29 日，鄧拓終究還是用領袖的立場統一了自己的觀點，他以丁曼公為筆名在《人民日報》發表了一篇題為《武訓的真面目——評〈武訓傳〉的影片、武訓以及孫瑜先生的檢討》的 4000 多字的文章加入了對《武訓傳》的批判。

　　《鄧拓全集》中並未見〈武訓的真面目——評《武訓傳》的影片、武訓以及孫瑜先生的檢討〉一文。判定這篇文章的作者是鄧拓的根據是，北京檔案館現存資料《鄧拓同志關於「武訓傳」批判的報告及「科學與科學方法」的專題報告記錄》，基本觀點與本文有許多一致之處，所用的基本詞彙、概念也有相同之處，但句式更為口語化。北京檔案館標示該報告記錄時間為「1950 年 6 月」，年份有誤，因為《武訓傳》電影 1950 年底才拍攝完成，1951 年 2 月 21 日才在中南海首映；《武訓傳》批判，1951 年 4 月才開始。其次，「丁曼公」的筆名也可以作為作者為鄧拓的佐證材料。「曼公」是鄧拓常用的筆名。查《鄧拓全集》，鄧拓 1941 年以「狄曼公」為筆名發表文章 8 篇，1943 至 1946 年鄧拓以「曼公」為筆名發表文章 7 篇，1955 年鄧拓以「鄧曼公」為

---

[23] 張明主編：《武訓研究資料大全‧附錄》，山東大學出版社 1991 年第 1 版第 960 頁-1000 頁。

筆名發表文章 1 篇。鄧氏祖先──商王武丁的叔父曼季──封於鄧國曼城，人稱之曼侯、曼氏，曼氏改封鄧國後被滅。其後人為紀念被滅的鄧國，紛紛改姓鄧。鄧拓姓鄧，便常以「曼公」為筆名。「丁曼公」的「丁」可能取自丁一嵐。

　　文章以駁論的方式寫成。作者先反駁孫瑜此前所作的「無論編導者的主觀願望如何，客觀的實踐卻證明了《武訓傳》對觀眾起了模糊革命思想的反作用」的檢討，說：

> 在《武訓傳》影片的主題歌中，作者對自己的主觀願望和指導思想不是已經做了充分的說明了嗎？作者除了歎息「世風何薄，大陸日沉」，表示了對中國人民的絕望和詛咒以外，對於武訓並無半個可以「算是批評了他」的字句。相反的，作者在這個歌詞和其他許多文字中，都不顧一切地集中了所有的革命辭彙，把武訓歌頌為人世間最偉大的人物。由於作者這種思想支配與貫穿了全部影片，於是影片的故事結構和人物刻劃，就充滿了不堪容忍的誣衊人民、誣衊革命、誣衊歷史的惡劣形象，通過這一切形象給予了觀眾以極大的毒害。

這就堵住了孫瑜想把「主觀願望」同社會影響分開、通過有限度的自我否定來過關的路。在此基礎上，鄧拓進一步批駁影片的藝術構思，批判編導虛構周大、以太平天國的失敗「來反襯武訓的『成功』來否定被壓迫人民的階級鬥爭，來宣揚向反動的封建統治者屈膝投降的可恥行為」。而後，文章又批駁了各種替武訓開脫的「糊塗」觀點，以過去的統治者對武訓的嘉獎證明武訓的「反革命立場」。最後總結說：

> 過去的反動統治者，從西太后到蔣介石，對於武訓備極讚揚是毫不足怪的。因為武訓是屬於他們一夥的，是封建帝王的御用走卒，是反動統治者最能欺騙人民而又最廉價的工具。中國資

產階級改良主義者，從梁啟超到陶行知，也許看不清武訓這個封建主義的奴才面目，把他當成改良主義的老師，這是反映了中國資產階級改良主義者政治資本貧乏的狀況，也還不算什麼奇怪。最可怪的是在今天我國的思想界對於封建主義和資產階級的反動宣傳，竟然完全喪失了政治警覺性；甚至還有一些人，在發現了錯誤之後，仍然不肯老老實實地進行研究與檢討，而以粗枝大葉或口是心非的態度來敷衍搪塞，這實在是不可原諒的。因此繼續開展對於《武訓傳》的批判與討論，仍然是目前思想界的重要任務。[24]

　　這篇文章雖然上綱上線，對電影中所表現的武訓與統治階級不合作的一面視而不見，顯得十分片面；同時，僅僅以史料中統治階級對武訓的嘉獎就推斷「武訓是屬於他們一夥的」，也陷入二元對立的簡單化思維模式中，不符合歷史主義的方法；但是這篇文章對《武訓傳》乃至於陶行知的定性，都秉承 5 月 20 日《人民日報》毛澤東改定的社論和「黨的生活」欄目的觀點，並沒有另外創出新名目。這可以看出鄧拓此時在跟上領袖發動的「左」傾思潮時，既是忠順的，也是比較被動的。按照鄧拓的學識和思維能力，還不至於見到統治階級嘉獎誰就判斷誰是統治階級的奴才。30 年代寫作《中國救荒史》時，他對歷史取的就是一分為二的態度的；抗戰時期，他歌頌過許多受到統治階級嘉獎的歷史上的忠義人物。但是這篇文章中，他的判斷卻如此輕率，顯然不是出於把握歷史時的思維幼稚，而是意識形態上的緊跟意識使得他只能如此去營構文章。《人民日報》作為黨報一定要發表這類批判性的文章，鄧拓自然不能對抗，只能執行中央的命令；但是是否一定要由自己動筆寫這樣的文章，鄧拓是主動寫這篇文章還是被動寫這篇文章，就不得而知了。這段時間，《人民日報》上的批評文章

---

[24] 丁曼公：〈武訓的真面目——評《武訓傳》的影片、武訓以及孫瑜先生的檢討〉，《人民日報》1951 年 5 月 29 日。

已經很多了，鄧拓並不僅限於安排登載別人的批判稿，而自己親筆參與批判，無論是主動還是被動，都體現了作為個體的人在意識形態巨大壓力面前的無奈。鄧拓寫這種與自己歷史見識不相匹配的文章，並不是出於一般意義上的自保乃至於投機。鄧拓在共產黨處在弱勢的艱苦歲月中放棄良好的個人生存條件投身革命，吸引他的「不是權力，不是仕途」[25]。理想之光始終閃爍在鄧拓的心頭上，他不是那種在個人現實利益面前患得患失的人，但是個體生命如何「面對將來青史」的焦慮卻壓迫著他。他早已相信黨和領袖代表的是歷史的潮流，他需要在與黨、與領袖的一致中確信自己仍然是革命主體的一分子，並由此相信自己不會落伍於時代和歷史。這種在意識形態中不能落伍的觀念，壓迫了他的思維，也遮蔽了他的眼。他只能放棄自我的獨立判斷，努力去跟上時代的「左」的腳步。

在整個《武訓傳》批判中，毛澤東參與撰寫、修訂的社論是定基調的文章。「批判電影《武訓傳》確立了一個模式：以階級鬥爭囊括一切社會現象，事先選靶子、定調子，通過組織發動，用政治批判代替學術討論，以主觀結論定於一尊。以後對紅樓夢研究思想的批判，對所謂胡風思想的批判，對《海瑞罷官》的批判，從運動的領導來說，大體上都是沿襲這個模式。」[26]1985 年 9 月 5 日，胡喬木代表中共中央在陶行知研究會和陶行知基金會成立大會上公開講話，說：「我們現在不對武訓本人和這個電影進行全面的評價，但我可以負責任地說明，當時這種批判是非常片面、極端和粗暴的，因此，這個批判不但不能認為完全正確，甚至也不能說它基本正確。」[27]

---

[25] 丁一嵐的觀點，見李輝〈書生累──關於鄧拓的隨感〉，收入李輝編著《書生累──深酌淺飲三家村》第 41 頁。

[26] 李莊：《難得清醒》196 頁。

[27] 畢全忠報導：〈胡喬木說對電影《武訓傳》批判非常片面、極端和粗暴〉，《人民日報》1985 年 9 月 6 日第 1 版。

五、糾偏

　　50 年代初，當「左」的思潮自上而
下控制全局的時候，鄧拓有時經過微弱的
矛盾、觀望之後，便會努力說服自己去和
領袖保持一致，加入到那個時代的批判大
潮中。但是，當時代政治氛圍稍微寬鬆一
點的時候，他的學養見識，便會促使他更
多地從歷史主義態度出發公平地看待文
學藝術問題，而不是從「左」的狹隘立場
出發粗暴干涉文藝活動。

1952 年鄧拓訪問莫斯科。
這時國內的知識份子改造
運動暫告一個段落，政治生
活正處在一個短暫的糾偏
時期。

　　1952 年夏天，知識份子的思想改造
運動和文藝界的整風運動暫告一個段
落。針對前一階段已經取得的「成果」和發生的過激現象，執政黨在
文藝政策上作了一些調整。在文藝作品的評價尺度上，執政黨在反對
「資產階級思想對於革命文藝的侵蝕」的同時，也強調了要反對「文
藝創作上的公式化和概念化的傾向」，反對批評中的「粗暴現象」。1952
年 5 月 23 日的《人民日報》社論表達了這個觀點。而後，中宣部副部
長周揚、胡喬木都發表署名文章進一步闡述了近似的觀點。

　　1952 年 10 月 6 日至 11 月 14 日，第一屆全國戲曲觀摩演出大會
在北京召開，集中演出了京劇、評劇、越劇、川劇、豫劇等 23 個劇種
的 82 個劇目。11 月 8 日鄧拓在會上作了〈什麼是民族戲曲的優良傳
統〉[28]的長篇發言。這次發言中，他鮮明地表達了反對違反藝術規律、
反對違反歷史主義精神、反對公式化概念化的立場，在具體問題分析

---

[28] 鄧拓：〈什麼是民族戲曲的優良傳統〉，《鄧拓全集・第五卷》第 191-208 頁。

上和具體作品評點上都表現出深厚的藝術素養和深刻的理論見地，富有現實指導意義。對於這次演出的傳統劇目，他肯定其「楊家將按楊家將處理，曹操按曹操處理，不採取『唯成份論』一概罵他的態度。不是把所有的皇帝、官吏、士大夫都全盤否定的。」肯定「舊戲的特點就是對具體的事件能作具體分析，而不是憑一個主觀的概念去套。」他明確批評了許多不恰當的做法，如：一概禁演皇帝戲、做官戲的做法，禁演包公戲的做法；粗暴批評梁祝個人主義的做法，等等。而且，他著重闡述了「我國民族戲曲中的現實主義」特點，將之概括為「一是真實；二是簡練；三是誇張」。這實際上就通過「現實主義」這個被擴容的概念肯定了中國傳統戲曲的價值。對於古代題材的改編和創作問題，他強調：「我們必須和反歷史主義、非現實主義和概念化的傾向作鬥爭！把古代人物理想化是不真實的。」這實際上就明確否定了那種用流行政治概念、階級鬥爭思維詮釋古代人物的「左」傾工具論。這些觀點，都在時代思想可能性的範圍內極大限度地尊重了藝術的規律、尊重了民族文化遺產。這種歷史主義的態度，與一年半前對《武訓傳》的粗暴批判截然不同。它表現了鄧拓熟悉藝術規律、尊重民族文化傳統的學識與素養。

第九章　四時檢點聽雞鳴[1]

一、黨的新聞兵

鄧拓兢兢業業辦黨報,把準確無誤地宣傳黨在每一個具體時期的各種方針政策,看作是自己的使命。從戰爭年代開始,凡是重要的社論他都及時請示中央領導,讓他們把關,聽他們的安排。他把自己看作是黨的新聞兵,為黨的新聞事業不寐地站著崗,決不許出一點差錯。他勤奮工作到了近乎自虐的地步。勤勉地為黨工作,不惜嚴重透支體力,那是基於這樣的信念:只有把自己奉獻給黨的事業,個體生命才能獲得意義。時空無限,人的生命卻那麼短暫,他體會到只有把自我完全投入到代表歷史必然性的事業中去,個體才能借助群體事業的力量超越自我的局限性獲得永恆!

鄧拓的政治理想是救國救民,所以他既把報紙作為黨組織社會的有力工具,堅持黨的領導,同時還十分注重群眾路線,注重研究和解決各種社會實際問題。他始終反對「關門辦報」。1949 年《人民日報》的發行量只有 8 萬多份,到 1953 年就增加到了 48 萬份,1955 年增加到了 55 萬份。《人民日報》的通訊員,1949 年只有 200 人左右,1951年就發展到了上萬人。50 年代初鄧拓深感編輯部人員都集中在北京難

---

[1] 鄧拓 1944 年詩作〈寄雷堡故人〉和 1963 年詩作〈贈楊述同志〉都出現了該詩句,前者見《鄧拓全集・第四卷》第 60 頁;後者見《鄧拓全集・第四卷》第 303 頁。

以適應《人民日報》反映國內外各領域狀況的需求。如何擴大報紙的反映面？如何提高稿件的質量呢？鄧拓提出的決策就是「決勝於社門之外」。他和范長江等商量之後，就採取這些做法：一是動員和鼓勵一大批優秀的編輯記者走出報社大門到各省市擔任地方記者，這樣就能及時采寫到基層第一線的消息，就能抓住社會敏感的問題，報紙的內容自然就充實、豐富、敏銳起來了。二是從各省市選拔一批水平較高的幹部擔任特約通訊員。「我們對於通訊員的要求主要不是寫稿而是反映思想、工作和政治情況」，這樣報紙就能真正和人民群眾建立密切的聯繫，能夠做好黨的耳目和喉舌，從而為執政黨制定正確的方針政策、改進工作提供有力的依據。

鄧拓以身作則，根本不滿足於在辦公室編編改改。「他卻活躍在社會中，他和中央機關及省市的領導幹部都有較多的聯繫，他親自帶頭指揮記者深入採訪；他親自處理來稿來信來訪，指揮編輯部開展通訊員工作和讀者來信工作。……他是理論聯繫實際、言行一致的，報紙也辦得生氣勃勃的。」[2]這樣，他始終保持著對社會生活的敏銳觸覺。

對報紙工作的方方面面，他都有周密的思考。對於記者、通訊員，他都有細緻的指導。為了加強和群眾的聯繫，他強調通俗性，同時也提醒大家防止通俗化中的不恰當現象。他提倡「簡明的、科學的、生動的文風」[3]，建議大家學習馮至的東歐散記、赫爾岑的散文。

鄧拓提倡群眾路線，當然並不意味著他在本質上是個自由主義者。黨內的群眾路線、民主原則，與自由主義理念之下的民主原則、自由觀念有著本質的區別。

1953 年 10 月 21 日在《人民日報》記者會上，他特別叮囑大家：

2　胡績偉：〈平生贏得豪情在〉，《人民新聞家鄧拓》第 43 頁。

3　鄧拓：〈在《人民日報》記者會議上的談話摘要〉，《鄧拓全集‧第五卷》第 313 頁。

我們在外面採訪時如果發現有重要的問題，應該直接找負責同
志談，不要亂說。他如果不同意，則不要一股勁堅持，可以寫
給報社或中央。如果發現某地高級領導機關有政策路線上的問
題，最好在當地絕口不提，逕自寫給報社與中央。反映了，就
聽中央處理好了，對中央也不要一再堅持重複的意見。我們應
該與中央各部的工作人員一樣，應該注意工作中的紀律性。[4]

這可以看出，鄧拓是把《人民日報》看作是中央的一個具體工作
部門的。這明顯地區別於那種把報紙看作是一個獨立的輿論監督機構的
態度。當然，這不是鄧拓個人的態度，是黨本身就是這樣設定黨報的功
能的。這裡所強調的工作紀律，實際上就界定了黨報開展「批評和自
我批評」的限度。這種紀律之下，中央黨報記者作為一名黨的工作者，
有對地方工作進行監督的權力，但並沒有對於中央的工作進行監督的
權力。認為黨報新聞記者向中央反映情況之後，應該「就聽中央處理
好了」，不僅不應該去追究中央是否合理地處理了問題，而且「對中
央也不要一再堅持重複的意見」。這種思路實際上就否定了黨員個體監
督中央工作的權利，表現出黨派政治中群體絕對大於個體的特徵，內
在地包含著對黨的中央機構、黨的領袖的絕對服從，沒有給個體的獨
立性留下多少空間。

1956 年他在〈關於報紙的社論〉中又說：

對於我們黨的機關報來說，社論的觀點一般地必須代表整個黨
的觀點；黨的那一級機關報的社論又必須具體的代表著它的同
級黨組織的觀點。編輯部中的任何個人，當他根據黨的意圖執
筆撰寫社論的時候，他完全不應該想去表達他個人的什麼觀
點，而只應該忠實地表達黨的觀點。[5]

---

[4] 鄧拓：〈在《人民日報》記者會議上的談話摘要〉，《鄧拓全集·第五卷》第
314 頁。

[5] 鄧拓：〈關於報紙的社論〉，《鄧拓全集·第五卷》第 359 頁。

　　這些都典型地體現出鄧拓辦報，是「政治家辦報」，而不是「書生辦報」、「知識份子辦報」；也體現出黨報代表的是黨派的立場、觀點，而不可能成為多元的公共「廣場」。

　　當然，鄧拓在強調黨性原則的同時特別強調群眾路線，仍然是相當可貴的。有時，注重群眾路線能夠使執政黨有效地避免工作中的過失。鄧拓曾經強調說：

> 群眾中有各式各樣的思想，在不違背政府的政策法令，不妨害多數人利益的條件下，應該承認思想自由。
>
> 如果群眾的意見確實是錯誤的，但他們堅決要實行，你用盡一切努力說不服他們，那末，你在組織上要服從多數的決議，同時要聲明你是不同意的，保留自己的意見。[6]

二、「書生辦報」

　　鄧拓既忠誠於黨，又十分關注民生。這樣，當黨的方針政策符合群眾利益、促進社會發展的時候，鄧拓便能得心應手、揮灑自如。當黨的方針政策偏離正軌、走向「左」傾的時候，鄧拓往往陷入進退維谷的狀態中。這時他一般是嚴守組織原則，把疑問留在心底，服從中央的安排。最難辦的是，當黨內高層出現兩種不同聲音、不同路線的時候，鄧拓處在漩渦的中心，總是難以適從，結果是「服從也錯，不服從也錯」。50 年代鄧拓便屢屢陷入這種困境中。

　　建國後，黨和國家的各方領導人都認可毛澤東的核心領導地位，毛澤東的威望如日中天。劉少奇、周恩來、陳雲、鄧小平、薄一波、

6　鄧拓：〈和共青團員們談談群眾路線問題〉，《鄧拓全集‧第二卷》第 399、398 頁。

鄧子恢等務實的高層領導人在保持對毛澤東忠誠的同時，又在治國策略、黨的組織原則等具體問題上和毛澤東產生了微妙的分歧。「精神領袖與實踐者總是處於不斷的矛盾之中。毛和實際治理國家的領導層都希望擺脫蘇聯模式，但毛更喜歡打破一切常規和官僚化的管理制度，來一次浪漫的飛躍；而務實的領導層則主張使工業化進程變得更符合經濟規律和中國國力。毛澤東的躁進思想與政治局的穩進戰略發生了矛盾。他本人雖仍擁有巨大的威望，但其激進的烏托邦理想無法在上層推行，毛把這歸咎於黨和政府的官僚化。」[7]「在農民問題上，毛主席強調組織起來，走合作化道路；少奇同志則認為不能過早輕易動搖農民的私有制，提出先有機械化、後有合作化，不要怕農民冒富，黨員也可以先當富農。……毛主席主張在優先發展重工業的前提下，安排好農業、輕工業和重工業的比例；少奇同志的主張則與其相反。在向社會主義轉變的問題上，毛主席在 1952 年就開始提出向社會主義過渡，1953 年正式提出了黨在過渡時期的總路線；少奇同志則主張多搞一段時間的新民主主義，待條件成熟後再轉入社會主義。」[8]1953 和 1954 年農業減產、糧食緊缺，鄧子恢領導的中央人民政府農業工作部提出減慢農業合作化速度，制止行政強迫農民入社行為，以保護農民的生產積極性。1955 年夏秋，毛澤東批判鄧子恢是「小腳女人」，提出「反對右傾思想，反對保守主義」。這一年，鄧拓作了〈關於農業合作化問題的發言〉，並在《人民日報》上發表〈讓農業合作社辦得更多更好〉，贊成毛澤東的觀點，批評反「冒進」的做法。這時候，鄧拓顯然和許多人一樣，相信只要是毛澤東說的就不會錯。他並沒有太多的獨立思考，他想既然毛澤東主席已經思考過了那麼自己就無需再去思考了。

---

[7]　章立凡：《毛澤東「反右」動因及後果的再研究》，http://www.taosl.net/wcp/zhanglf005.htm。

[8]　薄一波：《若干重大決策與事件的回顧・上卷》，中共中央黨校出版社 1993 年第 1 版第 60 頁。

　　毛澤東對鄧子恢的批判直接導致了 1955 至 1956 年間農村合作化全面推進的做法，損害了農民的勞動積極性，損害了農業生產，一時間國內物資緊缺，國民經濟吃緊。面對這種社會狀況，劉少奇於 1956 年 6 月安排中宣部起草了〈要反對保守主義，也要反對急躁情緒〉的社論。劉少奇和周恩來修改、審定了這篇社論後，就安排《人民日報》發表。這篇文章認為當前我們在取得不斷進步的同時還存在一些缺點，「缺點現在是表現在兩個方面，一方面是在一些工作中仍然有右傾保守思想在作怪，另一方面是在最近一個時期中在有些工作中又發生了急躁冒進的偏向，有些事情做得太急了，有些計畫定得太高了，沒有充分考慮到實際的可能性。這是在反保守主義之後所發生的一種新情況。這種情況是值得我們嚴重注意的。」

　　按照規定，《人民日報》的重要社論發稿前還要經毛澤東主席審閱。可是這篇社論送上去之後，毛澤東主席在自己的名字上畫了圈，只寫了「我不看了」幾個字。什麼意思？顯然是不贊成這篇社論反「冒進」的觀點。怎麼辦呢？鄧拓感到左右為難。一邊是劉少奇、周恩來，另一邊是毛澤東。執行誰的指示呢？最終他決定採取折衷的辦法，文章照發，但是把常規的四號字改為五號字，這樣不至於太醒目。但是這篇〈要反對保守主義，也要反對急躁情緒〉的社論在 1956 年 6 月 20 日的《人民日報》發表之後，毛澤東非常生氣，責備鄧拓是「書生辦報」，意即批評他缺少政治覺悟、缺少黨性原則。這讓鄧拓很不好受，因為他實際上是把黨性原則當作自己辦報的第一原則，是把政治生命看作是自己的第一生命。但他並沒有做什麼辯解。任勞任怨，乃至於忍氣吞聲，源於鄧拓的性格特點，也是這時候唯一明智的做法。

　　這篇文章發表後不久，中共「八大」中央委員的候選名單就開始醞釀了，好多人提出鄧拓應該作為候選人。鄧拓得知後十分不安，馬上正式提出辭謝。為此，他和副總編胡績偉進行了一次深談。胡績偉堅持還是要提選鄧拓，因為中央黨報的負責人應當是中央委員會的成員，更何況鄧拓在新聞界內外享有很高聲譽。鄧拓一再勸胡績偉不要

這樣。這裡面當然包含著鄧拓十分可敬的謙虛品格，同時也流露出鄧拓受到領袖指責後的痛苦心情，其實這時他內心中很可能就有辭去《人民日報》總編的念頭，只是沒有直接流露出來而已。[9]

1956 年鄧拓當選中央八大代表時的標準照。不久前，毛澤東批評他「書生辦報」。

儘管鄧拓這時心境不好，但他的工作絲毫沒有鬆懈。共產黨員的思想覺悟使然，同時忘我的工作也正是他解脫精神痛苦的最有效的方式。「八大」前夕，鄧拓還參與修訂了團中央書記胡耀邦在「八大」的大會發言稿。胡耀邦對發言稿的要求很嚴，初稿出來，反覆推敲之後，他又請鄧拓、胡繩、吳冷西等眾所公認的「大手筆」幫助進一步修訂。他讓秘書曹治雄帶著自己的親筆信，到人民日報去找鄧拓。鄧拓爽快地接受了任務，認真地在報告上寫下了自己的修訂意見。「胡耀邦對鄧拓的才華十分欽佩，總是將鄧拓稱作『鄧大師』，這在當時是很少見的。」[10]

鄧拓希望時間能過沖淡毛澤東的怒氣，但是直到 1958 年的南寧會議上，毛澤東仍重提這篇社論說：「庸俗的馬克思主義，庸俗的辯證法。文章好像既反『左』又反右，但實際上並沒有反右，而是專門反『左』，而且尖銳地針對我的。」[11]顯然毛澤東不僅把這篇社論的發表看作是大家看問題立場上的分歧，而且理解為是對權力的挑戰。

鄧拓挨批，報社的同志都感到「真冤」；但是他們都沒有想到更冤的還在後頭。

---

[9]　胡績偉：〈「平生贏得豪情在」〉，《人民新聞家鄧拓》第 51 頁。

[10]　錢江：〈黨的「八大」期間胡耀邦堅辭中央委員內情〉，《黨史文苑》2004年第 11 期。

[11]　吳冷西：《憶毛主席——我親身經歷的若干重大歷史事件片斷》，新華出版社 1995 年第 1 版第 49 頁。

三、貫徹「雙百」方針

　　1956 年 2 月，赫魯雪夫在蘇共二十二大上作了〈關於克服個人崇拜及其後果〉的秘密報告後，整個社會主義陣營都受到很大的震動。回應蘇聯在科學文化藝術問題上的「解凍」，同時也是希望改變長期以來科學文化事業的不景氣局面，更是為了衝擊毛澤東感受到的政治生活方面的「官僚化」傾向，同時還是為了改變毛澤東所感受到的自己的權威在黨內沒有充分保證的狀況，1956 年 4 月毛澤東提出了「百花齊放，百家爭鳴」的「雙百」方針。客觀地說，雖然「它是執政黨還沒有樹立自覺的法制意識、政策還高於法律的例證。」但在五十年代「不但知識份子所期望於新中國的、憲法賦予公民的言論自由沒有兌現，就連舊中國的學者們已經享有的科學研究的自由也受到侵犯」的歷史條件下，「執政黨雖然仍把政治問題列為不可討論的禁區，但已明確表示科學與文藝可以百花齊放百家爭鳴，唯心主義也可以自由發表，提倡自由討論，不再搞政治批判，這顯然是一個巨大的進步。」[12]

　　「百家爭鳴、百花齊放」一出來，鄧拓顯然是贊成的。作為中國共產黨內知識型、專家型的幹部，他博覽群書，具有相當開闊的文化視野和多方面的文化專長，內心中顯然不可能認同那些「左」傾教條主義者的立場，而是由衷地贊成黨給文學藝術、科學研究以更為廣闊的發展空間，從而使新中國的文藝和科學事業能夠迅速復蘇、迅速發展。儘管作為一名信仰馬列主義的有機知識份子[13]，他的意識形態立

---

[12] 于風政：《改造》第 455-456 頁。

[13] 「有機知識份子」（organic intellectual）是葛蘭西提出的一個概念。有機知識份子，是相對於傳統的職業知識者的一個概念，強調知識份子對社會的干預作用。葛蘭西說：「每個新階級隨自身一道創造出來並在自身發展過程中進一步加以完善的『有機的』知識份子，大多數都是新的階級所彰顯的新型社會中部分基本活動的『專業人員』。」見《獄中箚記》，中國社會科學

場與許多專門從事人文科學研究、自然科學研究的知識份子並不相同，更與多數留學歐美、信仰自由主義的民主黨派人士不同。在他的信念中，馬克思主義是至高無上的真理，不是平等多元文化中的一份；但是他顯然也反對把馬克思主義教條化，而希望能夠真正按照馬克思主義歷史觀來歷史地看待歷史人物、歷史地肯定民族文化遺產，他希望在馬克思主義指導下的社會主義文化科學事業能夠出現生動活潑、欣欣向榮的局面。56 年，他對「雙百」方針的貫徹、執行，主要體現在兩件大事上，一件事是主持《人民日報》改版，一件事是支持《文匯報》復刊。

「1956 年 7 月 1 日，《人民日報》在鄧拓同志主持下改版。那篇改版的社論，可以說是具有歷史意義的新聞改革宣言，一是要擴大報導範圍，不僅報喜，也要報憂，也就是要在報紙上開展公開的批評；二是要開展自由討論，一張報紙不可能全知全能，擺出一副無所不知的神氣，害怕討論的人，總是可笑的人，即令是編輯部的意見，也不是不可以討論；三是改掉生硬、枯燥、冗長、空洞、武斷的黨八股，力求做到有條理、有興味、議論風生、文情並茂，萬不可讓讀者看了只想打瞌睡。

《人民日報》言行一致，報導了有六百多位科學家踴躍參加的關於百家爭鳴的討論。報紙評論員還針對當時『左』的模糊認識，指出：『爭鳴正是為了實現黨的領導，不可能是齊唱、合唱或只有大人物獨唱。』巴金說：即令亂鳴，也比不鳴好。尚鉞說：既不要以人廢言，也不要以言廢人。茅盾講得更生動，他說：井蛙、應聲蟲和驛馬是不能獨立思考的；獨立思考有兩大敵人，即個人崇拜和教條主義。7 月 5 日，副刊還發表了讚揚敢於報憂的報告文學的文章。《人民日報》那段時期，真有看頭！」[14]

出版社 2000 年第 1 版第 2 頁。
[14] 舒展：〈鐵帽壓頂〉，《沒有情節的故事》，季羨林主編，十月文藝出版社 2001 年第 1 版第 327-328 頁。

　　鄧拓貫徹執行「雙百」方針的第二個重大舉措是全力主持《文匯報》復刊。1956 年夏，為貫徹「雙百」方針，中共中央決定《文匯報》復刊，由原來的總編輯徐鑄成[15]任總編輯；同時還決定把原本屬於民盟的《光明日報》還交民盟來辦。《文匯報》一直是一家民營性質的報紙，主要讀者對象是知識份子，1938 年 1 月由嚴寶禮等人創辦於上海。日寇佔領時期，《文匯報》堅持抗日宣傳；國民黨統治時期，《文匯報》反對獨裁，提倡民主。《文匯報》屢遭打擊卻深得民心，發行量很大。《文匯報》1949 年 6 月復刊後，又由於種種「左」的原因而於 1956 年 3 月宣佈「自動」停刊。中共中央做出《文匯報》復刊的決定後，作為中華全國新聞工作者協會主席，鄧拓在 1956 年夏秋對《文匯報》的工作給予了有力的支持。

　　《文匯報》停刊後，徐鑄成調任主持《教師報》工作。1956 年夏，他路遇鄧拓，鄧拓熱情地說：「我認為《文匯報》停下來很可惜，有特色，有別的報紙不能代替的作用。」[16]這一年 6、7 月間，徐鑄成、浦熙修接到中共中央宣傳部關於籌備《文匯報》復刊工作的通知，很振奮，立刻投入工作。在商討辦刊方針時，對應該如何宣傳「雙百」方針，他們倆感到有些沒有把握。時任《人民日報》經濟組主任的欽本立，原是《文匯報》的老報人。他建議說：「鄧拓同志對《文匯報》極為關切，如果你願意，是否可與鄧拓同志約期談談？」徐鑄成於是就請欽本立約見鄧拓，希望登門討教。第二天，欽本立回復說：「鄧拓同志很高興跟你和浦熙修同志暢談。明晚上他已決定不去上班，特地留

[15] 徐鑄成（1907-1991），中國新聞家。江蘇宜興人。1929 年起歷任天津《大公報》、上海《文匯報》、《大公報》香港版和桂林版、重慶《大公晚報》、上海《大公報》和《文匯報》香港版的編輯、總編輯、總主筆。1949 年 9 月至 1957 年任上海《文匯報》總編輯。1957 年被打成「右」派。1979 年起任《文匯報》顧問、中華全國新聞工作者協會理事、復旦大學新聞系兼職教授等。著有《報海舊聞》、《舊聞雜憶》、《新聞叢談》、《張季鸞先生傳》、《徐鑄成回憶錄》等。

[16] 徐鑄成：《徐鑄成回憶錄》，三聯書店 1998 年第 1 版，第 255 頁。

出充分時間，在王府井金魚胡同《人民日報》他的住宅裡接待你們兩位。」

在這一晚上的暢談中，鄧拓像極熟的朋友一樣，滔滔不絕地談了他的看法。多年後，徐鑄成在他的回憶錄中回顧了鄧拓的談話內容：

「我們《人民日報》已千方百計鼓勵知識份子鳴放，但知識份子看來還有顧慮，不能暢所欲言。你們《文匯報》歷來就建立了知識份子們信任，你們要首先說服知識份子拋開顧慮，想到什麼說什麼。使廣大知識份子思想上的障礙消除了，他們才能盡其所長，為社會主義建設盡其力量。我看，還這應是《文匯報》復刊後主要的編輯方針。

其次，我們被帝國主義封鎖，也已自己封閉多年，你們應當多介紹各國科技文化發展的新情況，以擴大知識份子的眼界，有利於他們研究、提高水準。

也要關心知識份子的生活，他們有什麼困難，你們可以反映，再如室內外環境應如何合理佈置？業餘生活如知識份子喜歡種花養魚等等，你們不妨闢一個副刊，給知識份子介紹一些，談談這些問題。

應同時注意廣大農村的知識份子問題。毛主席講過：三大改造完成後，不可避免地出現廣大農村的文化高潮，過去《大公報》所載的旅行通訊，這形式很受讀者歡迎，你們不妨派一些記者，深入各地農村採訪。我一向反對由各級黨委介紹下去，到合作社找人說；這樣必然報喜不報憂，只談好的，不談問題。你不妨直接派記者到基層瞭解情況，寫出旅行通訊，這會有利於得到真實的新聞，有利於文化高潮的來到。

最後一點，我認為《文匯報》也應注意國際宣傳，目前，新華社和《人民日報》的影響，還只能偏重蘇聯和東歐國家；《文匯報》和《大公報》因為歷史關係，更可以影響日本東南亞及西歐各國。在這方面《文匯報》有不少有利條件，比如，通過香港《文匯報》多進口些最新的國際書刊，總之，對這方面多發言，多報導，可以彌補我們的不足。」[17]

---

[17] 徐鑄成：《徐鑄成回憶錄》，第 391-392 頁。

　　鄧拓的談話切中徐鑄成等關注的核心問題。他們沒有想到鄧拓竟然想得這樣深。幾十年後，徐鑄成仍然用「聽君一席話，勝讀十年書」來表達當晚談話的感受。談話的第二天上午，徐鑄成基本按鄧拓的意見，寫好了《文匯報》復刊後的編輯方針計畫；下午分別打電話給欽本立、浦熙修，他們也完全表示同意。[18]

　　嗣後，復刊後的《文匯報》多姿多彩，刊登了許多披露知識份子心聲、表達知識份子學術觀點的文章，還連載了安娜·斯特朗的回憶錄揭露蘇聯肅反黑幕，受到了毛澤東的表揚。1957 年 3 月 10 日毛澤東曾經對徐鑄成說：「你們的《文匯報》辦得好，琴棋書畫，梅蘭竹菊，花鳥蟲魚，應有盡有，真是辦得好。我下午起身，必先找你們的報看，然後看《人民日報》，有功夫再看看其他報紙。」鄧拓也先後三次寫長信給徐鑄成，讚揚《文匯報》所取得的成就。徐鑄成對鄧拓的見識和襟懷都深感欽佩，他在 80 年代回憶起這一切時說：「我當時除由衷地感激外，也體會到鄧拓同志如此支援我們，是因為他目光遠大，著眼於我國新聞事業的革新與不斷前進，他真不愧為一位學識豐富，有膽有識的中國現代新聞界先趨人物，《文匯報》當時的一點成就，都和他的啟導和鼓勵分不開的。」[19]

18　徐鑄成：《徐鑄成回憶錄》，第 392 頁。
19　徐鑄成：《徐鑄成回憶錄》，第 395 頁。

第十章　五更風雨夢如飛[1]

一、「按兵不動」

　　鄧拓主持的《人民日報》在 1956 年夏因為改革受到讀者的熱烈歡迎，鄧拓支持的《文匯報》因為貫徹「雙百」方針受到毛澤東的表揚，可是到了 1957 年鄧拓卻因為在「百家爭鳴」中「按兵不動」而受到毛澤東的嚴厲批評。為什麼呢？

　　原來，「雙百」方針提出後，1956 年下半年學術界、文藝界出現了相當熱烈的爭鳴情況。創作方面，出現了劉賓雁的〈本報內部消息〉、王蒙的〈組織部新來的年輕人〉等批評官僚主義的作品；學術方面，學者們對教條主義、對「刀斧手式」「審判官式」的粗暴批評提出了尖銳的批評。就總體而言，對文藝現狀、對學術界管理現狀提出批評的主要是各種知識份子，而黨的幹部們作為執政黨的成員、作為各項工作的管理者則較少介入這一場爭鳴中。這就可以看出知識份子與黨內幹部在意識形態立場上的差異。

　　1957 年 1 月 7 日，解放軍宣傳部的陳其通、陳亞丁、馬寒冰、魯勒四人在《人民日報》發表了〈我們對目前文藝工作的幾點意見〉的短文，對「百花齊放，百家爭鳴」狀態表示質疑和擔憂。認為「在過去的一年中，為工農兵服務的文藝方向和社會主義現實主義的創作方

---

[1]　鄧拓：〈記夢〉，《鄧拓全集‧第四卷》第 343 頁。

法，越來越很少有人提倡了」。「真正反映當前重大政治鬥爭的主題有些作家不敢寫了，也很少有人再提倡了，大量的家務事、兒女情、驚險故事等等，代替了描寫翻天覆地的社會變革、驚天動地的解放鬥爭、令人尊敬和效法的英雄人物的足以教育人民和鼓舞人心的小說、戲劇、詩歌，因此，使文學藝術的戰鬥性減弱了，時代的面貌模糊了，時代的聲音低沉了，社會主義建設的光輝在文學藝術這面鏡子裡光彩暗淡了。甚至使有些小品文失去了方向，在有些刊物上反映社會主義建設的光輝燦爛的這個主要方向的作品逐漸少起來了。充滿著不滿和失望的諷刺文章多起來了。」這篇文章表達了相當一部分黨內幹部的立場。在他們的觀念中，文學藝術的意義主要不在於審美，也不在於表達作家對生活的獨立思考，而主要是對既定意識形態進行歌頌，對不同的意識形態進行戰鬥，從而站在黨的角度上居高臨下地教育人民、引導人民。他們從戰爭年代過來，習慣於把文藝當作政治的工具、當作意識形態的宣傳品，不能認可文藝有獨立於政治之外的價值，也不能容忍藝術家對中國共產黨領導下的社會現實提出批評。

這篇只有 2000 多字的文章引起毛澤東的關注。在 1957 年 1 月下旬召開的省市自治區黨委書記會議上，毛澤東安排印發了這篇〈我們對目前文藝工作的幾點意見〉。他說，陳其通等四同志對文藝工作的意見不好，只能放香花，不能放毒草。我們的意見是只有反革命的花不能讓它放。要用革命的面貌放，就得讓它放。也許這四位同志是好心，忠心耿耿，為黨為國，但意見是不對的。參加會議的人，從自己的立場出發來領會毛澤東的講話，有的覺得他是批評了陳其通他們的文章；有的人則記住毛澤東說陳其通等人忠心耿耿、為黨為國這些話，認為毛澤東最終還是肯定陳其通他們的。一時，大家對毛澤東的態度理解不一。[2]

2　黎之：〈回憶與思考──從「知識份子會議」到「宣傳工作會議」〉，《新文學史料》1994 年第 4 期。

　　陳其通等四人的文章發表之後，也引起了各界的強烈反響，許多省市報刊對它進行了轉載，並在按語中肯定它的立場。這種狀況說明當時在整個意識形態領域中「左」的力量還十分頑固、十分強大。毛澤東甚至估計，「地委書記、地區專員以上的幹部約一萬多人，其中是否有一千人是贊成百花齊放、百家爭鳴的都很難說，其餘十分之九還是不贊成的」。另一方面，持有自由、民主思想的知識份子層對陳其通的文章所激起的「左」傾聲浪也十分敏感，把它視為是領導層要放棄「雙百」方針、回歸「左」傾教條主義的信號。在 1957 年這個乍暖乍寒的「早春」時節裡，知識份子中相當一些人對共產黨是否真能實行「雙百」方針還是將信將疑。他們對解放後批《武訓傳》、批俞平伯、批胡適尤其是 1955 年批「胡風反革命集團」等歷屆政治運動仍然心有餘悸。一些人「怕是個圈套，搜集些思想情況，等又來個運動時可以好好整一整」。一些人「想到了不鳴無妨，鳴了說不定會自討麻煩，結果是何必開口」。[3]長期以來一直被要求好好進行思想改造的知識份子們，對執政黨是有一定的戒心的。

　　多年來，鄧拓一直是嚴守組織紀律的。他雖然贊成「雙百」方針，但是他始終牢記《人民日報》是黨的耳目喉舌。他認為《光明日報》、《文匯報》本來就是知識份子的報紙，他們進行爭鳴乃至於批評執政黨的政策，都是合理的；共產黨本著批評和自我批評的態度都應該虛心聆聽。但是《人民日報》社論代表黨的立場，是一言九鼎的，對於尚在爭鳴之中而並未形成結論的許多觀點就應該謹慎。他心中覺得陳其通他們的觀點太過教條化，太不尊重文藝自身的規律，他並不贊成；但是《人民日報》，而不是其他普通報紙，對黨提出大量批評，符合不符合黨報的性質呢？他沒有把握。不過，他知道自己的感覺怎樣並不重要，中央的意見怎樣才是黨報決策的根據。多年來，不都是中央定下宣傳口徑、自己盡力貫徹執行嗎？

---

[3]　費孝通：〈知識份子的早春天氣〉，《人民日報》1957 年 3 月 24 日。

　　差不多在毛澤東表示陳其通他們的意見「不好」的同時，1 月 21 日，毛澤東又說「在我們無產階級專政的國家裡，當然不能讓毒草到處氾濫。」鄧拓對毛澤東的意思到底怎樣覺得沒有把握。「細考究，這兩個講話的基調是不一致的。前一次講話，強調『放』，毒草也可以放；後一個講話則強調不能讓毒草氾濫……」[4]鄧拓「在一個小範圍會議上提到領袖的批評，曾責怪自己說：『我真奇怪我的耳朵是不是聽反了？』亦即領袖的態度多變，使他措手不及。」[5]

　　這前後，鄧拓他們組了一組爭鳴文章報給中央，交給胡喬木以後就沒有下文了。沒有批示，就不能發，這是幾十年來辦黨報鐵定的組織紀律。在 50 年代風雲變幻的環境中，鄧拓和副主編胡績偉就商量過「寧犯政治錯誤，不犯組織錯誤」，因為按照當時的情況，如果犯了政治錯誤，只要是根據領導指示犯的，錯誤就輕得多；如果被認定犯了什麼錯誤，而又沒有得到領導同意，那就罪上加罪，「反黨」這樣駭人的帽子就可能被扣在頭上。[6]

　　1957 年春天，各報紛紛爭鳴。思想開放的程度，遠遠超過了 1956 年夏秋《人民日報》改版和《文匯報》剛剛復刊的程度。鄧拓在 56 年剛剛聽到「雙百」方針時的興奮心情逐漸冷靜下來。根據長期在黨內負責宣傳工作的經驗，他總覺得事情有點兒不大對勁。批評和自我批評是黨的優良傳統，但是始終有個明確限度的。鄧拓總覺得走到自由主義上去是不妥的。這樣在公開輿論中由黨外人士出面大量給黨提意見的事，過去從沒有發生過。他本來是一直不遺餘力地倡導黨報中的「批評與自我批評」的，但是現在他擔心儘是批評，是否會從根本上影響到黨的威信、影響到黨的一元化領導，更擔心是不是有什麼重要政治事件要發生。真會發生什麼嗎？他又沒有把握，甚至不敢多想。

---

[4]　蘇雙碧、王宏志：〈1957 年鄧拓為什麼『按兵不動』〉，《炎黃春秋》2000 年第 8 期。

[5]　錢江：《毛澤東和陳其通等人的文章風波》，《世紀》。

[6]　胡績偉：〈「平生贏得豪情在」〉，《人民新聞家鄧拓》第 49 頁。

但是，無論怎樣，鄧拓的心就是放不下來。心中的這一團模糊不清的疑問是不敢對任何人說的，在不能明確把握毛澤東的立場時，鄧拓只能「按兵不動」，強調等中央批示這條組織紀律。56 年秋冬《文匯報》剛剛復刊的時候，他在《人民日報》社的同志面前由衷地讚揚過《文匯報》；現在，這些話他不說了。社裡的同志看其他報爭鳴得紅紅火火的，很心急，鄧拓就制止他們說：「我們是中央黨報，一切都要聽中央的安排和指示，不要街上鑼鼓一響就出來。」[7]這樣，《人民日報》發表陳其通他們的文章後，一個半多月的時間裡沒有表示自己的態度。這時候，《人民日報》的「保守」狀態和仍在不斷加溫加熱的《文匯報》、《光明日報》的活躍局面形成了對照。

　　鄧拓的做法顯然不能讓毛澤東滿意。作為一個政治家，毛澤東這時候強調「百花齊放、百家爭鳴」的方針，確認「長期共存、互相監督」的原則，是由多方面因素促成的。它包含著毛澤東對現實的思考、對權力關係的體察。「應該說，到 1956 年時，毛澤東已明顯感到自己的主張在黨內很難推行，需要重新樹立權威。從他的性格和歷史經驗上看，發動一場群眾政治運動來排除障礙，顯然是一種必要的選擇。但運動需要有主題和相應的能量源，而最合理的選題，就是針對廣大群眾和知識份子最反感的『三害』（主觀主義、宗派主義、官僚主義），發動一場『大民主』，以釋放出足夠的能量。」[8]這時，鼓勵鳴放是他的主要輿論導向；有時他又說「毒草」不能放，這只表明他希望把「大民主」控制在不危及政治一元化、不危及他個人權威的範圍內。鄧拓猜不透毛澤東的心思，不知道該如何去行動。《人民日報》「按兵不動」的保守態度，顯然不能有效地發動黨外人士、知識份子以及其他群眾，達不到衝擊黨內高層的目的。這讓毛澤東非常失望。

---

[7]　顧行、成美：《鄧拓傳》，山西教育出版社 1991 年第 1 版第 88 頁。

[8]　章立凡：〈毛澤東「反右」動因及後果的再研究〉，http://www.taosl.net/wcp/zhanglf005.htm。

　　1957 年 2 月 27 日毛澤東在最高國務會議上再次申明「不贊成」陳其通等人的觀點，鼓勵大家放下顧慮，自由地「放」和「鳴」，並嚴厲責備：「《人民日報》何時答復四個人？似乎毫無準備，也不請示。」[9]鄧拓不便做任何申辯，連忙從來稿中找出陳邃的一篇批評文章登在 3 月 1 日的報紙上。這篇來稿就事論事，與毛澤東批評中所提到的高度差距很大。3 月 18 日，《人民日報》又發表了茅盾的批評文章，該文的理論口徑與毛澤東的發言一致，批評陳其通他們的「教條主義」。[10]鄧拓以為這樣補過大約能過關了。

　　但是，3 月份的全國宣傳工作會議上，《人民日報》仍然因為批評陳其通等的教條主義不力再次受到毛澤東的批評。4 月 1 日，鄧小平、王稼祥、陸定一、胡喬木等中央領導和報社編委會部分人員緊急開會磋商，分析《人民日報》工作中存在的問題。胡喬木主持會議。他宣佈中央決定成立報社委員會，由政治局委員統一領導。陸定一、王稼祥、鄧小平先後作了發言。他們說，報社的同志作了很多、很辛苦、很好的工作，書記處以前關心得不夠，大家應多關心、提醒。報社的人則自我批評說，近兩年主席常常提到《人民日報》工作改進不大，以後工作方法要改，不要埋在紙堆裡，要經常到外面跑，聽聽意見，爭取大的進步。這些領導人鼓勵鄧拓接受教訓，努力工作。[11]

　　鄧拓不明白毛澤東發動爭鳴以衝擊黨內高層的意圖，自然不知道為什麼要這樣加碼，但這時候他必須立即行動起來，跟上主席的腳步。於是，4 月 4 日《人民日報》集中發表了批評陳其通等的一組讀者來信；4 月 10 日《人民日報》發表了王若水執筆的社論《繼續放手，貫徹「百花齊放、百家爭鳴」的方針》。

9　黎之：〈回憶與思考──從「知識份子會議」到「宣傳工作會議」〉，《新文學史料》1994 年第 4 期。

10　朱正：《1957 年夏季：從百家爭鳴到兩家爭鳴》，河南人民出版社 1998 年第 1 版第 40-41 頁。

11　王必勝：《鄧拓傳》第 151 頁。

二、「死人辦報」

1957 年 4 月 10 日的北京，天陰沈沈的，不時飄著雪花，雖已是中午時分，但春寒料峭，室外的最高溫度仍然只有攝氏 3 到 5 度。整個北京城還沒有從嚴冬的寒氣中復蘇過來。這天，鄧拓剛剛吃過午飯，就接到電話通知，叫他和《人民日報》的全體編委以及當天社論〈繼續放手，貫徹「百花齊放，百家爭鳴」的方針〉的作者王若水立即到中南海去，毛澤東主席想和他們談談。

中南海的豐澤園，建於康熙年間，風格古樸秀雅，曾是明清帝王躬耕之地，建國後一直是毛澤東的居住地。此時，園前橋下依然冰封水面，寒氣逼人。鄧拓、胡績偉、王揖、黃操良、林淡秋、袁水拍、王若水一行走進豐澤園，來到園內東側西院的菊香書屋。只見套院內的幾棵百年松柏，依然靜靜地立著，給這個清靜秀雅的小庭院增添了一股蒼勁之感。儘管柱上仍然掛著康熙書聯「庭松不改青蔥色，盆菊仍靠清淨香」，但實際上院中早已不種菊花了。

中午 12 點 35 分，鄧拓等走進菊香書屋的北屋，見中央書記處候補書記兼毛澤東的秘書胡喬木已經先到一步。這裡是毛澤東的書房兼臥室。不知是剛起床還是剛游過泳，毛澤東穿著睡衣，手指間夾著一根香煙，顯得很隨意。大家便圍坐到毛澤東床前，毛澤東則斜靠在床上。先是大家一一介紹。介紹到王若水的時候，毛澤東很高興，誇他是年輕的哲學家，說今天的社論寫得很好，我要請你吃飯。又說今天的文章雖然發得晚了一些，但總算表了態。

看毛澤東表揚王若水，大家也都暗暗地放下心來。但是沒想到接下來毛澤東卻嚴厲斥責了鄧拓。毛澤東說：「最高國務會議和宣傳工作會議，已經開過一個多月了，共產黨的報紙沒有聲音，而讓非黨的報紙抓住這面旗幟。」鄧拓立即進行檢討，但他的話多次被毛澤東措詞

1957 年鄧拓在頤和園。這一年他因為未能配合「引蛇出洞」的
「陽謀」，被毛澤東批評為「死人辦報」。

尖銳的批評打斷。毛澤東說：「我看你們是專唱反調，專給陳其通等人
唱。」「你們不是黨報，是派報。」「過去我說你們是書生辦報，不對，
應當說是死人辦報。」

　　鄧拓解釋說：「過去中央曾有規定，黨的會議不發消息，主席講話
沒有公佈前，也不引用。……」

　　毛澤東不耐煩地打斷鄧拓的話說：「中央什麼時候有這個規定？最
高國務會議發了消息，為什麼不發社論？為什麼把黨的政策秘密起
來？宣傳會議不發消息是個錯誤。這次會議有黨外人士參加，為什麼
也不發消息？黨的報紙對黨的政策要及時宣傳。最高國務會議以後，
《人民日報》沒有聲音，非黨報紙在起領導作用。黨報被動，黨的領
導也被動，這裡有鬼。鬼在什麼地方？」

　　鄧拓只好檢討說：「我對這件事沒有抓緊……」毛澤東反駁說：「不
是沒有抓緊，而是沒有抓！……中央很多會議你們都參加了，參加了

回去不寫文章，這是白坐板凳，唯一的作用就是增加板凳的折舊費。以後誰寫文章，讓誰來開會。」

毛澤東還斥責鄧拓說，「我看你很像漢元帝，優柔寡斷，你當了皇帝非亡國不可！」鄧拓說：「我不知道自己是不是漢元帝，不過我實在是感到能力不夠，難以勝任。希望主席考慮撤掉我的職務。我幾次誠心誠意地提出過這個請求……」毛澤東又一次地打斷他說：「我就不相信你那個誠心誠意！你只知道汽車出、汽車進，養尊處優。你不能占著茅坑不拉屎。」毛澤東在責罵鄧拓的時候也批評幾個副總編輯是「鐵板一塊」，不敢批評鄧拓，「不敢革鄧拓的命」，「為什麼一點風都不透，沒有一個人向中央寫信報告情況」。毛澤東還鼓勵他們要敢於和鄧拓「爭吵」、「拍桌子」，「只要不到馬路上去鬧，什麼意見都可以提。」

到這份上，鄧拓已經沒有說話的餘地了。胡喬木趕緊出來解圍說，《人民日報》曾經搞了個計畫，組織過幾篇文章，他（指胡喬木自己）因為沒有把握，壓下來了。這事不能全怪報社，他也有責任。毛澤東的怒氣漸漸平息下來，就「雙百」方針、知識份子問題和編輯工作談了不少意見。談到報紙工作時，毛澤東在評價上排了一個這樣的名次：《文匯報》、《中國青年報》、《新民晚報》或者《大公報》、《光明日報》，最後是《人民日報》和各地黨報。

在談話中，毛澤東幾次批評1956年《人民日報》改出八個版這件事，說紙張緊張，為什麼出那麼多。有人支支吾吾地說，出八個版的事是中央同意的。毛澤東問：中央是誰呀？答：請示過主席。毛澤東說，如果是那樣，那是我說了昏話。我的很多話你們都聽不進去，這件事就聽進去了。[12]

毛澤東對鄧拓的責罵，讓胡績偉、王若水等即使是多年後回憶起來仍然感到「如坐針氈」。因為鄧拓的學識才華、克己敬業都是他們平素十分敬重的。王若水想到「毛表揚我，是為了把寫社論的功勞歸於

---

[12] 這次談話的情況，參見王若水《智慧的痛苦》，香港三聯書店1989年第1版。

我，這樣才更好批評鄧拓」，心裡覺得特別不好受。胡績偉則一直不能理解既然是胡喬木把計畫壓了下來，那麼，毛澤東「為什麼不罵胡喬木而罵鄧拓？」「不知毛老人家是何用心。」多年後，他又評析說：「鄧拓是中央任命到人民日報當總編輯，他謙虛謹慎，作風正派，勤勤懇懇，尊重同志，我們這些下級──同他合作的夥伴，自然是鐵板一塊般地和他團結在一起，共同辦好報紙，怎麼可以同他經常吵鬧不休，向上級打小報告、告黑狀呢？再者說，鄧拓當總編輯又不是民選的，是中央任命的，中央對他不滿意，黨中央主席完全有權撤他的職，一句話就行了，又何必號召我們起來革鄧拓的命？更何況在我們這些下級人員的心目中，鄧拓是正確的，他沒有錯，是你毛澤東批評錯了！」[13]

然而，之前壓下《人民日報》討論毛澤東在最高國務會議講話的計畫，不僅不是鄧拓所為，也並非胡喬木自作主張，而恰恰是毛澤東自己的主意。胡喬木多年後回憶道，「關於正確處理人民內部矛盾的問題，毛主席在最高國務會議上講了話，中間有些複雜的過程。毛澤東最初認為暫時不要宣傳，怕別的國家接受不了。可是後來上海文匯、新民報這些非黨的報紙大講特講，毛澤東感到應該講，對人民日報、解放日報不宣傳作了嚴厲的批評。」[14]

三、《廢棄「庸人政治」》

挨了毛澤東這麼重的責罵，鄧拓的心情非常不好。回到家中，他一言不發，在書桌前坐了一夜，像生了一場大病似的。鄧拓認為跟不上領袖的思想，自己確實不應該；但是他也非常希望主席能理解自己在得不到明確指示時必須嚴守組織原則、難有作為的苦衷。他忠於領

---

[13] 胡績偉：〈伴君如伴虎---毛澤東是怎樣把鄧拓逼入絕路〉，http://www.360doc. com/showWeb/0/0/328415.aspx

[14] 胡喬木：《胡喬木回憶毛澤東》，人民日報出版社 1994 年第 1 版，第 23 頁。

袖，兢兢業業，從沒有想到會在不知不覺中走到讓領袖失望、受領袖重責的地步。「占著茅坑不拉屎」、「只增加了板凳的折舊費」，這樣的批評，雖然不好聽，但多少都還包含著領袖對戰士的深切期待。但是，「只知道汽車出、汽車進，養尊處優」，自己有這種思想嗎？鄧拓覺得自己沒有！自己從沒有把這種待遇當作一回事。「漢元帝」？自己有那麼專制嗎？應該說也沒有！自己一心一意只想辦好黨報，這回「按兵不動」只是出於謹慎，只是出於嚴格的組織紀律原則，只是怕犯錯誤，怕損害黨的事業，可從沒有把個人待遇擺到工作之上，從沒有懈怠過。鄧拓覺得自己沒有準確理解領袖的旨意固然不應該，但是他也多麼希望主席能理解自己工作上的難處，尤其希望主席能把工作方法的問題與共產黨員道德修養的問題分開來看。忠誠是一名共產黨員的道德底線。如果真的是「只知道汽車出、汽車進，養尊處優」，那麼還有什麼品格可言？當然沒有！

鄧拓體會到領袖不僅在工作方法、而且在共產黨員的基本道德品質方面都否定了自己，內心非常感到非常冤屈、非常痛苦。坐在書桌前，他覺得簡直透不過氣來，孤寂感深深攫住了他。他覺得歷史的車輪迎著曙光滾滾向前，主席就是把握方向的人，但是自己卻面臨著掉下戰車、墮入黑暗的危險。無邊的黑暗向自己襲來，想要吞噬自己。他用力地掙脫著這黑暗的追逐，努力要趕上前頭的曙光。

第二天到報社上班，鄧拓迅速調整了自己的心情。作為革命戰士，他不允許自己有太多陰暗的情緒。他知道自己有再多的冤屈也不該去怨主席。他明白現在要做的是趕緊帶領大家跟上主席的腳步，不要再讓主席失望。儘管他在內心中實在不能理解主席為什麼要對自己嚴守組織原則、等待上級批示的行為發這麼大的脾氣，但是鄧拓絲毫沒有申訴自己的苦衷，而是「原原本本向報社工作人員傳達了毛澤東的批評，對他本人的尖刻批評沒有絲毫掩隱。大家一方面讚賞鄧拓的黨性和雅量，一方面對毛澤東批評的用語深感震驚。」[15] 嚴格自律的精神

---

[15] 李莊：《難得清醒》第 261 頁。

和高度的組織紀律觀念，使得鄧拓很快就壓制住了自己心中的委屈情緒。他坦誠地把領袖對自己的批評傳達給大家，因為主席對鄧拓的批評，就是對時下《人民日報》工作的批評；無論自己有多少苦衷，都應該按照政治組織的原則尊重領袖的批評，引導大家正面接受領袖的批評。生命體驗與組織原則不相吻合的時候，鄧拓知道應該克服的是自己的個人意識，而不是領袖的旨意、組織的權威。投身革命多年，鄧拓和許多人一樣已經逐漸習慣了以革命的大一統原則擠壓個體的心靈感受。

接下來，鄧拓自然要改變前一段《人民日報》的保守局面，於是，從 1957 年 4 月 10 日到 4 月 26 日，《人民日報》發表了 6 篇提倡爭鳴的社論。但是在這麼做的時候，鄧拓心中的那一點疑慮仍然沒有徹底消除。他在發這一組社論的時候仍然留了一個心眼。「這一組社論，顯然是為了向公眾廣為宣傳新方針推動鳴放而發的，它們都以毛澤東的兩篇講話的原始記錄稿為立論的依據，有些句子和段落甚至是直接從記錄稿中摘抄下來。」[16]「這樣宣傳既不失毛澤東原意，又不會給日後留下工作失誤的口實。在這期間，《人民日報》的其他版面，並沒有太突出的『鳴』和『放』。」「他作為一個思想敏銳、看問題高瞻遠矚的意識形態專家，他不可能不想到如果『鳴』、『放』超出毛澤東設想的框框，『雙百』受挫，又會出現何種後果。」[17]其實，更為根本的原因還是，基於對黨報宣傳性質的認識，鄧拓擔心發表一些未經中央確認的觀點會引起基層黨組織的思想混亂，從而影響共產黨的威信。鄧拓如此自覺維護共產黨的威信，是基於其歷史正義觀的。他相信歷史理性的一元性，並把實現歷史正義這一神聖使命寄託在自己所投身的黨組織上，這樣他就強烈地希望共產黨能夠真正代表最廣大人民的利

---

[16] 朱正：《1957 年的夏季：從百家爭鳴到兩家爭鳴》，河南人民出版社 1998 年第 1 版第 23 頁。

[17] 蘇雙碧、王宏志：〈1957 年鄧拓為什麼「按兵不動」〉，《炎黃春秋》2000 年第 8 期。

益，同時又非常看重黨組織的威信。前者意味著他不會真正親近超越
人民利益的政治陰謀或者陽謀，後者意味著他不會真正親近完全無中
心的多元民主政治。所以，他再怎麼放開，也不可能完全毫不顧忌維
護共產黨威信的問題。

4月13日，《大公報》發表了一篇題為〈在社會大變動的時期裡〉
的社論，分析了社會大變動時期的基本特點，毛澤東看後批給胡喬木
看，並在批語中寫道：「可惜人民日報缺乏這樣一篇文章。」[18]顯然，
《人民日報》鳴放的程度仍然不能讓毛澤東滿意。

可是，1957年4月27日中共中央發出〈關於整風運動的指示〉，
5月4日中共中央向省級黨組織發出毛澤東起草的〈關於請黨外人士
幫助整風的指示〉，共產黨內整風成為這一時期政治生活的主題，黨外
人士的「爭鳴」也日趨尖銳。5月份，中共中央統戰部逐日邀各民主
黨派負責人和無黨派民主人士舉行幫助共產黨整風的座談會。按照中
央的指示，《人民日報》逐日作了報導。這些言論有的相當大膽、開放，
不僅在許多細節問題上，而且還在共產黨與執政黨的關係問題上對共
產黨提出批評，在高校中黨委負責制是否有利於業務的開展等問題上
對黨的一元化領導提出質疑。

看到黨這樣支持鳴放，鄧拓這時候才真正覺得自己前一段的謹慎
是多餘的。他相信毛澤東確實是要下決心要邀請黨外人士幫助整黨。
他不禁為自己心中曾有的那一點疑問、那一點陰影感到慚愧。他想自
己是想多了，反而跟不上領袖的思路，跟不上黨的腳步，落後於時代
了。看來主席對於「爭鳴」並沒有定什麼底線，自己擔心越過主席設
想的框框，確實完全是多慮了。[19]

---

[18] 逢先知、金沖及主編：《毛澤東傳（1949-1976）》，中央文獻出版社，2003
年第1版，第668頁。

[19] 胡績偉認為鄧拓預見到毛澤東的「陽謀」。〈報紙生涯五十年〉一文說：「說
鄧拓對毛主席關於正確處理人民內部矛盾的新精神『無動於衷嗎』？以
後想起來，他是『有動於衷』的，只是他比較我們更有遠見，更瞭解這
位偉大領袖。他不僅看出毛主席這番話很快會變，而且還很可能潛伏著

　　鄧拓反思自己前一段時間思想太過保守的問題，深深覺得必須迎頭趕上，下決心不做群眾的尾巴，不辜負領袖的期望。黨中央、毛主席發起這次整風運動，針對的就是黨內的主觀主義、宗派主義和官僚主義。鄧拓回想起自己在平常的工作中對官僚主義、主觀主義的弊病也深有體會。5月11日他以卜無忌的筆名在《人民日報》副刊上發表了雜文〈廢棄「庸人政治」〉[20]：

> 看到最近發生的一些事情，我突然領悟了一個道理，這就是唐朝的陸象先所謂「天下本無事，庸人自擾之」。的確，我們有的同志，不知道為什麼，天天忙忙碌碌，做出一些大可不必做的事情。他們不管對什麼都不肯放手，都要抓，而且抓得死死地。比如，某縣的同志下過一道命令，叫把全縣的棉花都在同一天打尖。於是，忙壞了區鄉和農業合作社的幹部，趕緊進行許多動員和組織工作。結果有許多田裡的棉花，沒有到打尖的時候，也硬給打了尖。
>
> 像這樣的例子並不是個別的。我們查看一下自己做過的有些事情，何嘗不是大可不必做的哩！就說人事工作吧，其中有一部分也是大可不必做的。

一場『引蛇出洞』的災難。因而，他當時用自己的腦子進行了一些獨立思考。……他的政治經驗比我們豐富，政治警覺性也高，他對毛主席的講話採取『經過中央批准以後再宣傳』的辦法，而不是聞風而動，趕快緊跟，是動了一番腦筋的。」「鄧拓可以稱得上是對『引蛇出洞』的『陽謀』有預見的人物之一。」見胡績偉著《人民至高無上──胡績偉新聞生涯五十年》，臺北東皇文化出版事業公司，中華民國86年版，第50頁。這個判斷不夠全面。根據此前鄧拓支援《文匯報》「鳴放」，此後鄧拓又親自在5月11日的《人民日報》副刊上發表《廢棄「庸人政治」》這篇「鳴放」文章，並因此而挨批評做檢討，應該可以推斷出鄧拓的思想是有變化的。1956年夏秋他是積極推進「雙百」方針的；1957年春天他對形勢是疑慮的；1957年4月底開始，他逐漸放下對「引蛇出洞」「陽謀」的疑慮，而投入到爭鳴中。

[20] 鄧拓：〈廢棄「庸人政治」〉，《鄧拓全集・第三卷》第568-570頁。

我們自己搞了一個官僚主義的機構，調來一批又一批的幹部，然後又調了另外的許多人來做人事工作，自己還要經常同他們談話、開會，幫助他們寫報告、看報告、批轉報告，等等。結果使自己忙得不可開交，也使這麼一大批幹部全都陷在日常「公事」中不得解脫。我們自己還安慰自己，也安慰大家，說我們做的都是為人民服務的工作，說這些都是必不可少的「政治」工作。

我想，假若一定要把這些都說成是「政治」的話，那末，這只能說是庸人政治。大概地說，凡是憑著主觀願望，追求表面好看，貪大喜功，缺乏實際效果的政治活動，在實質上都可以說是「庸人政治」。這種庸人政治除了讓那些真正沒出息的庸人自我陶醉以外，到底有什麼用處呢？

……

我自己也患過病，也當過編輯。各種感受都有一些，說幾句由衷之言，並非危言聳聽。但願我們的同志遇事深思熟慮，千萬不要亂擬方案，像庸醫那樣亂開藥方，以免害死了人；對於自己沒有把握的一切問題，還是不濫作主張為好。

然而，有人會很不高興地責問：這不是放棄領導和放任自流嗎？回答：似乎是，其實不是。說它似乎是，因為我們的領導是要大膽地放手、放手，再放手；既然如此放手，原來的一套領導方法恐怕就得改，也就是說，在某種意義上應該允許某種程度的放任。說它其實不是，因為在原則和方針上畢竟還有領導，決不能變成無政府狀態。而我們的人民群眾這些年來受了革命的教育，也可以相信他們不會差到哪裡去的。既然如此，就什麼也不可怕了。那些天天怕出亂子，天天喊叫「放不得」的人，真是庸人自擾，瞎操心了。

　　這篇雜文，站在真正為人民服務的立場上，以實事求是的精神批評了「憑著主觀願望，追求表面好看，貪大喜功，缺乏實際效果」的「庸人政治」。儘管鄧拓是響應中央整風號召而寫的，以他的忠誠，一般地說不可能是指向領袖等人的批評，而是把自己作為革命主體中的一員對所投身的事業做的真誠反思，但是當我們現在回過頭反思 50 年代的政治，尤其是前面已經發生過的合作化運動、後來即將發生的大躍進，再聯繫八九十年代政治體制改革中黨政分開的呼聲，我們不能不佩服鄧拓的敏銳和深刻。「這真是『石破天驚逗秋雨』式的評論了：他把一切毫無根據專說大話、吹大牛的超個人英雄主義的作風，竟看作是一種『庸人』的行為，一下子就把這種神聖不可侵犯的東西，從天上請到了地下，而且是在地下很不神聖的地方。這確是一種非凡的大膽的深刻見解：鄧拓竟把無條件的『天王聖明』政治，叫做『庸人政治』，這是同他的學養深厚而又眼光如炬的史學家與政論家的身份分不開的。在他看來，一切主觀主義，不可一世的誇大奇才，其實不過是真正的庸人而已。此種筆墨，能有幾個人寫得出來？」[21]只有對現實有敏銳的觸覺、對歷史和人民有深切責任感的人，才可能這樣切中時弊地思考問題。一個僅僅想跟上中央腳步的、眼睛只朝上的人，是不可能這樣去感應現實的。一個具備這種感應現實能力的體制內知識份子，也只有在一個寬鬆的政治環境中，才能這樣大膽地站在革命主體一員的位置上對革命事業展開這樣的反思。

---

[21] 曾彥修：〈酷暑天吹來的一縷清風──鄧拓雜文名篇的背景與寓意〉，《新聞愛好者》1998 年第 2 期。

第十一章　關心最是後爭先[1]

一、反「右」風暴中

　　毛澤東本來想借助整風、鳴放來衝擊黨內高層，重建自己的權威，但是，沒有想到的是，黨外人士的鳴放不僅衝擊了毛澤東痛恨的官僚主義，而且還批評到了共產黨的領導方式。其實，大批提意見的人，並沒有想要從根本上推翻共產黨領導，只是要求政治改良、實踐共產黨執政前的民主諾言。但這已是毛澤東以及許多黨內幹部所不能容忍的了。「打江山」、「坐江山」，是許多共產黨幹部對待政權的共同觀念。於是，毛澤東決定改變運動方向，把請黨外人士幫助共產黨整風的大鳴大放引向「反右」，引向反擊民主黨派、黨外人士對共產黨的批評。1957 年 5 月 15 日，毛澤東寫了〈事情正在起變化〉一文供黨內高層幹部閱讀。這篇文章中，毛澤東說：「幾個月以來，人們都在批判教條主義，卻放過了修正主義。」「最近這個時期，在民主黨派中和高等學校中，右派表現得最堅決最倡狂。他們以為中間派是他們的人，不會跟共產黨走了，其實是做夢。……現在右派的進攻還沒有達到頂點，他們正在興高采烈。黨內黨外的右派都不懂辯證法：物極必反。我們還要讓他們倡狂一個時期，讓他們走到頂點。他們越倡狂，對於我們越有利益。人們說：怕釣魚，或者說：誘敵深入，聚而殲之。現在大

1　鄧拓：〈留別《人民日報》諸同志〉，《鄧拓全集·第四卷》第 120 頁。

批的魚自己浮到水面上來了，並不要釣。」「大量的反動的烏煙瘴氣的言論為什麼允許登在報上？這是為了讓人民見識這些毒草、毒氣，以便鋤掉它，滅掉它。」「共產黨整風告一段落之後，我們將建議各民主黨派和社會各界實行整風。」這篇文章說明，毛澤東這時已經定下「引蛇出洞」的鬥爭策略。

鄧拓讀到這篇文章，大吃一驚。自己才剛剛跟上鳴放的思路，主席卻又決定要「誘敵深入，聚而殲之」了。他再一次覺得自己跟不上主席的思想。時事紛紜變幻，鄧拓沒有去想主席的想法對不對，戰爭年代的經驗已經一次次證明毛澤東的英明，主席的正確是不容懷疑的。他只是覺得自己怎麼總是跟不上形勢呢。

5 月，按照上級的安排，鄧拓在《人民日報》幹部會上作了整風反右問題的發言。比較這個發言提綱與此前毛主席的〈事情正在起變化〉，可以看出，雖然在否定「共同領導」、否定「資產階級的自由」這些大原則上，鄧拓和毛澤東保持了一致；但在全篇的語氣上，完全不同於毛澤東在政治鬥爭上的老辣堅定、義正詞嚴，鄧拓更表現出了一種好好先生式的溫和。他強調「不只整風，今後所有人民內部問題都要和風細雨。」[2] 這種「和風細雨」的觀點秉承的是 2 月份毛澤東的觀點。這時候強調這個觀點，說明鄧拓對接下來的反「右」鬥爭的嚴酷性還沒有充分思想準備。他的腳步還是合不上主席的節拍。

既然毛主席決定現在「並不要釣」，出於嚴格的組織紀律，鄧拓絕不會去洩漏黨的機密。一切都必須按照黨的指示辦。這時，報紙上的鳴放仍在進行。民主黨派人士章伯鈞、羅隆基、龍雲、章乃器等都向黨提了許多意見、建議。按照中央的部署，《人民日報》對此照登不誤。此時，鄧拓的心情異常複雜。鄧拓一直在革命隊伍中，對黨有無限忠誠。他希望踏踏實實地發展經濟，希望搞活文學藝術，但是共產黨的一元領導在他看來也是絕對必要的。陳其通他們的觀點，他不贊成；

2　鄧拓：〈在人民日報社幹部會上談整風反右問題的講話提綱〉，《鄧拓全集・第二卷》第 571 頁。

民主黨派人士的有些觀點，他也不贊成，有些觀點他覺得雖然他們的用意是好的，但話說得比較刺耳，發在黨報上並不合適。

民主黨派中的有些報人，都是他尊重的行家，比如徐鑄成、浦熙修，他由衷地希望他們不要走得太遠，不要陷入危險中。《文匯報》的欽本立還是自己《人民日報》的老部下，他更希望他不要犯錯誤、不要失足。每當這樣想的時候，他又暗問自己的階級立場是不是不夠堅定。鄧拓左右不了任何局面，《人民日報》的發稿原則都是中央直接掌控的，他只能按照上級的指示辦。他所能做的就是在不動生色中盡一點綿薄之力，暗暗制止一些熟悉的人走得太遠。《中國青年報》記者劉賓雁 4、5 月間奉命到上海永大紗廠採訪由官僚主義所引起的工人罷工事件。他有感而發，寫下〈記者這一行〉這篇文章，批評「踏著首長的足跡去找例子」、「四處尋找喜事，逃避矛盾，錦上添花」的新聞工作作風。他把這篇稿子寄給《人民日報》。幾經催問，鄧拓總是讓他修改，就是不發稿。他不知這是為什麼，只覺得眼下的鄧拓與 1956 在波蘭開國際新聞記者協會理事會期間聽到蘇共二十大赫魯雪夫揭露史達林暴行秘密報告時熱血沸騰的鄧拓簡直判若兩人，與意氣風發寫〈廢棄「庸人政治」〉的鄧拓也毫不相似。但是，不久，反右開始了，劉賓雁這才明白了鄧拓的苦心。劉賓雁多年後以感激的心情回憶起反右的情景：「在《北京日報》開了三次新聞界座談會，我是其中第二次座談會時被揪出來的，揪出我的那次會，連報社的排字、印刷工人都參加了。就在那次會中間休息時，在後臺，他見旁邊沒人注意，悄悄把我一拉，將我那篇稿子還給我了……」，「按照常規，鄧拓應該把它交給青年報的黨組織或中央宣傳部，這可以證明他對黨忠誠。然而他卻沒有交，而是交還給了我本人。」

在統戰部門的不斷鼓動之下，黨外人士的發言更加開放。大學生和工人也多有感應。他們相信黨是真誠地要進行自我批評。北京師範大學校刊《師大教學》上發表了該校副校長傅鍾孫的文章——〈中共失策之一〉。南京大學校刊《南大生活》上發表了該校中文系

教師劉地生的文章〈要求共產黨第二次解放中國人民〉。1957 年 5 月
22 日《人民日報》發表了民盟副主席、《光明日報》社長章伯鈞〈關
於設立政治設計院的發言〉的發言，6 月 2 日《人民日報》發表了《光
明日報》總編輯儲安平的〈向毛主席周總理提些意見〉的發言。儲
安平認為共產黨人事安排上的一些做法有「莫非王土」、「家天下」
的弊病，並認為「這個『黨天下』的思想問題是一切宗派主義現象
的最終根源，是黨和非黨之間矛盾的基本所在。」他們在認可共產
黨領導的前提下，對共產黨提了很多批評意見，希望共產黨能夠改
進作風、修改一些政策。

　　1957 年 6 月上旬，縱觀局勢，毛澤東覺得黨外人士的批評意見已
經走到頂點了，他決定開始全面反擊右派。6 月 8 日《人民日報》社
論急劇轉向。6 月 8 日《人民日報》發表了第一篇經毛澤東親自修訂
的反右檄文〈這是為什麼？〉。當天，新華社播發了這篇檄文。該文判
斷「某些人利用黨的整風運動進行尖銳的階級鬥爭」，痛斥「在『幫助
共產黨整風』的名義之下，少數的右派分子正在向共產黨 和工人階級
的領導權挑戰，甚至公然叫囂要共產黨『下臺』。他們企圖乘此時機把
共產黨和工人階級打翻，把社會主義的偉大事業打翻」。這樣的定性，
給了沒有思想準備的知識份子們當頭一棒。這篇社論發表的同一天，
中共中央發出毛澤東起草的〈關於組織力量準備反擊右派分子進攻的
指示〉。此後，《人民日報》幾乎每天發表一篇反右派的社論。暴風驟
雨式的鬥爭席捲了全國。章伯鈞、羅隆基、儲安平等人都在報紙上作
了公開檢討。

　　根據毛澤東的部署，一篇署名《人民日報》編輯部的批判文章
──〈文匯報在一個時期內的資產階級方向〉，經毛澤東審定後要在
1957 年 6 月 14 日作為社論發表。鄧拓這時作為總編兼社長，只能遵
命，只能按照主席的部署去執行。但是，在社論發表之前，他還是撥
通了徐鑄成的電話，向他通報了社論內容，並且建議徐鑄成和欽本立
「採取主動，先自動檢查。」儘管徐鑄成「怎樣也不知道如何落筆，

到深夜才勉強寫成一篇社論」[3]，這篇勉強寫成的自我批評式的社論登在 6 月 14 日的《文匯報》上，根本過不了關，但是鄧拓這份善意，二十多年後，徐鑄成仍然非常感動。1957 年 7 月 1 日，毛澤東親自撰寫的社論〈文匯報的資產階級方向應當批判〉在《人民日報》發表。該文認定「文匯報在春季裡執行民盟中央反共反人民反社會主義的方針，向無產階級舉行了倡狂的進攻，和共產黨的方針背道而馳」。「羅隆基──浦熙修──文匯報編輯部，就是文匯報的這樣一個民盟右派系統」。曾經因為「百花齊放、百家爭鳴」而受到表揚的《文匯報》，和《光明日報》一樣，現在卻因為大量刊登「毒草」而成為「黑報」。也正是在這篇文章中，毛澤東把「誘敵深入，聚而殲之」的反右鬥爭策略命名為「陽謀」。他說：「有人說，這是陰謀。我們說，這是陽謀。」

7 月份，徐鑄成等到北京接受批鬥，批鬥的主戰場在中華全國新聞工作者協會。後來徐鑄成回憶：「作為新協主席的鄧拓同志一次也沒有參加。我於 7 月 31 日乘車回滬，鄧拓同志關照唐海一路陪我，大概是怕我尋短見吧。」[4]

儘管鄧拓從組織原則上和政治大方向上都按照共產黨員的標準順從領袖的反「右」方針，但對劉賓雁、徐鑄成這兩個「右」派分子的溫存關懷，分明又以人情為尺度暗暗疏離了極「左」的政治理念、疏離了領袖的政治「陽謀」。

蕭乾曾經給《人民日報》寄去了一篇以要求給點民主為內容的文章〈放心・容忍・人事工作〉。見到《人民日報》6 月 8 日〈這是為什麼？〉的社論後，蕭乾感到後悔，立即向報社堅決表示要抽回稿子。那天，蕭乾正在《文藝報》開會，鄧拓給蕭乾打了一個長達半小時的電話，反覆說：「你的文章明明是愛護黨的，為什麼要收回？」文章最終照登了。這後來自然也成了蕭乾的右派罪證之一。鄧拓沒有讓蕭乾撤稿，到底是因為他身在其位，不得不執行領袖的「陽謀」政策，還

---

[3]　徐鑄成：《徐鑄成回憶錄》，三聯書店 1998 年第 1 版第 409 頁。
[4]　徐鑄成：《徐鑄成回憶錄》第 414 頁。

是他由衷地覺得蕭乾的觀點並不過分，讓外人難以測度。蕭乾在文革前一直認為鄧拓是「有意陷害」他，文革後，蕭乾讀了《三家村夜話》及鄧拓的其他著作後，得出了相反的結論，認為鄧拓當初說蕭乾的觀點不過分「是真誠的」。[5]

二、放逐與忠誠

反「右」鬥爭開始了，每一個共產黨員都要在這場運動中明確表明自己的立場，接受黨組織的考驗。1957 年 7 月 28 日，《人民日報》發表社論──〈反右派鬥爭是對每個黨員的重大考驗〉。鄧拓必須為他的〈廢棄「庸人政治」〉這篇鳴放雜文負責。他為這篇「毒草」向中宣部副部長胡喬木作了檢討，又在《人民日報》的一篇自我批評的稿子中作了交代。[6]

這時候，鄧拓悄悄對胡績偉說：好歹《人民日報》沒有像《文匯報》、《光明日報》那樣大鳴大放，不然，《人民日報》也會被打成右派報紙，中央黨報被打成右派報紙對中央也很不好。[7]

但是鄧拓自己卻必須為 1956 年反冒進的社論、1957 年春大鳴大放時期不能領會領袖旨意、未能執行領袖的戰略部署而承擔後果。至遲在 4 月底毛澤東就已經決定更換人民日報總編輯了。胡績偉後來回憶說：「五月一日晚，在天安門城樓上觀看慶祝『五一』節的焰火晚會。當時的政治局委員兼中央宣傳部長陸定一同志把我叫到城樓邊上人少的地方，對我說，中央已經決定調換鄧拓，問我願不願接替鄧拓的工作。我當即堅決地表示，我才疏學淺，難於擔當如此重任。」[6]

5　蕭乾：《未帶地圖的旅人──蕭乾回憶錄》，中國文聯出版公司 1998 年第 2 版第 276 頁。

6　鄧拓：〈遺書〉，《鄧拓全集·第五卷》第 432 頁。

7　胡績偉：〈平生贏得豪情在〉，《人民新聞家鄧拓》第 52 頁。

月 7 日，毛澤東親自找新華社總編輯兼社長吳冷西談話，徵求把他調到《人民日報》工作的意見；6 月 13 日，毛澤東正式通知吳冷西調任《人民日報》總編輯，仍兼任新華社的工作，並安排他當晚就到《人民日報》社去上班。吳冷西後來回憶 6 月 13 日的談話說：「毛主席最後嚴肅地對我說，要政治家辦報，不是書生辦報，就得擔風險。你去人民日報工作，會遇到不少困難，要有充分的思想準備，要準備碰到最壞的情況，要有五不怕的精神準備。毛主席扳著指頭說這五不怕是：一不怕撤職，二不怕開除黨籍，三不怕老婆離婚，四不怕坐牢，五不怕殺頭。毛主席接著逐條作了解釋，講了很長的一大段話。」[8] 顯然，毛澤東是把黨報部門看作是黨內外鬥爭的前線，把鄧拓領導的《人民日報》看作是一個需要攻克的頑固堡壘。他並不認可鄧拓的耿耿忠心。他認為在黨內微妙的鬥爭中鄧拓不屬於自己的陣營，鄧拓是自己撥不動的人、不好用的人。

　　長時間裡，鄧拓一直是人民日報社社長兼總編輯。1957 年 6 月 29 日，中共中央正式宣佈吳冷西任人民日報總編輯；鄧拓任社長，不再兼任總編輯。中央書記處書記鄧小平為此專門召集人民日報和新華社兩個編委會的同志開會，宣佈中央的決定，並肯定鄧拓主持人民日報工作成績是主要的、基本的。他希望大家團結一致，努力把人民日報辦得更好。中宣部副部長胡喬木也到報社做了一次講話，講話精神和鄧小平的一致。對於鄧拓來說，鄧小平、胡喬木對工作的肯定，是重要的安慰，但也僅僅是安慰而已。這以後，鄧拓主管評論、理論和文藝，吳冷西主管新聞和版面，一直到 1958 年 9 月鄧拓調離《人民日報》社為止。儘管這時人民日報已經由原來的總編輯負責制改為了社長負責制，但實際上真正的一把手是總編輯吳冷西，鄧拓已經靠邊站了。

　　1957 年 4 月鄧拓挨毛澤東責罵時就提過辭去人民日報領導工作的請求，未被允許。反右之後，鄧拓知道自己連靠邊站的《人民日報》

8　吳冷西：〈「五不怕」及其他──回憶與毛主席的幾次談話〉，《人民日報回憶錄：1948-1988》，人民日報史編輯組編，人民日報出版社 1988 年第 1 版。

社長職務也該辭去了。要離開自己從事了 20 多年的黨報工作，鄧拓非常難過。待遇、名利，他並不在乎。可是，這是事業，這是崗位！決定辭職的時候，他約胡績偉到潭柘寺去散步。在那彎彎曲曲的山道上，在那深幽寂靜的寺院裡，他們兩人懷在沉重的心情，拖著沉重的腳步，邊走邊談，有時就在石頭上坐下。胡績偉年少鄧拓 4 歲，多年來一直是鄧拓的得力助手。鄧拓相信他是知己之交，但是鄧拓仍然不知道該說什麼好。這樣的時刻，鄧拓平時壓抑住的委屈、痛苦的情緒都浮上了心頭，但是能怨誰嗎？誰也不能怨。在革命的組織結構中，一個忠誠戰士在任何時候都不應該去埋怨領袖和組織的。領袖是革命的象徵，組織是革命的實體，早已被神聖化了。然而，他又已經分明體會到了領袖作為具體的個人確實有根本不講理、不那麼英明的的時候。當領袖崇拜的意識形態原則與自己的現實認知發生衝突的時候，鄧拓發覺自己陷入了失語的痛苦之中。他找不到合適的語言梳理自己的內心感受。面對知己之交，他只好閃爍其詞，略去主語，感慨說有人「翻手為雲，覆手為雨，自己講過的話，可以翻臉不認賬」。聽到胡績偉一再勸自己不要辭去報社社長，甚至還勸自己做一些鬥爭，鄧拓只能連連說「難呀！難呀！」最後，他長歎了幾口氣說：「我們黨員，連當和尚的自由也沒有，我真想在哪個深山名寺，落髮為僧，讀一點自己想讀的書，寫一點自己想寫的文章。」意識形態鬥爭是那樣的殘酷、不可捉摸，無論往右走還是往「左」走，自己都是錯。鄧拓這時真想遠離那些看不見硝煙的戰場，像古代的文人那樣歸隱到藝術、學術的世界中，甚至像出家人那樣遠離紅塵濁世。但是，誰會允許呢？黨不會允許，鄧拓自己也不會允許的。從 30 年代在上海參加地下工作開始，鄧拓已經註定了一生都是意識形態的戰士。「當他滿懷熱血投入到社會革命之後，他就不會是過去意義上的文人墨客，所有帶有文人性質的興趣、修養，都只能歸屬於他所獻身的政治抱負。」[9] 儘管如此，

---

[9] 李輝：〈書生累——關於鄧拓的隨感〉，李輝編著：《書生累——深酌淺飲「三家村」》第 51 頁。

從個體生命體驗出發，鄧拓顯然感受到了嚴密的組織原則這時已經成了帶著頭上的荊冠。個體生命需要有一點自由呼吸的空間，但是歸屬於組織又已經內化為鄧拓的生命自覺追求，這時鄧拓強烈體驗到了自我生命存在的兩重需求之間是那樣的分裂。

人民日報在反右中受難的並非鄧拓一人。東方部主任蔣元椿、副主編黃操良等 32 位同志被錯劃為「右派」，1 名工人被劃為「壞分子」。1958 年 4 月 11 日黃操良服安眠藥自殺。而全國被劃為「右派」的，根據中國共產黨十一屆三中全會後復查統計，共 552877 人。但有些學者對右派人數的估計遠多於此。這些被打成右派的人半數以上失去了公職，相當多人被送去勞動教養或監督勞動，經歷了種種的磨難。1978 至 1980 年，中國共產黨復查核實，改正錯劃右派 533222 人，約占總人數的 96.5%。

在中央還沒有決定自己離開崗位之前，鄧拓還是振作精神站好最後一班崗。他依然勤勤懇懇地做好份內的工作。他沒有在任何公開場合申辯自己的委屈，只是默默地工作著。和中央、和領袖保持一致，這是鄧拓對自己的要求。

1958 年春天，他在中共中央直屬機關、中央國家各機關、中共北京市委和人民解放軍駐京部隊幹部大會上做了〈新聞戰線上的社會主義革命〉[10]的長篇報告。這場報告，完全按照中共中央、毛澤東主席關於反擊「右」派進攻的口徑發言。他旗幟鮮明地站在反「右」的立場上明辨新聞戰線上的政治「是非」，批判儲安平、徐鑄成、浦熙修、陸詒等「混到我國人民新聞隊伍中的資產階級『右派分子』」，批判王中、劉賓雁、范四夫、彭子岡等「混入共產黨內部的『右派』分子」；在論證「引蛇出洞」反「右」鬥爭策略的合理性時他說：「應該儘量通過報刊，讓資產階級在政治上思想上的許多毒草放出來，然後發動廣大群眾起來把它們鋤掉，變成肥料。」他還重點批判了王中強調報紙

---

[10]　鄧拓：〈新聞戰線上的社會主義革命〉，《鄧拓全集・第五卷》第 381 頁。

「商品性」的新聞理論。這篇報告，體現了鄧拓自覺的站隊意識。它說明鄧拓是努力要跟上主流的意識形態的。越是受到黨的批評，他越需要和黨保持一致，因為這樣的時刻，他更加需要回到黨的懷抱中。他不能在精神上做沒娘的孩子，他不能夠離開革命隊伍成為被歷史主流拋棄的孤魂野鬼。這篇文章，對右派分子的定性，並沒有多少創新。這也說明鄧拓僅僅是跟隨形勢表態而已。在這時代的意識形態鬥爭中，鄧拓不是先鋒人物，他只是落伍了又想迎頭跟上的人而已。

　　同時，在這篇發言中，鄧拓還談到說：「『右派分子』極力要抹煞新聞的階級性和黨性。他們惡意歪曲毛主席《關於正確處理人民內部矛盾的問題》的報告。他們硬說『在中國階級鬥爭已經結束，報紙不再是階級鬥爭的工具了。』他們根本不敢引用毛主席講話的原文。」實際上，誰都知道，毛澤東主席那篇〈關於正確處理人民內部矛盾的問題〉，到反「右」開始後以文字形式發行，是作了重大修改的。第一次的口頭發言，毛澤東主席確實強調過國內階級鬥爭基本結束。[11]鄧拓聽過毛澤東的第一次發言，應該知道「右」派分子稱中國階級鬥爭已經結束，雖然沒有毛澤東的書面文字可以為證，卻也並不是「惡意歪曲」，不是「不敢引用」。但是，主席在南寧會議上說「我在2月27日最高國務工作會議上的講話，民主黨派拿我的文章各取所需」，那麼鄧拓就不應該說是反「右」開始後主席的口風變了，只能說「右」派分子「惡意歪曲」了。顯然，此時，在鄧拓的價值尺度中，與領袖保持一致比他一貫注重的實事求是原則更為重要了。

---

[11] 《毛澤東著作選讀‧下冊》（人民出版社1986年8月第1版）第756-757頁中〈關於正確處理人民內部矛盾的問題〉一文的注釋中寫道：「這是毛澤東在最高國務會議第十一次（擴大）會議上的講話。後來毛澤東根據原始記錄加以整理，並作了若干重要的補充和修改，一九五七年六月十九日在《人民日報》發表。……講話公開發表前，反右派鬥爭已經開始，由於當時對右派分子向共產黨和社會主義制度進攻的形勢作了過分嚴重的估計，在講話稿的整理過程中加進了強調階級鬥爭很激烈、社會主義和資本主義之間誰勝誰負的問題還沒有真正解決這些同原講話精神不協調的論述。」朱正、章立凡等人的文章，對此亦有考證或論述。

這篇報告中，鄧拓還批評了新聞工作中的「六氣」，「這就是官氣、暮氣、驕氣、嬌氣、闊氣還加上書生氣」。「書生氣更是我們所特有的，這就是關門辦報，脫離實際，八股腔調，老一套辦報方法。這種書生氣也增加了暮氣、官氣、驕氣、嬌氣等等。」對書生氣的批評可以看作是鄧拓在一定程度上的自我批評，也可以看作是鄧拓對毛澤東批評的回應。它說明鄧拓至少在理性上已經努力從毛澤東的角度來反思自己的「錯誤」了。對毛澤東關於「書生辦報」的批評，鄧拓至少在觀念層面上是無條件接受的。無論心裡有多少委屈，鄧拓顯然都是把領袖的立場、組織的態度放在第一位。這是他做人、做一名共產黨員的本分。無論領袖知不知道，無論領袖相信不相信，他都必須這麼做、必須這樣嚴格要求自己。因為在他觀念中領袖就是真理的化身。他必須跟上「真理」的腳步、無條件地忠誠於領袖。然而，他在批評「書生氣」時並不是像毛澤東那樣把「書生」放在「政治家」的對立面去批評「書生」對政治風向不敏感的問題，而是遵循他一貫倡導「群眾路線」的思路，批評「關門辦報，脫離實際，八股腔調」。這說明他並沒有在思想深處真正接受毛澤東對自己的批評。

三、留別戰友

1958 年是一個風調雨順的年度，但是鄧拓的心卻總是壓著沉重的石頭。這一年，他不僅不需要再像過去 20 多年那樣為黨報工作忙碌著，在革命隊伍中他第一次變成了一個可有可無的閒人；而且，這一年的年初，他還失去了一位親切的老戰友、老領導——黃敬。1938 年鄧拓從太原入五臺山的時候與黃敬第一次相見，就和這個「一二‧九」運動的學生領袖一見如故。此後，黃敬先後任中共晉察冀區黨委書記、晉察冀中央分局副書記等職，相當長一段時間裡都是鄧拓的直接領導。解放後，黃敬任天津市委書記、第一機械工業部部長、國家技術委員會主任

等職。他和鄧拓一樣，都是對革命事業忠心耿耿又非常注重鑽研業務的知識型革命者。黃敬在北京大學數學系只上過一年學，後來為了勝任技術方面的領導工作，每夜自學，竟把福裡斯著的四卷本《普通物理學》中的習題全都做了一遍。[12]黃敬1958年1月底南寧會議後在往廣州的飛機上精神病發作，2月10日在廣州病逝。鄧拓接到黃敬逝世的噩耗，毫無思想準備，心頭猛然一驚。黃敬與自己同齡，這時才虛歲47。20年前和黃敬一起在五臺山抗擊日寇的往事這時都湧上鄧拓的心頭，他不禁感慨萬千，泣不成聲，揮毫寫下〈輓黃敬同志〉一首悼詩：

> 千里飛魂入夢驚，寒窗猛憶故人情。
> 五台烽火連天壯，四野戰歌匝地鳴。
> 往事廿年歸史傳，心香一瓣吊忠貞。
> 新潮今日方高漲，革命長征又一程。[13]

鄧拓讚賞黃敬忠貞的品格，傷懷於生命的變故；覺得此時可以告慰逝者在天之靈的，便是革命所代表的歷史理性。其實，這也是鄧拓自己的精神支柱。鄧拓為自己和戰友們都把生命投入到代表歷史必然方向的革命事業中感到安慰和自豪。在這悲痛難抑的時刻，他還是勉勵自己要鼓足幹勁投入到領袖所指引的革命征程中。

1958年9月，經中共中央同意，鄧拓調任中共北京市委擔任書記處書記，在他的老領導彭真手下負責文教工作。彭真賞識鄧拓的能力和品格，但考慮到毛澤東對鄧拓宣傳業績的否定，並沒有安排鄧拓分管他所在行的新聞宣傳工作。這時負責北京市宣傳工作的書記是鄭天翔。儘管並不安排鄧拓分管宣傳工作，彭真卻又讓鄧拓兼任北京市委理論刊物《前線》的總編輯。1959年2月12日下午，《人民日報》全社工作人員歡送鄧拓去市委工作。歡送會上，鄧拓講話結束時，對大家念了一首七律詩〈留別《人民日報》諸同志〉：

---

[12] 葉永烈：《江青傳》，時代文藝出版社1993年第1版第289頁。
[13] 鄧拓：〈挽黃敬同志〉，《鄧拓全集·第四卷》第93頁。

> 筆走龍蛇二十年，分明非夢亦非煙。
>
> 文章滿紙書生累，風雨同舟戰友賢。
>
> 屈指當知功與過，關心最是後爭先。
>
> 平生贏得豪情在，舉國高潮望接天。[14]

報社編輯、詩人袁鷹後來回憶當時的情景：「他一句一句地念著，有的略加解釋，如念到第三句時，他說前幾天還有位老同志說他『書生意氣未能無』，語氣間有點兒自責，也有點兒自信，卻一字不提兩三年前那個『書生辦報』的斥責。鄧拓同志在臺上神態安詳，感情真切，一如十年來他多次在講臺上作報告時一樣，只是聲調中略帶著一點悵惘的情味。報社的同志們在台下，靜靜的聆聽，卻是心緒如麻，感慨萬千。我反覆吟詠、咀嚼這八句詩，感到這不是一般的應酬之作，很有點像前人評詩中用過的『深情綿邈，寄託遙深』八個字。」[15]對這首詩，胡績偉則認為，「我反覆琢磨，他那句『文章滿紙書生累』的『累』字，很可能最先是個『淚』字，可作『滴滴血淚』來解釋，以後才改為『累』字。」王若水晚年則回憶說，「長時間內，我隱隱感到鄧拓那首《留別人民日報諸同志》的詩流露了一種不滿的情緒。批判『三家村』時，報社有些大字報提到了這首詩對報社人員的影響，但沒有提

1959 年 2 月鄧拓在〈留別《人民日報》諸同志〉詩中說自己是「文章滿紙書生累」。

---

[14] 鄧拓：〈留別《人民日報》諸同志〉，《鄧拓全集·第四卷》第 120 頁。

[15] 袁鷹：〈風雲側記——我在人民日報副刊的歲月〉，中央檔案出版社 2006 年第 1 版第 118-119 頁。

到這一點，大概他們沒有看出來。……
不久，《紅旗》雜誌的林傑在一篇文章
裡引了這首詩。我聽說毛看到後很震
驚。1957 年他批評《人民日報》編委
會不起來造鄧拓的反，想不到報社的人
居然還和鄧拓『風雨同舟』！」[16]

　　這時鄧拓自勉二十年「筆走龍蛇」
的奮鬥光陰「分明非夢亦非煙」，是在
努力驅逐自己心中那因領袖責罵、組

鄧拓的印鈐：筆走龍蛇。

織否定而產生的人生如夢似煙的虛幻感。實際上，當鄧拓立足於自
己的真實生命體驗進行捫心自問、獨立思考的時候，他雖然陷入深
深的痛苦中，但並沒有隨意盲從領袖對自己的貶斥，他對自己的功
過評價是有一定自信的。他離開《人民日報》後，有一次王若水和
一個同事去看他，「談到 1957 年被批評的事，他仍然耿耿於懷，激
動地說：『將來歷史一定會做結論的！』」顯然，從組織原則出發、
從政治理念出發，絕對地服從上級、跟隨領袖；從自我真實的生命
體驗出發，又抵觸領袖和組織對自己的否定，正是此時鄧拓內心世
界中真實並存的兩面。強勢的政治理念和組織原則，由於與鄧拓心
目中的歷史正義觀念、與鄧拓終極的人生理想交織成密不可分的關
係，在鄧拓的思想中依然佔據著根深蒂固的位置；但鄧拓這時從自
我生命經驗出發所產生的不平之氣，雖尚不足以昇華到自覺的理論
層面上去反思革命中的領袖崇拜問題、反思革命組織原則對個體生
命的壓制問題；然而，這一時期鄧拓心中時隱時現的那一點「將來
歷史一定會做結論的」、「屈指當知功與過」的不平之氣，分明又對
大一統的領袖崇拜觀念構成了一定的挑戰，分明以個體生命感受質
疑了特定時期不正常的政治生活。

---

[16] 轉引自傅國湧：《鄧拓之死》，傅國湧的博克，http://blog.sina.com.cn/fuguoyong

　　歡送會剛散，報社內部小報《躍進報》的編輯同志就追到鄧拓的辦公室。鄧拓應邀立即揮毫把那首詩寫下來，題為〈留別《人民日報》諸同志〉。兩天後，《躍進報》登了這首詩，把手跡也製了版。好心的編輯還將它印了許多單幅，發給同事們留念。許多同事把它壓在自己的辦公桌的玻璃板下，朝夕相對。

第十二章　靜聽湖波拍岸聲[1]

一、跟上主流

　　20 世紀 50 年代中期開始，毛澤東一直持反對「右傾機會主義」的冒進立場。1958 年，他提出大躍進的思路，希望通過群眾政治運動的方式來實現飛速發展經濟的浪漫理想。1958 年 8 月在黨的八大二次會議上，中共中央正式定下「大躍進」的戰略。1958 到 1960 年連續三年的「大躍進」和 1958 年興起的人民公社化熱潮，大量浪費了農村的勞動力資源和物質資源，嚴重挫傷了農民的勞動積極性，使得國民經濟尤其是農村經濟遭到嚴重挫折。「『大躍進』和農村人民公社化兩大運動的發動，有著共同的急於求成和誇大主觀能動性等思想根源，在運動進程、發動方式、影響和後果等方面，也有著不可分割的關係。但性質有所不同，前者主要表現在生產力發展方面的盲目冒進，而後者則主要表現在生產關係和社會制度的變革等方面的盲目冒進。」[2]

　　造成這種極「左」冒進的原因，一方面是戰爭年代通過群眾運動取得革命勝利的思路，成了執政黨的思維定勢，執政者很容易頭腦發熱，忽視和平年代社會建設的特點，忽視經濟規律；另一方面是，「從 1957 年整風、反右派以來，不停頓地批判『右傾保守』，批判反冒進，

---

[1] 鄧拓：〈遊電頭渚〉，《鄧拓全集·第四卷》第 164 頁。
[2] 薄一波：《若干重大決策與事件的回顧》第 727 頁。

批判『觀潮派』、『穩妥派』、『秋後算賬派』，而對說大話、吹牛皮、放空炮，不僅不加批評，而且還予以鼓勵、表揚，甚至升官。這就造成了這樣一股空氣：『右了』（當時通行著按指標高低分左右）不得了！『左』了沒什麼。『真正的左比右好』，是 1958 年南寧會議提出的一個影響很大的觀點。」[3]

　　「大躍進」初起的時候，鄧拓還在《人民日報》。他對歷史與經濟都有深入的研究，這時，自然就對報上登的各種高產數位、對於提早進入共產主義的說法產生了一定的懷疑。多年後，胡績偉回憶說：「……老鄧，他雖然在組織上堅決服從，但在思想上他是比較明確看出『大躍進』是錯誤的，他對我的某些『左』的思想是有過提醒的。」[4]但是，這一時期，鄧拓為 1956 年《要反對保守主義，也要反對急躁情緒》的社論挨了毛澤東的多次批評，再加上在《人民日報》已經靠邊站尷尬的處境，他在公開場合還是努力要跟上毛澤東的腳步，努力和中央保持一致。許多想不通的東西，他就儘量把它壓在心底，至多私下與一二個摯友含蓄地議一兩句就擱下了。他們都需要儘量按照中央的口徑說話，還需要儘量用領袖的思想代替自己的思想。他們認為這是共產黨員應該遵守的行為準則。當時這麼做的人，並不是少數。就連 1956 年組織〈要反對保守主義，也要反對急躁情緒〉社論的劉少奇，1958 年也在報告中批評了「反冒進」。

　　1958 年 6 月 16 日，在北京市宣武區機關幹部、中小學教職員、紅旗大學學員大會上，鄧拓作了〈深入學習總路線，貫徹執行總路線〉的報告，同樣批評了「反冒進」的做法。他說：「說『冒進』實際上是對群眾的生產積極性潑了冷水,因此經過『反冒進』各方面都下降了。」「為什麼社會主義建設中不能反冒進呢？建設時期與革命時期不同，革命時期說冒進是左了，過火了，而在建設時期群眾是積極性高，不是過火了，即便是過火了也不要反。……在建設時期，任何時候也不

---

[3]　薄一波：《若干重大決策與事件的回顧》第 720 頁。
[4]　胡績偉：〈「平生贏得豪情在」〉，《人民新聞家鄧拓》第 49 頁。

要反冒進，就是有冒進也好也不要反；何況不會有什麼冒進。」[5]1959
年以於遂安[6]筆名發表的系列政論中，鄧拓肯定「把共產主義比做『天
堂』，把人民公社比做『上天梯』」的思路，認為「階級鬥爭還是很深
刻和激烈的」，強調「不要怕右傾機會主義分子向我們大潑冷水」。[7]這
些都典型地體現了「左比右好」的錯誤傾向。這種思路，當時在毛澤
東的引導下卻成為一種左右幹部思想的主流話語。

二、閉上眼睛

　　從反「右」開始，鄧拓的工作不像過去那麼繁忙，他多有時間離
京到全國各地考察。旅途中他創作了大量詩歌作品。1957 年底，他到
西安、成都參加寶成鐵路通車典禮，沿途進行採訪。1958 年夏，他到
湖北、江蘇各地採訪參觀。這兩次出遊，除散文、通訊外，他還寫了
〈旅途口占七絕三十二首〉，〈題李白紀念館〉、〈詠李白〉等詩。1959
年他沒有遠行，仍然創作了吟詠京郊香山景物的組詩〈香山小唱〉十
二首。1960 年他又到浙江、江蘇各地沿途調查訪問，創作了詩歌〈江
南吟草〉六十二首。〈江南吟草〉分為五集，分別為〈采風七首〉、〈西
湖組詩〉十三首、〈歌唱太湖〉十四首、〈古京口吟〉十首、〈旅途雜
詩〉十八首。這一年，他關於旅途見聞的詩歌創作還有〈延慶道上〉
七首。
　　在 1957 年和 1958 年旅途觀感的詩中，他吟詠大散關、武侯祠、瞿
塘峽、巫峽等旅途景物，懷謁蘇東坡、杜甫、李白等先賢，也贈詩給

---

[5]　鄧拓：〈深入學習總路線，貫徹執行總路線〉，《鄧拓全集・第二卷》第 535
　　頁、第 539-540 頁。
[6]　這個筆名來自鄧拓的居住地。1957 年 8 月至 1966 年 5 月離世，鄧拓一直
　　住在北京市東城區遂安伯胡同 5 號。現在該胡同已經併入金寶街，遂安伯
　　胡同名稱不存。
[7]　鄧拓：〈談農村兩條路線的鬥爭〉，《鄧拓全集・第二卷》第 612-617 頁。

相逢的同志。他滿懷激情地描寫寶成鐵路「鐵龍怒吼穿山去，俯看白雲若曉煙」[8]的雄姿，刻劃火車過古棧道「深谷窺天天一隙，火龍旋轉作長嘶」[9]的奇景。游杜甫草堂的時候，他抒發自己對「詩聖」崇敬的心懷：「浣花溪畔草堂開，幾度夢魂展謁來。骨瘦心堅詩樸厚，滿園老竹伴寒梅。」[10]然而，這兩趟出遊中，最觸動他心懷的地方應是李白紀念館。在 66 句的長詩〈詠李白〉中，他盛讚李白超凡絕俗的高遠情懷：

> ……
> 一千二百載，
> 謫仙世上無。
> 庸夫與俗子，
> 滾跡入軒途。
> 唯公隻身茫茫立天地，
> 有如明月耿耿照寰區。
> ……[11]

他還感喟李白「力士脫靴惱且羞，楊妃屢讒恩漸疏」的坎坷際遇，嘆服李白「臨終歌慷慨，亙古感蒼涼」的悲壯之氣，抒發自己「弔公悠悠千載後，愧無生華妙筆寫衷腸」的情懷。[12]

在另一首〈題李白紀念館〉中，他寫道：

> 謫仙化鶴千年去，楚客狂歌百世師。
> 絕代奇才嗟放逐，鴻篇鬥酒漫吟詩。

8　鄧拓：〈旅途口占七絕三十二首・題寶成路〉，《鄧拓全集・第四卷》第 96 頁。
9　鄧拓：〈旅途口占七絕三十二首・寫棧道〉，《鄧拓全集・第四卷》第 96-97 頁。
10　鄧拓：〈旅途口占七絕三十二首・游杜甫草堂〉，《鄧拓全集・第四卷》第 100 頁。
11　鄧拓：〈詠李白〉，《鄧拓全集・第四卷》第 115 頁。
12　鄧拓：〈詠李白〉，《鄧拓全集・第四卷》第 116-117 頁。

三章天寶清平調，一夢夜郎歲月遲。

大道如今行大地，高風豈獨蜀人思。[13]

李白「高歌若楚狂」的豪邁個性、「積稿盈萬卷」的不羈詩情，[14]都引起鄧拓深深的共鳴。這表明，鄧拓在嚴謹的革命戰士之外，內心深處始終流淌著一股慷慨奔放的生命激情。另外，儘管鄧拓從不會把自己在革命隊伍中所受的委屈去與李白在封建時代所遭遇的挫折相比較，鄧拓總是慶幸於「大道如今行大地」，慶幸於自己生活在李白、杜甫不可能躬逢的新的意識形態中；但在無意識中，李白作為絕代奇才而遭放逐的挫折卻總是特別觸動鄧拓自己此時的懷抱，李白、杜甫與庸夫俗子相對比的高遠人格總是激蕩著鄧拓的心懷、整合著鄧拓在現實政治中屢被否定的人格。每當沉醉到與這些先賢精神共鳴的境界中，每當投入到恣肆的文字抒寫中，鄧拓總感到一種釋放生命激情的快慰。

1960年春天的一個傍晚，鄧拓在書房工作時突發心絞痛。家人急忙把他送進友誼醫院，經診斷是心臟病。出院後，他開始南遊。此時全國饑荒已經十分嚴重。「從 1960 年第一季度開始，『大躍進』和人民公社化給國民經濟造成的災難性影響日益顯著。5 月 28 日，中共中央發出〈關於調運糧食的緊急指示〉，6 月 6 日，再次發出〈關於為京津滬和遼寧調運糧食的緊急通知〉，這四個地方庫存的糧食夠維持幾天呢？北京是 7 天，天津 10 天，上海幾乎已經是沒有大米庫存，隨到隨銷，遼寧 8-9 天。這四個地方，北京是政治、文化中心，上海是經濟中心，天津、遼寧是工業基地，如果糧食供不上，後果將不堪設想。而連這樣必須力保的地方都如此困難，全國的糧食供應狀況不言而喻。……1960 年上半年不僅在農村，而且在部分城市中，開始出現了浮腫病，國務院不得不對在京的高級幹部、高級知識份子給予副食品方面的微小照顧。」[15]

---

[13] 鄧拓：〈題李白紀念館〉，《鄧拓全集‧第四卷》第 114 頁。

[14] 鄧拓：〈詠李白〉，《鄧拓全集‧第四卷》第 116-117 頁。

[15] 王均偉：〈書生之外的鄧拓〉，《南方週末》2003 年 7 月 25 日

鄧拓在 25 歲寫作《中國救荒史》的時候就深知：

> 一般地說，所謂「災荒」乃是由於自然界的破壞力對人類生活的打擊超過了人類的抵抗力而引起的損害；而在階級社會裡，災荒基本上是由於人和人的社會關係的失調而引起的人對於自然條件控制的失敗所招致的社會物質生活上的損害和破壞。[16]

目睹當時的社會現實，他心中很明白這場災荒的根本原因並不是自然災害，甚至也不是蘇聯專家撤走所帶來的打擊，而是「大躍進」對生產力的人為破壞，是人民公社化對合理社會生產關係的破壞。這時候，他已經不可能像大「躍進」初起時那樣輕易地抹去自己心中的疑問了。一切都明明白白地擺在面前。中央和領袖確實犯了決策方面的重大錯誤。但是，他能這麼說嗎？不能。在長期的意識形態鬥爭中，鄧拓已

1960 年 7 月全國糧食困難嚴重，鄧拓在太湖邊上卻只是「靜聽湖波拍岸聲」。

---

[16] 鄧拓：《中國救荒史》，《鄧拓全集・第一卷》第 7 頁。

經養成了把黨的聲譽、領袖的聲譽放在第一位的心理定勢。揭示如此
重大的失誤，必然是「影響不好」，可能還會從根本上危及黨的領導。
當實事求是原則遭遇黨的聲譽、領袖的聲譽問題時，作為意識形態戰
士，鄧拓首先要遵守的第一原則是維護黨的利益、維護領袖的利益。
他覺得他不應該去揭露現實的殘酷，加深社會的不安；他必須粉飾現
實，促進社會的安定團結，維護共產黨的執政地位。他覺得這是一名
共產黨員應有的組織紀律性。當然，他也相信黨的領袖們會正視這些
問題並作出修正的，他希望黨組織自身來解決問題。鄧拓和許多黨內
同志這時候都認同執政黨代民作主的觀念，而對這個觀念中所包含的
反民主精神缺乏反思。

在這六十二首〈江南吟草〉和差不多同一時期的〈延慶道上〉
七首詩中，鄧拓沒有一句寫到當時嚴峻的民生狀況。他時而像不諳
世事的貴族詩人、像不願意被現實打擾的歸隱詩人那樣，給饑荒中
的農村鍍上一層優美的田園詩意。在〈蕭山野外〉中，他輕柔地吟
詠到：「東風飛雨過蕭山，百里田疇曲水間。蓑笠雲煙渾入畫，插秧人
在白萍灣。」[17]〈遊黿頭渚〉中，他的心懷十分恬淡：「麗日和風煙水
平，雲天搖漾遠帆輕。黿頭望遠具去闊，靜聽湖波拍岸聲。」[18]〈題
三山島〉中，他同樣充滿閒情逸致：「野草閒花滿地香，儼如仙島水中
央。蘆塘岸柳濤聲壯，恍覺磯頭白日長。」[19]當現實圖景變得十分嚴
酷而又不便言說的時候，鄧拓只能暫時放下關注民生的理想，到傳統
文人慣有的隱逸情懷中去安頓自己的心、去忘卻難以直面的現實真
相。而當他的心不能隱逸、不能忘懷現實的時候，他便只能像一個盲
目的宣傳家那樣不顧現實的真相，去歌頌主流意識形態，去粉飾現實。
在〈遊官廳水庫〉中，他說「媯水桑乾流不盡，郊原處處是膏腴」[20]；

---

[17] 鄧拓：〈江南吟草・蕭山野外〉，《鄧拓全集・第四卷》第 158 頁。
[18] 鄧拓：〈江南吟草・遊黿頭渚〉，《鄧拓全集・第四卷》第 164 頁。
[19] 鄧拓：〈江南吟草・題三山島〉，《鄧拓全集・第四卷》第 164 頁。
[20] 鄧拓：〈延慶道上・遊官廳水庫〉，《鄧拓全集・第四卷》第 155 頁。

在〈湖上口占〉中，他說「多謝湖波千萬斛，年年增產又防災」[21]；在〈馬山觀田〉中，他說「莫欺此處無多土，百里千家足稻粱。」[22]在〈遊揚州〉中，他說：「瘦了西湖情更好，人天美景不勝收。」[23]什麼「膏腴」，什麼「增產」，什麼「足稻粱」，什麼「人天美景」！鄧拓自己也知道這不是事實，但是他想這是宣傳。他知道自己永遠是宣傳戰線上的一個兵。宣傳必須與中央的口徑一致，這對於他來說是基本的準則。

彭德懷實事求是，1959 年在廬山會議上給毛澤東上書揭示農村災荒嚴重的事實、直接批評「左」傾政策的做法，鄧拓心中是暗暗欽佩的。但是鄧拓覺得自己和彭德懷不一樣。彭德懷的調查報告是寫給毛主席、寫給中央的，是真正的內部材料，應該實事求是；而自己的詩歌、報告，是公開發表的，是影響人民群眾的宣傳品，是對外的，那麼與中央的宣傳口徑一致就是第一位的。他覺得，彭德懷在政治上對不對，不是自己有資格下判斷的；但是他知道，如果自己在輿論宣傳上沒有遵從中央的口徑，那就一定是錯的。

至於說，以災荒研究專家的身份、以黨員身份，給中央、給主席寫一份像彭德懷那樣的信件，那是鄧拓想也沒有去想的。彭德懷在廬山會議上挨批挨鬥、最終被扣上「反黨」、「野心家」帽子的教訓，作為前車之鑑，在警示著他，也警示著所有的人。妻子丁一嵐 1959 年在形勢討論會上，坦率地表達了對人民公社、大煉鋼鐵的疑問，就受到黨內嚴重警告處分，被撤去廣播局總編室副主任的職務下放到河北省遵化縣建明公社勞動一年。這也給了他一個警告，讓他難以開口去說和中央精神不一致的話。1956 年反「冒進」中，1957 年「百家爭鳴、百花齊放」中，自己無意之間沒有與毛澤東保持一致，遭到了領袖和組織的放逐，對於他來說，是自己一個永遠的教訓。他不會讓自己再

---

[21] 鄧拓：〈江南吟草・湖上口占〉，《鄧拓全集・第四卷》第 158 頁。
[22] 鄧拓：〈江南吟草・馬山觀田〉，《鄧拓全集・第四卷》第 158 頁。
[23] 鄧拓：〈江南吟草・遊揚州〉，《鄧拓全集・第四卷》第 173 頁。

次偏離革命軌道了。更為關鍵的是，鄧拓從來都沒有把自己定位在一個反思中央決策的角色上。他過去倡導報紙應該展開批評和自我批評，側重反思的一般只是包括自己在內的人有沒有準確執行中央政策的行為，並不包含越級對中央、領袖本身進行反思批評。在面對中央、面對領袖的時候，鄧拓只是一個忠誠的追隨者，而不是一個審視者、批評者。許紀霖在分析陳布雷時曾說：「久而久之，陳布雷內心的『道』就不知不覺地全部移情到『君』的身上，以『君』之『道』代替了自我之『道』。」[24] 這個分析也同樣適用於鄧拓。鄧拓由於「獨念萬眾梯航苦」[25] 才選擇革命，但是當革命領袖的理念與「萬眾」的生存境遇發生衝突的時候，鄧拓只能把目光從「萬眾」身上移開，而專注於革命領袖的理念了。

在嚴重的災荒面前閉上眼睛，只是跟著中央的口徑說話，違心地去粉飾現實，既是鄧拓在政治生涯遭受挫折後一種自我保護心態的體現，同時也是他一貫嚴格遵循的組織紀律原則在起作用。「在三年困難時期，有多少支筆不敢正視現實，把人民吃不飽飯的現實描繪成到處鶯歌燕舞的人間樂土，只要翻一翻當時的報刊，就可以得出結論。在這個大環境裡，鄧拓沒有能夠免俗，〈江南吟草〉就是證據。」[26] 極其險惡的政治環境和高度嚴密的組織觀念，緊緊鎖住了鄧拓的良知。他在言志抒情的時候，甚至連心靈掙扎的痕跡都沒有外露。當然，最應該被質問的是那個誰開口說真話誰就會遭遇滅頂之災的時代，最應該反思的是那個誰獨立思考誰就會被判定為歷史罪人、人民罪人的政治規則。

這一組詩中，只有在面對歷史人物的時候，鄧拓才重又恢復了直面內心真實的生命狀態。在〈訪三生石〉中，他寫道：

---

[24] 許紀霖：《智者的尊嚴──知識份子與近代文化》，學林出版社 1991 年第 1 版第 137 頁。

[25] 鄧拓：〈寄語故園〉，《鄧拓全集・第四卷》第 13 頁。

[26] 王均偉：《書生之外的鄧拓》，《南方週末》2003 年 7 月 25 日。

偶來靈隱訪住持，問道匆匆日影遲。

往史渺茫何足信？三生石畔立多時。[27]

立在三生石前，鄧拓感慨良多。他不信佛、不通道，他不信來生和前世，但他卻不能不追問生命從何而來，又將往何處而去。面對無限的時空，如何安置個體有限的生命，是鄧拓一生都在思考的問題。作為一個深受中國儒家文化浸染的革命者，他只能把自我奉獻給永恆的歷史正義。只有這樣，他才能超越個體生命的有限性。而這個正義事業，他早年就已經認定了是共產黨領導的革命。然而革命也會偏離理想的軌跡，這是他沒有預想到的。現在，無論領袖把這駕革命馬車引向哪兒，他都要義無反顧地追隨下去。

在〈過東林書院〉中，他寫道：

東林講學繼龜山，事事關心天地間。

莫謂書生空議論，頭顱擲處血斑斑。[28]

此時，鄧拓心中為革命事業獻身的激情依然不減。所以，東林黨人以書生身份投身政治鬥爭、不惜拋頭顱灑熱血的悲壯情懷仍然深深感染著他。只是，他從來只準備為革命去與敵對的意識形態進行鬥爭，並沒有想到要為糾正革命事業自身的偏頗而獻身。

過紹興沈園的時候，鄧拓為陸游、唐婉的苦情所感動，寫道：「腸斷魂銷痛昔年。沈園遺事恨綿綿。何堪重讀《釵頭鳳》，吊古人來意愴然。」[29]

---

[27] 鄧拓：〈江南吟草・訪三生石〉，《鄧拓全集・第四卷》第 161 頁。

[28] 鄧拓：〈江南吟草・過東林書院〉，《鄧拓全集・第四卷》第 165 頁。

[29] 鄧拓：〈江南吟草・沈園步放翁韻〉，《鄧拓全集・第四卷》第 172 頁。

第十三章　燕山夜話三家村

一、尊重知識

　　1960 年下半年全國各地的饑荒十分嚴重，農村中非正常死亡人口急劇增加，城市居民生活物品也極為匱乏。如何幫助大家度過這個難關？大家都憂心如焚。作為北京市分管文教工作的書記，鄧拓管不著生產領域的事，只能管意識形態的事。他也不可能違背中央的口徑發言，那麼，他所能做的只是盡量想辦法改善人們的精神狀態，讓人們多一點精神力量去面對物質方面的苦難。於是，鄧拓在市委討論會上提出提倡讀書的口號。他說：要改變那種一下班就看不下去書的狀況。報紙要提倡讀書，方能使人的精神振奮起來。多讀書，才能開闊眼界，就不會斤斤計算。他指示說：喬木同志讓《人民日報》多搞一些世界風光，境界高一些，不要計算天天吃幾兩。現在正是學習的好時候，報紙要多發一些古人發憤圖強、發奮讀書的故事。[1]

　　1961 年 1 月 11 日，北京晚報總編輯范瑾向報社傳達了鄧拓這一倡議。北京晚報副主編顧行和晚報副刊《五色土》的編輯劉孟洪很興奮，便想如果能請鄧拓給晚報開一個欄目，寫一些知識性雜文，那該有多好呢。他們想：「鄧拓同志長期從事黨的新聞工作，對我國實際情

---

[1] 李筠：《我和「三家村」》，《親歷重大歷史事件實錄・第五卷》，《中國黨史資料》編輯部編，黨建讀物出版社、中國文聯出版社 2000 年第 1 版第 72 頁。

況有較深入的瞭解；他讀的書很多，知識很廣博，他在哲學、歷史、新聞、詩詞、書法、繪畫等方面，都有很深的造詣。拿歷史來說，他不但對中外歷史，有著全面深入的研究，而且是中國有數的明史專家之一。再拿繪畫來說，他不但是鑒賞家、收藏家，而且自己也能作畫。象他這樣博學多才的『雜家』，是不可多得的。」[2]鄧拓很忙，一開始沒有答應他們的要求。他們因為曾請鄧拓為《北京晚報》寫過一些《詩配畫》，比較熟，便找機會不斷地去「磨」他。

「磨」了近三個月，1961年3月初鄧拓拗不過他們，終於答應在《北京晚報》上開個專欄。顧行和劉孟洪後來回憶說：「當我們那天晚上來到他家的時候，鄧拓同志正坐在書桌前。他一看我們，就先開了一句玩笑：『逼債的來了。』他從桌上拿起已經寫好的兩張紙片遞給我們。一張寫的是〈燕山夜話〉，另一張寫的是馬南邨。他說：『欄目就叫〈燕山夜話〉。燕山，是北京的一條主要山脈；夜話，是夜晚談心的意思。馬南邨是筆名。馬蘭村[3]原是我們辦《晉察冀日報》所在的一個小村子，我對它一直很懷念。』他建議，這個欄目最好排在版面的右上角，要直排，如果讀者願意保存，也便於剪報。他說：『可以寫的內容很多，題目隨便想了一想，就夠一、兩年的。』他要求我們回去再商量一下，看看一星期寫幾篇，把欄目先設計製版，再送給他看一看。

報社編輯部的同志聽說鄧拓同志要給《北京晚報》開欄目，大家都很高興。范瑾、周遊同志提出，鄧拓同志比較忙，一星期寫兩篇比較合適。至於寫什麼內容，由鄧拓同志自己考慮，文責自負。當一切都商定好了以後，我們再次去鄧拓同志那裡，共同確定：〈燕山夜話〉每週二、四見報各一次。對於欄目的設計鄧拓同志表示滿意。」[4]這樣，

---

[2]　顧行、劉孟洪：《鄧拓同志和他的〈燕山夜話〉》，《憶鄧拓》第113頁。

[3]　鄧拓是福州人。福州方言 n、l 不分，馬南邨和馬蘭村完全同音。據袁鷹回憶，鄧拓「後來還鐫有一方閒章，上刻『馬南邨人』，以示對邊區和邊區人民的依依眷戀之情」，見《憶鄧拓》第181頁。

[4]　顧行、劉孟洪：〈鄧拓同志和他的《燕山夜話》〉，《憶鄧拓》第114-115頁。

從一九六一年三月十九日開始，〈燕山夜話〉正式在《北京晚報》的《五色土》副刊和讀者見面了。

從這些回憶材料來看，判斷鄧拓根本不是持不同政見的自由主義者，判斷鄧拓提倡讀書是「在為現行政治服務」[5]，無疑是正確的。然而，值得進一步追問的是：出於為當時政治服務的行為在歷史評價上是否就必然是負面的？這並不能簡單地說是或者不是，而應該深入探究這種為政治服務的行為是否同時還有超越於為時代政治服務的思想文化價值，因為文學創作還普遍存在文本價值遠遠大於作家創作動機這樣的可能性；還應該深入探究這種為政治服務的行為是為政治的哪一種理念服務的，因為即使是最嚴酷時代的主流意識形態仍然可能是多重性的，政治家為了鞏固自己認可的意識形態權威可能壓制人民也可能盡力做對人民有益的事。這樣，我們就不應該簡單地從鄧拓當時提倡讀書的動機上來判斷〈燕山夜話〉這些雜文的價值，而應該回到〈燕山夜話〉文本本身探究這些雜文所蘊含的思想性質。

〈燕山夜話〉的第一篇是〈生命的三分之一〉。鄧拓把「夜晚的時間」看作是「生命的三分之一」。他引用《漢書》關於婦女夜績和秦始皇「夜理書」的典故、《說苑》中「師曠勸七十歲的晉平公點燈夜讀」的故事、《北史》中呂思禮勤奮夜讀的例子，說明「古來一切有成就的人，都很嚴肅地對待自己的生命，當他活著一天，總要儘量多勞動、多工作、多學習，不肯虛度年華，不讓時間白白地浪費掉。我國歷代的勞動人民以及大政治家、大思想家等等都莫不如此」。他說：

> 我之所以想利用夜晚的時間，向讀者同志們做這樣的談話，目的也不過是要引起大家注意珍惜這三分之一的生命，使大家在整天的勞動、工作以後，以輕鬆的心情，領略一些古今有用的知識而已。[6]

5　王彬彬：〈鄧拓的本來面目〉，《粵海風》2004 年第 6 期。

6　鄧拓：〈生命的三分之一〉，《鄧拓全集·第三卷》第 10-11 頁。

〈燕山夜話〉雜文自 1961 年 3 月 29 日至 1962 年 9 月 2 日共在《北京晚報》發表了 147 篇。這是 1963 年北京出版社出版合集時鄧拓寫的自序。

這篇文章一發表，由於立意新穎、題目也獨具匠心，馬上就吸引住了讀者。有位讀者來信說：「看了〈生命的三分之一〉，我們才知道原來我們每天都在浪費著自己生命的一部分，感謝作者給我們做了重要的提醒，我們一定加倍珍惜自己生命的三分之一，讓它發出光來。」[7]

此後，鄧拓還陸續寫了多篇談讀書的文章，如〈楊大眼的耳讀法〉、〈不要秘訣的秘訣〉、〈從三到萬〉、〈不要空喊讀書〉、〈一把小鑰匙〉、〈共通的門徑〉、〈有書趕快讀〉、〈「半部論語」〉。這些文章介紹各種讀書方法，評價不同的讀書態度。這些雜文扣緊現實中的讀書問題，又總以古人為例娓娓談開去，格外引人入勝，且文字又十分簡潔明瞭，達到哲理性、知識性、趣味性的完美結合，受到讀者的普遍歡迎。

在〈楊大眼的耳讀法〉中，他說：「聽讀只是隨聲誦讀，並不一定懂得；而耳讀是真正懂得所讀的內容。所以說值得重視的是耳讀而不是聽讀。」[8]在〈不要秘訣的秘訣〉中，他說：「不管你學習和研究什麼東西，只要專心致志，痛下工夫，堅持不斷地努力，就一定會有收穫。最怕的是不能堅持學習和研究，抓一陣子又放鬆了，這就是『或作或輟，一暴十寒』的狀態，必須注意克服。」他還介紹了宋朝陳善

7　顧行、劉孟洪：〈鄧拓同志和他的《燕山夜話》〉,《憶鄧拓》第 119 頁。
8　鄧拓：〈楊大眼的耳讀法〉,《鄧拓全集‧第三卷》第 28 頁。

讀書的「出入法」、宋朝陸九淵的「未曉不妨權放過」的方法、齊國輪
扁的「反對讀古人糟粕」的觀點，最後總結說讀書「不要秘訣就是秘
訣了」。[9]〈不要空喊讀書〉中，他批評三種「空喊讀書」的人：

> 第一種人因為自己沒有養成讀書的習慣，坐不住，安不下心，
> 讀不下去，但是又覺得讀書很有必要，於是就成了空喊。第二
> 種人因為有一些誤解，以為拿起書來從頭到尾讀下去，就會變
> 成讀死書，所以還不敢也不肯這麼做，於是也變成了空喊。第
> 三種人因為太懶了，不願意自己花時間去讀書，只希望能找到
> 什麼秘訣，不必費很多力氣，一下子就能吸收很多知識，所以
> 成天叫喊要讀書，實際上卻沒有讀。[10]

〈有書趕快讀〉中，他勸人：「我以為，最重要的體會是：有書
就要趕快讀，不論是自己的書，或是借別人的書」，[11]千萬不要等著找
秘本來讀。〈「半部論語」〉中，他以宋代趙普的「半部論語治天下」
的例子，闡述自己對精讀的看法。他說：「無論讀的是哪一部經典著
作，只要真的讀得爛熟了，能夠深刻地全面地掌握其精神、實質，在
這個基礎上，再看有關的其他參考書，就一定會做到多多益善，開卷
有益。」[12]在〈一把小鑰匙〉中，他提倡嚴謹的治學態度，說：

> 今天我們無論研究什麼問題，一定要把古今中外一切有關的書
> 籍和報刊上已有的材料，統統看過，摘錄每一點有用的東西，
> 通過理論與實際的相互結合和印證，並且進行了詳細的分析研
> 究之後，才能在前人已有成績的基礎上，進一步提出自己的見
> 解。[13]

9　鄧拓：〈不要秘訣的秘訣〉，《鄧拓全集・第三卷》第 29-31 頁。
10　鄧拓：〈不要空喊讀書〉，《鄧拓全集・第三卷》第 160 頁。
11　鄧拓：〈有書趕快讀〉，《鄧拓全集・第三卷》第 349 頁。
12　鄧拓：〈「半部論語」〉，《鄧拓全集・第三卷》第 352 頁。
13　鄧拓：〈一把小鑰匙〉，《鄧拓全集・第三卷》第 175 頁。

在此基礎上，他又詳細介紹了積累資料的方法。

在這些談讀書的文章中，鄧拓表現出兩種可貴的價值取向，一種是尊重知識，一種是尊重文化傳統。中國文化中始終有一條反智主義的逆流，秦始皇焚書坑儒，民間笑話中大量嘲弄酸秀才，二十世紀的革命意識形態也一直以勞動人民本位的觀念睥睨知識份子階層。1942年毛澤東在〈在延安文藝座談會上的講話〉中說：「……拿未曾改造的知識份子和工人農民比較，就覺得知識份子不乾淨了，最乾淨的還是工人農民，儘管他們手是黑的，腳上有牛屎，還是比資產階級和小資產階級知識份子都乾淨。」把知識份子劃歸為資產階級陣營，長期以來對之實行改造，是執政黨所犯的極「左」錯誤之一。否定了知識份子，也就否定了知識，否定了人類的智慧。鄧拓一生嗜書如命，內心中自然是深知知識的價值的。這時候，他在雜文中提倡讀書、肯定知識的價值，而且在所舉的例子中超越階級鬥爭的偏見，肯定歷史上諸多先賢的讀書經驗，顯然與「大躍進」後黨的知識份子政策有所鬆動這一政治大環境有關。但是，鄧拓提倡讀書並不僅僅是一種跟風行為，而是意識形態環境稍微寬鬆一點的時候，一個投身革命的書生政治家內心中對知識的迷戀、對中國文化的熱愛、對中國歷史的尊重這些難能可貴的正面價值觀，便能夠自然地在心中伸展、在筆下噴發，給時代文化提供可貴的啟迪。

這種尊重知識、文化的觀念，還體現在他談博與專關係的雜文中，體現在他的〈歡迎「雜家」〉、〈少少許勝多多許〉、〈顏苦孔之卓〉等雜文中。

鄧拓寫這些千字雜文，一般都在一小時內一揮而就。文中牽涉的史料很多，他多能憑記憶準確無誤地一口氣寫下來。只有少數典故他記不確切，需要去翻典籍。

《前線》的編輯們看到〈燕山夜話〉寫得好，就要求鄧拓在《前線》上也開個專欄。《前線》雜誌 1958 年 11 月 25 日正式創刊，是北京市委的理論刊物。自刊物籌備開始，由市委書記彭真指名，市

委書記處文教書記鄧拓就擔任主編。《前線》雜誌的編輯們覺得鄧拓為自己的刊物開專欄，是理所當然的，便一再去「磨」他。最後鄧拓說，同時開兩個專欄，恐怕有困難。這樣吧，我找些人一塊寫，行不行？

　　1961 年 9 月 20 日左右，《前線》編輯部約鄧拓、吳晗[14]、廖沫沙[15]三位在四川飯店聚餐。後來廖沫沙回憶當時的情景說：「入席以前，坐在沙發上抽煙喝茶，鄧拓同志隨便地談起：《前線》也想仿照別的報刊『馬鐵丁』、『司馬牛』之類，約幾個人合寫一個專欄，今天就是請你們兩位（指吳和我）來商量一下。聽說『馬鐵丁』他們是三個人合用的筆名，我們也照樣是三個人，取個共同的筆名；既是三個人，就乾脆叫〈三家村箚記〉行不行？」關於三個人合用的一個筆名怎麼取法，「最後確定一人出一個字，吳晗出『吳』字，鄧拓出『南』字（鄧拓寫〈燕山夜話〉時筆名叫『馬南邨』），我出『星』字（我當時的筆名是『繁星』）。」「對文章的題材與題旨，沒有作任何限制，一律由自己找題材、定題旨，文責自負，而且互不干涉。」「總而言之，我可以在這裡指天誓日地宣告：〈三家村札記〉實在是一個無組織、無計畫、也

14　吳晗（1909-1969）：原名吳春晗，浙江省義烏縣人。1929 年入上海中國公學大學部。1931 年考進清華大學歷史系，專攻明史。畢業後，先後在清華大學、西南聯大、雲南大學任教。中華人民共和國成立後，擔任北京市人民政府副市長。1957 年加入中國共產黨。「文革」中因新編歷史劇《海瑞罷官》、雜文〈三家村箚記〉而遭到誣陷，被迫害致死。1979 年初平反。主要著作有：《朱元璋傳》、《讀史箚記》、《投槍集》、《海瑞的故事》、《海瑞罷官》、〈三家村札記〉（合著）等。

15　廖沫沙（1907-1991）：原名廖家權，湖南長沙人。1930 年參加中國共產黨。1934 年加入「左聯」。1938 年至抗戰勝利前先後在湖南《抗戰日報》、桂林《救亡日報》、香港《華商報》晚刊、重慶《新華日報》任編輯主任。抗戰勝利後去香港恢復《華商報》，任副主編、主筆。解放後先後任中共北京市委宣傳部副部長、教育部部長、統戰部部長等職。1966 年 5 月和鄧拓、吳晗三人被誣陷為「三家村反黨集團」，遭到殘酷迫害。1979 年初平反。著有雜文集《長短錄》、《分陰集》、《鹿馬集》、《紙上談兵錄》、《廖沫沙雜文集》、〈三家村札記〉（合著）等，作品多編入《廖沫沙文集》（4 卷）。

無領導和指揮的三個光人，三支禿筆桿自由而又偶然地湊合起來一個雜文專欄，如此而已。」[16]

二、反對主觀主義

當政治環境十分嚴酷的時候，鄧拓只能閉上關心民生、關注現實的那一扇心扉。當政治環境變得寬鬆一點的時候，鄧拓便又恢復了他那敏銳的知覺、務實的工作態度和善於深入分析問題的思維能力。

1960 年的大饑荒造成了空前的災難，非正常死亡人數急劇上升，單單這一年全國人口總數就減少了 1000 萬。嚴峻的形勢敲打著中央決策層。60 年代初期，「我們黨對經濟工作中的失誤有所醒悟，並期待通過具體措施扭轉局勢。但是對於不顧客觀條件盲目發動『大躍進』運動這一錯誤決策，並未能從根本上認識；相反，還指望稍加調整後重新實現『大躍進』，這當然也就不可能全面正視和徹底糾正了！」[17]1960 年 11 月 15 日中共中央發出了由毛澤東起草的〈關於徹底糾正五風問題的指示〉，提出「必須在幾個月內下決心徹底糾正十分錯誤的共產風、浮誇風、命令風、幹部特殊風和對生產瞎指揮風，而以糾正共產風為重點，帶動其餘四項歪風的糾正」。這一時期，毛澤東號召全黨大興調查研究之風。1961 年 3 月中共中央給各中央局，各省、市、自治區黨委的信中強調說：「在調查研究的時候，不要怕聽言之有物的不同意見，更不要怕實際檢驗推翻已經作出的判斷和決定。」[18]1961 年 5 月劉少奇分析大饑荒的原因時說：「從全國範圍來講，有些地方，天災是主要原因，但這恐怕不是大多數；在大多數地方，我們工作中間的缺點錯誤是主要原因。」

[16] 廖沫沙：〈《三家村札記》出版後記〉，《憶鄧拓》第 181 頁。
[17] 薄一波：《若干重大決策與事件的回顧》第 883 頁。
[18] 薄一波：《若干重大決策與事件的回顧》第 906 頁。

　　在中央領導層對前一段的「左」傾錯誤有所反思的時代大環境中，鄧拓暫時舒展了他的呼吸，擺脫了精神上的許多束縛，寫了一大批強調實事求是、反對主觀主義、反對大話空話的雜文，鋒芒直指前一時期盛行的「共產風」、「浮誇風」、「命令風」、「幹部特殊化風」和「對生產瞎指揮風」，也直指還留在許多人身上的極「左」作風。無疑，這些雜文代表了〈燕山夜話〉的思想高度。幾十年後，人們對那一段歷史有了更清晰的審視之後，不禁評價這些雜文「都是最精彩、最深刻，也最有歷史意義、值得永存的好文章」，「可以稱得上是解放後特一流的好雜文。」[19]

　　1961 年 3 月 29 日，中央制定的《農村人民公社工作條例（草案）》限定了公社、大隊佔用農村勞動力、佔用公積金公益金的百分比。鄧拓看後，感慨頗多。前一時期，就因為沒有這樣的限定，公社隨便調用農村勞動力，機關隨便平調農村物資。從「大躍進」、「大煉鋼鐵」、「大辦民兵師」，直到「全民寫詩」，不知道有多少個「大辦」，把一個人分成十個人也不夠用。到秋天時，農村的勞動力都用到別的「大辦」上去了，有些地方，對生死攸關的秋收，卻連個「小辦」也辦不到，讓糧食爛在地裡！[20]這些給農民的傷害有多大呀！鄧拓基於對現實和歷史的瞭解，希望草案出臺後，農業生產和農民生活能得到保障。他提筆寫了〈愛護勞動力的學說〉，強調「愛護勞動力是發展生產、使國家富強的重大措施之一」。他以《禮記》關於「用民之力，歲不過三日」的記載為例，說明古代社會用於各種基本建設所用的勞動力都有適當的比例的。又以《禮記》「豐年三日，中年二日，無年則一日而已」的論述，說明「即便在同一個生產水平之上，豐收的年成和普通的年成以及荒年，也不能按照相同的比例來使用勞動力」。告誡大家：

---

[19] 曾彥修：〈九州忍淚讀「燕山」〉，《鄧拓全集‧第三卷》第 485 頁。
[20] 曾彥修：〈九州忍淚讀「燕山」〉，《鄧拓全集‧第三卷》第 486 頁。

> 我們應該從古人的經驗中得到新的啟發，更加注意在各方面努
> 力愛護勞動力，從而愛護每個人的勞動，愛護每一勞動的成
> 果。[21]

這篇雜文，展示了鄧拓關注民生艱苦的務實的立場。

針對當時流行的圍水造田之風，鄧拓在〈圍田的教訓〉中說：

> 聽說南方水鄉，有人在議論如何開闢圍田，以求農業增產，並
> 且有人說北方也可以採用。這，作為一種主張，說說倒也無妨，
> 大家盡可以各抒己見，可是千萬不要貿然採用。因為圍田在許
> 多世紀以來，已經有不少慘痛的教訓，這是稍讀歷史的人都知
> 道的。[22]

他引用宋代的多個例子證明：「圍田和圩田等等都是與水爭地，盜湖為
田，其結果必遭水旱之災，農業生產將受到嚴重損失」，「圍田和圩田
的害處是主要的，而且它們的害處並不因為人們興修許多水利工程，
就能夠從根本上被克服。」[23]

後來曾彥修高度評價這篇雜文說，正是因為「他大量掌握了歷史
上圍湖造田的深刻失敗教訓資料，所以才能做出這麼大膽而肯定的、
遠遠超過一些地方領導人和某些主管經濟的領導人的正確判斷。鄧拓
寫此文時，正是在『大躍進』中大搞『圍湖造田』一類盲目的『躍進』
之後，這就更加令人欽佩了。今天看來，這個問題在經過『文革』時
期的更加亂來之後，就顯得更加嚴重了。『文革』時期，昆明市圍滇池
造田，簡直是愚蠢至極的自殺行為，至今滇池的一切仍大受其害，難
以挽救。安徽的樅陽縣、霍縣等處的圍湖造田，也造成了極大的災難，
遺患至今。至於鄱陽湖、洞庭湖、太湖周圍的『圍湖造田』的禍害之

21　鄧拓：〈愛護勞動力的學說〉，《鄧拓全集・第三卷》第 58 頁。
22　鄧拓：〈圍田的教訓〉，《鄧拓全集・第三卷》第 304 頁。
23　鄧拓：〈圍田的教訓〉，《鄧拓全集・第三卷》第 305 頁。

嚴重，那就是國家的一個長期的嚴重問題了。這類問題可以舉一反三，如環境污染、濫伐森林、胡亂開礦、捕盡小魚……等等，今大都還在不斷地擴大（當然也用了很大的力量去治理，令人佩服），因此，〈圍田的教訓〉這篇文章的意義，就顯得特別巨大。」[24]

鄧拓批評最多的是主觀主義的思想方法、是不切合實際的盲目態度。在〈一個雞蛋的家當〉中，他引用明代江盈科《雪濤小說》中的一個故事：

> 一市人，貧甚，朝不謀夕。偶一日，拾得一雞卵，喜而告其妻曰：我有家當矣。妻問安在？持卵示之，曰：此時，然須十年，家當乃就。因與妻計曰：我持此卵，借鄰人伏雞乳之，待彼雛成，就中取一雌者，歸而生卵，一月可得十五雞。兩年之內，雞又生雞，可得雞三百，堪易十金。我以十金易五牸，牸復生牸，三年可得二十五牛。牸所生者，又復生牸，三年可得百五十牛，堪易三百金矣。吾持此金以舉債，三年間，半千金可得也。

進而分析說：

> 你看這個故事不是可以說明許多問題嗎？這個財迷也知道，家當的積累是需要不少時間的。因此，他同老婆計算要有十年才能掙到這份家當。這似乎也合於情理。但是，他的計畫簡直沒有任何可靠的根據，而完全是出於一種假設，每一個步驟都以前一個假設的結果為前提。對於十年以後的事情，他統統用空想代替了現實，充分顯出了財迷的本色，以致激起老婆生氣，一拳頭就把他的家當打得精光。[25]

[24] 曾彥修：〈九州忍淚讀「燕山」〉，《鄧拓全集·第三卷》第489頁。
[25] 鄧拓：〈一個雞蛋的家當〉，《鄧拓全集·第三卷》第75頁。

這裡，對「用空想代替假設」的批評，不能不讓人想起「大躍進」中各種「跑步進入共產主義」計畫的荒唐性。鄧拓主張凡計畫就要有「可靠的根據」的踏實態度，客觀上與「根據假報告、假數位來擬定政策、編寫計畫」的「大躍進」作風形成直接對峙。儘管這篇文章還批評了人物的「投機買賣」行為，其現實針對性是指向「當時有些社隊又出現搞投機買賣和進行剝削的行為」[26]，表現出思想的歷史局限性，說明鄧拓在對待自由市場、買賣行為方面仍然有「左」傾保守的一面，但是，他對脫離實際、盲目計畫的批判卻是可貴的時代之聲，不應被抹殺。「將此文看成是對『大躍進精神』的否定」，實在並非是「今人善意的一廂情願」。[27]

鄧拓對實事求是精神的強調是多方面的。談「王道」和「霸道」的時候，他用「從實際出發的群眾路線」重新闡釋這一組古代政治文化概念，認為：

> 照我們現在的觀點，用我們的語言來說，究竟什麼是王道，什麼是霸道呢？所謂王道，可以做一種解釋，就是老老實實的從實際出發的群眾路線的思想作風；而所謂霸道，也可以做一種解釋，就是咋咋呼呼的憑主觀武斷的一意孤行的思想作風。[28]

這裡，對主觀主義作風的批判、對實事求是精神的提倡，都指向對領導者、決策層工作的現實反思。

在談大膽放手問題的時候，他先引明代劉元卿《應諧錄》中的一則故事：

---

[26] 鄧拓：〈遺書〉，《鄧拓全集・第五卷》第 429 頁。

[27] 王彬彬認為「鄧拓寫此文確是為了批判當時『投機倒把』的『剝削行為』，甚至不妨說，它是後來『四清』運動的先聲。將此文看成是對『大躍進精神』的否定，實在是今人善意的一廂情願。」（《鄧拓的本來面目》）我認為王彬彬指出鄧拓此文有批「投機倒把」「剝削行為」的左傾錯誤這一判斷是正確的，但王彬彬否認該文的主題是批判「大躍進精神」這一判斷則是偏頗的。

[28] 鄧拓：〈王道和霸道〉，《鄧拓全集・第三卷》第 288 頁。

有盲子過涸溪橋上，失墜，兩手攀揝，兢兢握固，自分失手必
墜深淵。過者告曰：無怖，第放下即實地也。盲子不信，握揝
長號。久之，手憊，失手墜地。乃自哂曰：嘻，蚤知是實地，
何久自苦耶？

然後聯繫實際，尖銳地指出：

所謂大膽放手是以瞭解實際情況為前提，這是非常明顯的。如
果不瞭解實際情況，那末，無論膽大也好，膽小也好，也無論
放手或者不放手，同樣都只能是盲目的。假使不瞭解實際情況，
而盲目地提倡大膽放手，其結果可能比盲目地不放手要壞。換
句話說，任何盲目的做法都是要不得的。[29]
我想奉勸愛說偉大的空話的朋友，還是多讀，多想，少說一些，
遇到要說話的時候，就去休息，不要浪費了你自己和別人的時
間和精力吧！[30]

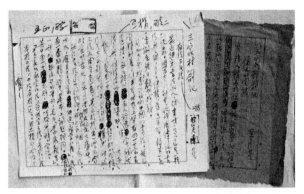

〈偉大的空話〉是〈三家村札記〉的第一篇。鄧拓在
這篇雜文中尖銳地批評了好說空話的作風。

---

[29] 鄧拓：〈「放下即實地」〉，《鄧拓全集·第三卷》第 189 頁。
[30] 鄧拓：〈「偉大的空話」〉，《鄧拓全集·第三卷》第 499 頁。

　　追究主觀主義的原因時，他強調人的認識的有限性，從而強調虛心的重要性。在〈三種諸葛亮〉中，他說：

> 常常可以聽見，有些人把事後諸葛亮當做了一種諷刺。如果對於那種光在旁邊說風涼話，臨事毫無主張，事後就哇啦哇啦的人，諷刺是應該的。否則，就是不應該的，因為諸葛亮的先見之明，不能不是從無數次事後研究各種經驗教訓中得來的。有許多事情，在它們沒有發生的時候，根本無法預斷它們是什麼樣子；只有當它們已經發生了，至少是已經露出了萌芽之後，才有可能對它們進行分析研究，才有可能做出某些判斷，估計它們的發展前途。[31]

他嘲笑了那種事前吹牛說大話、遇事哭泣沒辦法的「帶汁的諸葛亮」。

　　鄧拓在〈燕山夜話〉和〈三家村札記〉中集中批判主觀主義、批判不切合實際的盲目行為。這既源於他深入研究歷史之後獲得的一種冷靜、深刻，更源於他對現實問題的深切感受。「大躍進」給人民生活、給國民經濟帶來了毀滅性災難，他感到痛心疾首。他抓住主觀主義這一思想方法來批評，顯然把反思的鋒芒直指各個決策層、領導層。當然，這種批評仍然是在堅持馬克思主義、堅持共產黨領導的理論前提下對黨的工作所作的內部反思，並不是站在自由主義立場上對執政黨進行批評，更不是對使得錯誤政策能夠通行的政治體制本身進行質疑。[32]他一般總是從古人的故事中找例子，並不直接舉「大躍進」的事例。這既是一種使批評委婉化的方式，也是對雜文藝術規律的尊重。但委婉並不減這些雜文的思想力度，因為例子雖然是過去的，而作者的分析卻有明確的現實針對性。鄧拓以古諷今，他總是能從古代典籍

---

[31] 鄧拓：〈三種諸葛亮〉，《鄧拓全集・第三卷》第 284-285 頁。

[32] 王彬彬的文章〈鄧拓的本來面目〉（《粵海風》2004 年第 6 期），批評了在 R・麥克法誇爾和費正清主編的《劍橋中華人民共和國史》、P・特里爾的《毛澤東傳》中「鄧拓簡直有點兒『持不同政見者』的色彩，甚至有幾分『自由主義者』的味道」，認為這種評價是不確切的。這個批評有道理。

中生髮出對現實問題的思考，從而給現代人以有益的啟示。他希望他的批評能夠警醒從事現實工作的各層領導，讓他們改變思維方式、改進工作方法；同時，也希望這些雜文富有知識性和趣味性，達到美文的藝術效果。

這時期，他對領袖依然忠誠，但是見識過大躍進的種種錯誤、經歷過 1960 年的大饑荒之後，黨內一些思想敏銳的同志已經明確認識到了毛澤東有時也會有重大決策的錯誤。當然，這種認識並沒有改變他們心中對毛澤東的信仰。彭真在 1962 年 1 月七千人大會上所說的：我們的錯誤，首先是中央書記處負責，包不包括主席、少奇和中央常委的同志？該包括就包括，有多少錯誤就是多少錯誤。毛主席也不是什麼錯誤都沒有。三五年過渡問題和辦食堂，都是毛主席批的。……毛主席的威信不是珠穆朗瑪峰，也是泰山，拿走幾噸土，還是那麼高；是東海的水（拉走幾車，還是那麼多）。──現在黨內有一種傾向，不敢提意見，不敢檢討錯誤。一檢討就垮臺。如果毛主席的 1%、1‰ 的錯誤不檢討，將給我們黨留下惡劣影響。[33]鄧拓是在公開媒體上發表雜文、並不是在政治局開黨內會議，當然不可能公開點名說某個具體的人犯了主觀主義錯誤，但是他對「大躍進」中主觀主義態度的反思、批評，顯然在客觀上也包含著對包括毛澤東在內的決策層的批評。當然，這種批評決不是反對毛澤東，而不過是珠峰或泰山上拿走幾噸土、東海裡拉走幾車水，是以擁護毛澤東的領袖地位為前提的，是站在革命主體內部的位置上所作的反思，只是希望包括毛澤東在內的決策層能夠更加英明，使得社會主義建設能夠少走彎路。

這種以忠誠為前提的批評並不是沒有阻力、沒有危險的。事實上，1959 年「盧山會議的事實表明，毛主席有錯誤自己講可以，別人講，就聽不大進去，特別是過去有些積怨的同志講就更聽不進去了」。[34]1962 年七千人大會上，彭真在肯定毛澤東英明的前提下說毛主席也不

---

[33] 薄一波：《若干重大決策與事件的回顧》第 1026 頁。
[34] 薄一波：《若干重大決策與事件的回顧》第 876 頁。

是什麼錯誤都沒有的，次日就遭到陳伯達的詰問。這次會議上，毛澤東雖然以感人的態度作了自我批評，並建議大家在傳達的時候不要隱瞞，中共中央也嚴肅糾正了前一時期的「左」傾錯誤，彭真的直言並沒有立即給自己帶來直接的麻煩。[35]但是，1966 年「文化大革命」以打倒彭真為首的北京市委為開端，又豈不與他這一時期的直言、反思有關？1961 年、1962 年，雖然毛澤東帶頭檢討，但其他人對黨前一時期的工作進行如實反思、批評，仍然需要不計個人得失的勇氣。投機的林彪選擇的就是一味吹捧毛澤東，他說：最近幾年的困難，「恰恰是由於我們沒有照著毛主席的指示、毛主席的警告、毛澤東的思想去做。」他對「大躍進」和「人民公社」的失敗所造成的困難故意輕描淡寫，說這幾年雖然我們付出了些學費，但代價是「很少很少」的。他由於善於吹捧最終取得了毛澤東的信任，後來成為欽定的接班人。「同林彪的講話相反，少奇同志在講話中，用『一個大馬鞍形』來批評『大躍進』，說『三面紅旗，我們現在都不取消』，過 5 年、10 年後『再來總結經驗』、『作出結論』；他還提出『三分天災，七分人禍』，等等。這些話，今天看來很平常，但在當時聽起來的確有些刺激，從而也就留下了後來黨內鬥爭的陰影。」[36]

　　鄧拓在毛澤東等已經作出反思的形勢下寫雜文，批評主觀主義的錯誤，儘管忠心耿耿，且完全符合共產黨的組織紀律原則，並且謹慎地把反思限定在思想方法上，不去觸及中央仍然肯定的總路線、大躍進、人民公社這「三面紅旗」本身，但仍然註定了是不會討毛澤東的歡喜的。此時，鄧拓歷經延安整風和 50 年代的黨內外鬥爭，自然是明白吹捧比批評更安全、什麼都不說比反思更安全。但是，他提起筆來，辛辣地批評、諷刺了各種主觀主義、盲目吹牛的做法。促使他這麼去做的，是對社會、對歷史、對人民的責任心，是心中的那一股追尋歷史正義的理想之光！

---

35 薄一波：《若干重大決策與事件的回顧》第 1026-1027 頁。
36 薄一波：《若干重大決策與事件的回顧》第 1046 頁。

三、辯證思維

〈燕山夜話〉、〈三家村札記〉欄目中，鄧拓還寫了〈糧食能長在樹上嗎？〉、〈金龜子身上有黃金〉等科學小品。這類雜文中，鄧拓既展開想像，探索生產力發展的種種可能性，又嚴格區分想像事物與現實世界的界限，表現出思維的辯證性，從而與「大躍進」式的胡思亂想劃清了界限。

〈糧食能長在樹上嗎？〉中說：

> 研究農業問題的人，常常希望有那麼一天，糧食能夠大量地長在樹上，使農業耕作大為簡便，受水旱的威脅較小，節約大批勞動力而又能夠普遍豐收。這種希望有實現的可能嗎？
>
> 回答應該是肯定的。
>
> 隨著科學技術的進步，我們完全可以相信，會有這樣的日子到來。那時候，不但樹上能夠長出糧食，而且到處都可以長糧食。無論高山、平原，麥子像野草一樣，年年自己生長；甚至種莊稼可以不必土地，只要有水就行。許多在現時看來如同神話一般的事情，到那時候都將變成極其平常的普遍現象。這樣的日子距離現在大概也不會太過於遙遠了吧。[37]

這到底是富有想像力的科學展望呢，還是「大躍進」式的囈語呢？科學的發展往往是以貌似荒唐的想像為起點的。人類能夠飛翔的奇思妙想，是萊頓兄弟發明飛機的基礎；人類能夠利用人工智慧的願望，是電腦飛速發展的前提。「大躍進」敗壞了想像力的名聲，但是「大躍進」的禍根並不在人類的想像力本身上。人類如果沒有想像力，就成

---

[37] 鄧拓：〈糧食能長在樹上嗎？〉，《鄧拓全集・第三卷》第 62 頁。

了沒有活力的衰亡物種了。「大躍進」思維的毛病主要有兩條，一是不講究科學依據，把想像的事情與現實的活動混淆起來，忽視了現實與想像之間的必要階梯；二是沒有時間觀念，把未來生產力充分發展時代追求的可能性當作現實生產力落後時代的任務。鄧拓這篇文章談糧食種在樹上的可能性時，強調了「隨著科學技術的進步」這一前提條件，而且明確把這件事歸為「在現時看來如同神話一般的事情」一類，強調了它在當時條件的非現實性，強調了它只有在將來而不是在現在才「將變成極其平常的普通現象。」這篇文章還談到：「外國人往往把巧克力當作高級的乾糧，殊不知我國古代人以栗子為乾糧，其好處決不下於巧克力。」這個說法顯然是符合事實的。鄧拓希望「我們如果能夠利用所有的荒野童山，普遍地種植栗子樹和棗樹，讓這些樹林長滿了富有營養價值的糧食，該多麼美妙啊！」這個憧憬更是無可厚非。實際上，幾十年之後我們大量種植果樹，走的正是這一條路。從這篇文章可以看出，鄧拓對想像世界和現實世界是嚴格區分的，鄧拓是強調事物發展的科學依據的。他並沒有陷入「『大躍進』式的奇思妙想和胡思亂想，『大躍進』式的浪漫狂想與弱智短視」[38]。把這篇文章與鄧拓那些強調實事求是原則的文章結合起來看，恰恰可以看出鄧拓思維的辯證、深刻。他既有務實的精神，又有開放的思想。

　　這種思維特點還典型地體現在〈燕山夜話〉中的〈茄子能長成大樹嗎？〉一文中。在這篇雜文中，他說：

> 現在假定有人說，某處的茄子長成了大樹，你聽了一定不會相信，以為這個人扯謊。但是，我勸你首先要表示相信他，因為在一般的茄子中完全可能出現特殊的品種。這樣，你才能夠進一步具體地分析和研究其中的道理。同時，假定有人提議要按照某處種茄子的經驗，馬上在你的菜園裡實行起來，你也許很熱情地接受這個建議。但是，我卻勸你不要急於實行它。因為

---

[38]　王彬彬：《鄧拓的本來面目》。

你的具體條件也許很差，照別處的經驗實行起來有種種困難，
不如慎重一點為好。

總之，我們應該承認一般中有特殊，所以茄子能成大樹；但是，
同時又要指出，這是在某種條件下才有可能，換句話說，這只
是特殊的現象。如果要使這個特殊現象，又變成為一般的現象，
要使許多地方的茄子都變成大樹，那還必須使許多地方普遍地
都具備一定的條件。這是一個前提，它不但符合於茄子的變化
規律、而且符合於一切事物變化的規律。[39]

這裡，鄧拓關於特殊現象與一般現象的分析，多麼富有層次！他
既不武斷地否定奇異的東西，又尤其注重事物的條件，勸人「不如慎
重一點為好」，勸人不要「急於實行」與具體條件不符合的建議。這不
僅和「大躍進」思維完全兩碼事，而且還和「大躍進」思維直接對立。

〈不怕天〉一篇，鄧拓肯定「天不可怕、人能勝天」的思想。在
鄧拓筆下，「天」是指天命。他說：「怕天，這是人類的一切神鬼觀念
的根源。因為對自然現象不瞭解，原始的人類才以為在冥冥之中有天
神主宰一切。由於怕天，結果對一切神鬼都害怕。因此不怕鬼神的人，
也一定不能怕天，也決不可怕天。」[40]因為對「天」的闡釋並沒有像
「大躍進」思維那樣指向「客觀規律」，因而「不怕天」主要就被限定
在不要害怕一些無稽之物上。因而，這裡，強調「解放思想」，就不同
於「大躍進」思維中對客觀規律的蔑視。

〈金龜子身上有黃金〉，更是一篇有趣的科普雜文。鄧拓根據材料
說：「早於一九三四年，有一位捷克斯洛伐克的科學家，做了一種很特
別的科學試驗。他採集了一大批金龜子，把它們燒成灰，又把金龜子
的灰拿去冶煉，結果從一公斤的金龜子灰中，居然能夠提煉出二十五
毫克的黃金。」他舉了唐代《北戶錄》、宋代《益部方物略記》、明代

39　鄧拓：〈茄子能長成大樹嗎？〉，《鄧拓全集・第三卷》第 327 頁。
40　鄧拓：〈不怕天〉，《鄧拓全集・第三卷》第 12 頁。

《本草綱目》等多部著作中的論述印證這位科學家的實驗結果，但是他並沒有由此鼓動全民大煉黃金，而是強調說：

> 當然，我這樣講，並不是為了聳人聽聞，並不是要鼓動大家去大搞這種試驗。凡是這一類事情，都只能由個別有條件的人，做一些小小的試驗。特別是這裡所說的金龜子，並非南北各地到處都能找到的。它們的出現有一定的季節，每年只有在五、六月間才能生長。而且金龜子身上的含金量，也只不過 0.25%，這樣的含金量雖然不算很低，但是，顯然也不算高。如果大量進行試驗，在一般的條件下恐怕是不可能的。
>
> 一句話，我只希望有個別熱心的朋友，在條件允許的時候，注意試驗一下，看看結果如何。[41]

這裡，鄧拓強調實驗的客觀條件、嚴格限定實驗範圍，顯然也與「大躍進」不講條件、不講範圍的「發燒」思維格格不入。

總之，在一些強調人的主觀能動性、舒展人類想像力的雜文中，鄧拓在解放思想的同時，總是特別強調這些超前事物的客觀條件，充分考慮事物的複雜性，注意下判斷的分寸感，從而避免了「大躍進」思維忽視客觀規律的片面性、偏激性，顯出思想的深刻、辯證。這種思維特徵還典型地體現在〈堵塞不如開導〉、〈胡說八道的命題〉、〈人窮志不窮〉等優秀的雜文中。

四、知識小品

鄧拓雜文涉及的知識面非常廣。他還集中談論了對練習書法問題的見解，介紹了許多農業生產的知識，評介了許多古代書畫家，介紹了許多日常生活知識、民俗趣聞、地理知識等。

---

[41] 鄧拓：〈金龜子身上有黃金〉，《鄧拓全集‧第三卷》第 243-244 頁。

談論書法的雜文有〈大膽練習寫字〉、〈講點書法〉、〈選貼和臨池〉、〈從紅模字寫起〉等。鄧拓認為「因為很難找到各方面都很完美的字帖。無論顏帖、柳帖、歐帖、趙帖等等，如果死學一種總不是好辦法。」[42]所以，「最好在開始學字的時候，只教一些最基本的筆法，然後練習普通的大小楷。等到筆法完全學會，能夠運用自如的時候，隨著各個人的喜愛，自己選擇一種字體，同時儘量多看各種法帖墨蹟，融會貫通，就能寫一手好字。」[43]至於，「初學書法的人如何練習寫普通的大小楷呢？我以為最方便的辦法，就是描紅模字。」[44]他還熱心向讀者推薦自己早年練習書法

60 年代，鄧拓的書房中掛著陸遊的詩句「名花未落如相待，佳客能來不費招」。

的經驗：「你可以隨便找到一塊方磚，用一束麻綁成一枝筆，放一盆水在旁邊。每天早起或者睡前，用麻筆蘸水在磚上寫字，隨寫隨幹，極為方便，又可以省去筆墨紙張的消耗。」[45]

評介古代的書畫藝術的有〈評〈三十三鎮神頭圖〉〉、〈藝術的魅力〉、〈南陳和北崔〉、〈宛平大小米〉、〈米氏三園〉、〈昆侖山人〉、〈保護文物〉、〈古代的漫畫〉、〈書畫同源的一例〉等。

鄧拓在評介古代書畫家的時候，繼承了中國古代藝術評論中人品與畫品互相印證的傳統。他特別關注北京歷史上的書畫家，尤其喜愛那些既有很高的藝術造詣又有一身傲骨的藝術家。

---

[42] 鄧拓：〈從紅模字寫起〉，《鄧拓全集‧第三卷》第 335 頁。
[43] 鄧拓：〈選貼和臨池〉，《鄧拓全集‧第三卷》第 334 頁。
[44] 鄧拓：〈從紅模字寫起〉，《鄧拓全集‧第三卷》第 337 頁。
[45] 鄧拓：〈選貼和臨池〉，《鄧拓全集‧第三卷》第 334 頁。

〈南陳與北崔〉中，他介紹了明代畫壇上與陳老蓮齊名的崔子忠，說崔子忠「要算是十分孤僻高傲的人了」，「具有幽燕豪俠的氣概」，「學問還很廣博」。認為他的《葛洪移居圖》，「人物的衣褶和姿態刻畫，充滿著一家骨肉親切動人的生活實感。這比起陳老蓮筆下的和尚、道士之流，不食人間煙火，拉著一副長臉的那種怪樣子，顯然要高明得多了。」[46]

〈宛平大小米〉中，他介紹了明末清初北京的大書畫家米萬鍾和米漢雯祖孫倆，說：

> 米萬鍾是一位很有學問也很有骨氣的人。……至於他的畫，雖然也是一種標準的「文人畫」，但是他並不師法於元代的倪雲林畫派，而師法於宋畫。即便是細小的部分，他同樣是一筆不苟的。我們看他的字和畫，可以想見他的為人的嚴肅認真而又有打破陳規的創造精神。[47]

〈書畫同源的一例〉，他介紹了大思想家黃梨洲即黃宗羲的畫作，介紹了他在明末為父報仇、後又拒絕在清廷中任職的事蹟，最後評價說：

> 以他的生平遭遇和思想懷抱，畫出「歲寒堅貞」的畫面，乃是理所當然。這樣的作品在風格上，和它的作者在性格上，簡直完全融化在一起了。所謂書畫同源應該以此為典型，因為這無論從藝術形式或者思想內容方面，都是真正同一的東西。[48]

在這些評介中，鄧拓展示了他深厚的藝術畫鑒賞力，也體現了他的人格評價尺度。他總是特別讚賞那類堅貞不屈、傲視俗佞的藝術家。這表明鄧拓在品藻人物的時候特別看重一個人的人格操守，說明鄧拓

---

[46] 鄧拓：〈南陳與北崔〉，《鄧拓全集・第三卷》第 216-217 頁。
[47] 鄧拓：〈宛平大小米〉，《鄧拓全集・第三卷》第 218-219 頁。
[48] 鄧拓：〈書畫同源的一例〉，《鄧拓全集・第三卷》第 235 頁。

在溫文爾雅、彬彬有禮的書生外表下，內心中始終保持著「白眼何妨
看俗儈」[49]的孤高與剛烈。

　　介紹農業生產知識的雜文有〈薑夠本〉、〈種晚菘的季節〉、〈甘薯的
來歷〉、〈養牛好處多〉、〈大豆是個寶〉、〈多養蠶〉等。這些雜文中，鄧
拓從豐富的典籍中尋找資料，總結前人的經驗，既普及了農業知識，富
有指導實際生產生活的意義，讀寫起來又饒有趣味。〈薑夠本〉中，他
從俗語「薑夠本」說法出發，到古代典籍中查找這個說法的依據，認為
元代農學家王禎的〈農桑通訣〉的說法最確切，又根據古代典籍的記載
進一步介紹種薑的方法，最後說明薑對於人的健康大有益處，提倡適量
種薑。這類雜文，科普知識與文人趣味相結合，十分吸引人。鄧拓的知
識面非常廣，他還在雜文中談論「養生學」知識、中醫藥知識、民俗知
識、地理知識。正是如此豐富的知識和層層深入的思維、簡約生動的語
言相結合，共同構成了這類知識雜文的魅力，吸引住了眾多的讀者。

　　〈燕山夜話〉和〈三家村札記〉中的這一類知識性雜文，不涉及
時代政治主題，不直接與「左」傾思潮短兵相接，但也無意迎合任何
意識形態的權威話語。人的生活是多面的。除去追問意識形態是非之
外，生命還有多種色調，人還有多層次的需求。這類雜文，關懷了人
在政治之外多方面的物質和精神需求，必然受到讀者的歡迎，自有其
存在的價值。在那個政治企圖滲透、控制一切領域的時代裡，它們不
愧是「酷暑中吹來的一絲絲清風，或者說是在沙漠中偶然遇見的一片
片小小的綠洲」[50]，尤其可貴。那種從政治標準出發，把這類雜文疑
為「幫閒」文學的觀點[51]，顯然是犯了把政治泛化、權力泛化的思維
偏頗。正確的評價標準應該是，政治問題用政治標準來衡量，農業的

---

[49] 鄧拓：〈書城〉，《鄧拓全集・第四卷》第 5 頁。

[50] 曾彥修：〈九州忍淚讀「燕山」〉，《鄧拓全集・第三卷》第 485 頁。

[51] 王彬彬在《鄧拓的本來面目》中說：「面對饑腸轆轆的讀者大談養牛養狗養
　　貓養蠶一類知識，似乎有意在以『精神食糧』代替窩頭與糠菜團。」
　　──說《燕山夜話》和《三家村箚記》多少起了「幫閒」的作用，不知是
　　否有些過分？

問題用農業的標準衡量，藝術的問題用藝術的尺度衡量，各安其位。鄧拓 1960 年在北京歷史學會成立大會上強調的「要把學術問題和政治問題分開」[52]的觀點，對於我們現在仍有啟發意義。

鄧拓雜文無論在談論思想方法問題，還是談論古代藝術問題，還是談論日常生活問題，大都表現出思想的深刻、辯證，表現出實事求是的精神。而只有到談論西方現代藝術問題時，他因為隔膜，不理解其來龍去脈，不知道其存在的內在根據，就簡單地把他們都歸為「反動資產階級用以自欺欺人的」「玩藝兒」，表現出意識形態的偏見。這類雜文有〈「無聲音樂」及其他〉、〈「電子音樂劇」原來如此〉等。在〈「電子音樂劇」原來如此〉中，他簡單地下判斷說：

> 現代西方資產階級的藝術，是腐朽的沒落的藝術。它已經日益喪失了生命力，而走向極端空虛無聊的垂死階段。[53]

這類文章「從對西方現代藝術試驗的批判上升到對整個西方世界的批判」[54]，表現出意識形態的偏見。

這類充滿意識形態偏見的雜文在〈燕山夜話〉中量並不多，鄧拓總是更願意選擇自己熟悉的題材進行深入的思辨，因而，就總體而言，〈燕山夜話〉是微瑕不掩其瑜的，是那個時代中能夠穿越時空而熠熠生輝的明珠。

五、維護「雙百」方針

〈燕山夜話〉欄目開設以後，受到讀者的熱烈歡迎。許多人都每天剪貼收藏，許多人給報社寫信，把自己有疑問的問題提出來，希望

---

[52] 鄧拓：〈北京歷史學會的任務和作法〉，《鄧拓全集・第一卷》第 604 頁。
[53] 鄧拓：〈「電子音樂劇」原來如此〉，《鄧拓全集・第三卷》第 501 頁。
[54] 王彬彬：《鄧拓的本來面目》。

馬南邨幫助解答。其他地方有些報紙，
為了滿足讀者的要求，也採取了同樣
的形式，發表知識性的專欄雜文。如
《四川日報》開闢了〈巴山夜話〉專
欄，山東《大眾日報》在第三版右上
方開闢了〈曆下漫話〉專欄；《雲南日
報》在第三版右上方也開闢了這樣的
專欄，名為〈滇雲漫譚〉。

1962年鄧拓在北京遂安伯胡同
家中。

鄧拓許多文章中的觀點和論證，
引起了讀者的共鳴。他也很受鼓舞。
有時聽到個別不同的意見，他也總是虛心地傾聽別人的意見。有些同
志寫文章表示不同意鄧拓關於選字帖問題的觀點，於是就有人問他：
「為什麼近來有個別問題，分明有不同的意見，卻不見你們正面交鋒，
互相辯駁呢？這種態度你以為是正確的嗎？」於是，鄧拓就在結集出
版〈燕山夜話〉第四集的時候寫了〈編餘題記〉回答說：

> 我認為這是涉及如何正確看待百家爭鳴的原則問題。多聽聽各
> 種不同的意見，只有好處，決無壞處。如果聽到一點不同的意
> 見，馬上就進行反駁，這樣做的效果往往不大好，甚至於會發
> 生副作用。正確的方法應該首先讓別人能夠各抒己見，暢所欲
> 言，真正做到百家爭鳴。即便有的意見在你看來是十分錯誤的，
> 也不要隨便潑冷水，讀者自然會辨別是非。假若一時弄不清是
> 非，那又何必著急呢？至於有些問題根本難斷誰是誰非，就更
> 不要操之過急了。也許有的問題提出來，又擱下去，經過多數
> 人慢慢研究，原先不同的意見慢慢地又可能一致起來。因為是
> 非終究有客觀的標準啊！[55]

---

55 鄧拓：〈燕山夜話·第四集·編餘題記〉，《鄧拓全集·第三卷》第275-276頁。

　　鄧拓對前幾年意識形態領域內的武斷批評、亂扣帽子是非常反感的。這時，他特別注重維護「百花齊放，百家爭鳴」的「雙百」方針，希望能有一個良好的環境，發展學術、活躍思想。他在自己的寫作中身體力行，絲毫沒有把自己的觀點當作權威判斷強迫讀者接受。

　　1962 年 9 月 4 日，發完〈三十六計〉這篇雜文後，〈燕山夜話〉這個讀者喜愛的欄目停筆了。從 1961 年 3 月 9 日開始，這個欄目堅持了一年半。為什麼停筆呢？這是因為 1962 年秋冬，政治形勢又有所變化。1962 年 9 月的八屆十中全會上，毛澤東又重新提出階級和階級鬥爭問題，「左」傾思想重占上風，鄧拓只好不再寫這類與高壓的政治形勢不相協調的反思性、知識性雜文了。作為一個「黨員作家」，鄧拓是「嚴於律己，遵守黨的紀律的」[56]。〈三家村箚記〉還一直堅持到 1964 年，但是 1963、1964 年的「三家村」雜文，已經改變了原來從古代典籍談起的書卷氣，也較少直接反思「大躍進」的錯誤，而越來越多地引用毛澤東的話，主題也越來越意識形態化了。

---

[56]　周揚：〈《鄧拓文集》序言〉，《人民新聞家鄧拓》第 6 頁。

第十四章　心愛斯文非愛寶[1]

一、藝術實踐

　　鄧拓自幼喜好書法，青少年時曾臨過顏、柳、歐等名家的帖，後來工作之餘又經常潑墨揮毫，其書法藝術自成一家。他的字，「不論大至逕尺，還是小不盈寸，一個共同的特點是瀟灑俊逸，筆勢奔放，通篇氣韻很足，有一筆到底、一氣呵成之感，行書那流暢灑脫的特徵得到了充分表現；看來鄧拓好用狼毫。另一個特點就是瘦勁洗煉，以骨力勝；他的大字行書間或雜以飛白，疏密相同，更顯搖曳多姿。……我們於鄧拓的書法裡，也彷彿看到了他開朗、奔放的性格和瀟灑的風度」。[2]「他的字，看起來決不是沒有傳統的，……掛在那裡看，更不是任何一派所能包括，只能名之曰鄧派。」[3]

　　鄧拓的書法作品，文革前在榮寶齋、和平畫店等櫥窗內經常能見到。有些學校的匾額或當門書屏也是請他寫的。歷屆書法展中，也總能見到鄧拓的行書大字。但是文革中鄧拓的書法多被毀壞，僥倖保存下來的遺墨，啟功等書法名家都非常喜愛。啟功記述了文革後在丁一嵐家中欣賞鄧拓遺墨的印象：

---

[1]　鄧拓：〈參觀故宮繪畫館〉，《鄧拓全集・第四卷》第185頁。
[2]　鄧治國：〈鄧拓的書法〉，《憶鄧拓》第201頁。
[3]　啟功：〈談鄧拓同志的書法〉，《憶鄧拓》第198頁。

「進門看到壁上懸掛著『千秋翰墨擎天地，萬里雲山入畫圖』[4]一副行書對聯，筆法的流動，點畫的沈著，每字結體是那麼妥當，一行的安排又那麼合適。紙似未經疊格，因為疏密並不機械。但上下聯配搭相稱，又似非常精心對照著寫的。於是不禁地沉浸在他的書法境界中去。

接著看了他大幅橫批，寫的『四海翻騰雲水怒』諸句，用筆又是那麼沈著厚重。當然，太大了，任何人寫起來也要吃力，也會有些收拾不盡處，但張掛在牆上，卻是氣勢逼人，想見他生平的威風凜凜。

接著又拜觀了一些長條短幅和冊頁，都是信筆揮灑，似乎無意於寫字，隨筆所到，都有新的意味。

也見到一些小冊頁，磁青紙，細界格，仿佛是用泥金寫的小行書。真可算是片片精金，張張夜玉。細看去原是黃色廣告顏料所寫。樸素的材料，竟寫得金碧輝煌，這效果便不是工具的作用所能承擔的了。我更喜愛他的一張橫幅，只寫『實踐』二字，印在一本赴日本展覽的目錄冊中，筆劃既流動又沉著，僅僅兩個字，精神即能撐滿篇幅，不同於一味癡肥的舊式匾額。尤其可注意的是這兩個字的結構，不是複雜的繁體，也不是那罕見的『隸古定』體，而是略帶行書的簡化字。有人曾懷疑過簡體字的藝術性，以為書法作品中不宜寫簡化字。這種思想的是非姑且不談，只要實踐去檢驗一番，即可得到答案。我曾寫過毛主席的詩詞，用簡體字作行草書，掛在那裡，觀者初看似乎察覺不出是簡體字，指出來，才引起注意。這是近五年的事，原來鄧拓同志早在十幾年前就有這樣的作品。

還有一副對聯是『疆場無敵手，藝苑發奇光』，筆劃飽滿，墨氣淋漓，看去好像墨水未乾，這是我這天看見他的末一件遺作，正好也就是鄧拓同志文章和書法的恰當讚語吧！」[5]

4　對聯有一字之誤，應為「千秋翰墨驚天地，萬里雲山入畫圖」。筆者根據鄧小嵐意見注。

5　啟功：〈談鄧拓同志的書法〉，《憶鄧拓》第 196-197 頁。

　　鄧拓幼年經常見二哥在院中畫畫、在鳥山上寫生，耳濡目染，他對美術也一直抱有濃厚的興趣。50 年代，鄧拓積勞成疾，長期患有十分嚴重的偏頭疼，疼得嚴重的時候連書也看不進去。他就開始潛心研究繪畫藝術，想換換腦筋、調劑精神。書畫同源，再加上他做什麼事都有一股特別專注的精神，他很快就成為這個領域中的專家了。他既品鑒美術作品、甄別古畫，不時地還自己動手畫上幾筆。

　　1958 年開始，他就以左海[6]為筆名在《人民日報》、《光明日報》、《美術》、《人民畫報》等報刊雜誌上發表了大量美術評論。其中，介紹當代美術成就的評論、散文有〈老畫家的新創作〉、〈兒童畫的風格〉、〈新年談楊柳青年畫〉、〈論中國大眾畫〉、〈北京畫院一瞥〉、〈黃胄作品中的「三新」〉、〈錢松喦的山水畫〉、〈吳作人的藝術生涯〉等；評介古代美術成就的評論、散文有〈談談周文矩的太真上馬圖〉、〈鑒賞新羅山人作品的感受〉、〈宋畫岳陽樓圖釋〉、〈新羅山人的畫〉、〈中國古代繪畫的光輝藝術成就〉、〈李鱓和他的畫〉、〈蘇東坡瀟湘竹石圖卷題跋〉、〈從石濤的一幅山水畫說起〉、〈鄭板橋和「板橋體」〉等。1957 年他就計畫花幾年時間寫一部〈中國美術史〉，但終因過早離世而沒有實現這一夙願。

　　鄧拓既有藝術形式方面的深厚修養，能細緻鑒別不同畫家筆法、用材等的特點；同時，又具有開闊的人文視野，對作品情調、境界有很高的鑒賞力，對時代文化有深切的理解，常把畫品和人品結合起來考察。

　　一幅《太真上馬圖》，相傳是南唐周文矩的作品，但一直有所爭議。鄧拓經過多方面的詳細考識，1959 年寫了《談談周文矩的太真上馬圖》，發表了自己認為是周文矩所畫的看法。1961 年，他又考訂出一幅沒有款識的岳陽樓圖是「南宋」「一位偉大的古典現實主義畫家」的作品。他說：

6　左海原係鄧拓故鄉福州的別稱。

有什麼根據做這樣的判斷呢？我想至少有三方面的根據：第一，從這幅畫本身的風格和筆墨技法等的特徵上，可以肯定它是南宋畫院的高手所作。第二，從這幅畫所勾畫的岳陽樓建築的特點來看，它與宋代的營造法式恰相符合。第三，從畫絹的絲線和經緯組織以及色素上，也可以斷定它是南宋時期製作的。[7]

他評介元代倪瓚的《秋亭嘉樹圖》說，

從這幅畫面上，你可以看出，他用的是幹筆，蘸著淡墨，以側峰皴擦和點染著疏林、遠山、淺水、茅亭。他的山水畫和他的題詩相同，又嚴謹又蕭散，具有所謂天然優雅的特色，似乎真的沒有人間煙火氣，而在幽寂中寄託他的被壓抑的感情。[8]

他認為明代的徐渭「把水墨畫推上了新的高峰」，說：

他不但用潑墨寫意的方法畫出牡丹、葡萄、芭蕉等各種花卉，都極其神似，而且同樣用大寫意的方法來畫人物，寥寥幾筆，深情便活躍在紙上。例如，有一幅《驢背吟詩圖》，筆墨奔放淋漓而又剛勁有力。……他用非常簡練的筆墨勾劃了一個老頭，戴著一頂氈帽，兩眼耿耿有光，正在注視著前方；他提起了韁繩，催促驢兒急速前進；秋風迎面吹來，掀動他的袍袖和帽帶都向後飄拂，樹上的枯枝、野藤和殘葉也搖曳在風前。這幅畫很足以代表徐渭自己的性格。他對明代封建統治的不滿和自己在坎坷的遭遇中養成的堅韌而豪放的精神，在這個畫面上充分流露出來了。[9]

7　鄧拓：〈宋畫岳陽樓圖釋〉，《鄧拓全集‧第四卷》第 477 頁。
8　鄧拓：〈中國古代繪畫的光輝藝術成就〉，《鄧拓全集‧第四卷》第 495 頁。
9　鄧拓：〈宋畫岳陽樓圖釋〉，《鄧拓全集‧第四卷》第 477 頁。

他分析清代新羅山人的一幅折枝芍藥圖說：

> 他畫芍藥的枝葉是先勾勒而後塗彩，這是從五代的黃荃、黃居
> 寀父子的作品中早已見過的老方法；但是芍藥的花朵卻沒有勾
> 勒，而是用宋代徐熙、徐崇嗣父子相傳的沒骨法。看他畫的花
> 瓣一點不呆板，非常靈活生動，與枝葉相連，雖是兩種畫法，
> 卻絲毫不覺得勉強，倒覺得完全合乎真實。[10]

他評價當代畫家吳作人的水墨畫《大興安嶺》，說：

> 全幅用墨不多，卻充滿了詩歌的節奏感。而且水墨淋漓，富有
> 中國水墨畫的特殊韻味。在水墨濃淡深淺之處，給人以五光十
> 色的感覺。中國畫史上所謂「墨分五彩」，由此得到充分的證
> 明。[11]

鄧拓十分仰慕「揚州八怪」之一鄭板橋這個清高、孤傲藝術家。
1961 年就曾做〈訪鄭板橋故居〉詩一首：

> 歌吹揚州惹怪名，蘭香竹影伴書聲。
> 一支畫筆春秋筆，十首道情天地情。
> 脫卻烏紗真面目，潑乾水墨是生平。
> 板橋不見虹橋在，無數青山分外明。[12]

1963 年，他在散文〈鄭板橋和「板橋體」〉中介紹了這位藝術家的生
平和創作。他先提出評價人物的尺度說：「不應該籠統用『惟成份論』
的觀點，來概括一切。」鄧拓肯定鄭板橋做縣官時站在底層民眾的立
場，介紹了鄭板橋被誣告為貪污舞弊，而離任時卻「止用驢子三頭」、
全部財產就是一床鋪蓋、一馱書和一張琴而已。鄧拓欣賞他的清白，

---

[10] 鄧拓：〈鑒賞新羅山人作品的感受〉，《鄧拓全集・第四卷》第 472 頁。
[11] 鄧拓：〈吳作人的藝術生涯〉，《鄧拓全集・第四卷》第 583 頁。
[12] 鄧拓：〈訪鄭板橋故居〉，《鄧拓全集・第四卷》第 222 頁。

也欣賞他的狷傲，介紹了他上任時「把縣衙門的牆壁挖了百十來個窟窿，要把前人縣官的惡習俗氣排除乾淨」的掌故。鄧拓喜愛鄭板橋的詩文書畫，認為「他的畫與尋常畫師的畫大有不同。他的每一幅畫本身，便是一首唱不完的歌。雖然有時他只用了寥寥幾筆，畫出一塊石頭，或是幾枝竹子，或是一叢蘭花，可是，它們往往含蓄著許多意境」。最後他總結說：「我認為學習『板橋體』的最重要之點，是要抓住『板橋體』的靈魂。什麼是『板橋體』的靈魂呢？我以為它就是在一切方面都要自作主子，不當奴才！」[13]

　　鄧拓畫評的可貴之處在於，他既能把畫品和人品結合起來觀照，一般又能超越那個時代盛行的「惟成份論」，把藝術的問題歸於藝術本身，公平地評價畫家們的美術成就。

　　當把畫品和人品結合起來評論的時候，鄧拓往往特別欣賞那一類狷傲狂放的古代畫家，欣賞他們與當時社會的對峙，讚美他們雖窮愁潦倒也不向世俗社會、官僚階層妥協的情懷。鄭板橋是這樣的畫家，新羅山人華嵒是這樣的畫家，李鱓是這樣的畫家，徐渭更是這樣的畫家。顯然，與世俗社會、官僚社會的對峙，正是鄧拓所理解的「板橋體」精神內涵的一個方面。「在一切方面都要自作主子，不當奴才」，便是鄧拓所欣賞的這種狷狂人格的核心本質。其實，影響鄧拓人格建構的，一方面是儒家仁人志士追求天理大道「雖九死其猶未悔」的忠貞情懷，另一方面便是中國傳統文士睥睨俗儈的傲世激情。這兩面構成了鄧拓人格的主體性內涵。正是因為具有從世俗社會中區分出自我、在對峙中確立自我獨立性的精神自覺，鄧拓才分外欣賞鄭板橋「鄭為東道主」的主人翁意識。這種充盈、剛健的獨立精神，是鄧拓青年時期追求革命、〈燕山夜話〉〈「三家村」劄記〉時期批判主觀主義的主體動力，也是鄧拓書法、詩詞磅礴氣勢的內在根源。

---

[13]　鄧拓：〈鄭板橋和「板橋體」〉，《鄧拓全集・第四卷》第 567-573 頁。

　　但是，由於儒家士人和狷狂文士對人的主體性的倡導，以及鄧拓後來所接受的黨派意識形態對「主人翁」精神的高揚，終歸還是以某種代表普遍真理的「道」為歸宿，具有集體理性主義的向度，並不引向單個個體對存在的獨自承擔，因而鄧拓從傳統文化中承傳下來的「東道主」精神，也很容易在批判一種世俗社會、批判一種意識形態的同時，歸順於另一種「理想」社會、歸順於另一種意識形態，而難以把獨立精神貫徹到底。所以，鄧拓在品藻古代藝術家的時候，總是特別欣賞他們的狂傲，欣賞他們與當時社會的對立；在介紹當代美術家的時候，卻總是強調他們與新意識形態的一致性。例如，在〈黃冑作品中的「三新」〉中，他說：「大體說來，黃冑同志的這些作品，無論採取什麼素材，運用什麼表現形式，他的意境常常與現實密切結合，充滿著對我國社會主義革命和建設中的英雄人物的讚歌。」[14]在觀念中把社會生活意識形態化，在面對舊意識形態時張揚主體的獨立精神，在面對新意識形態時實現自己的忠貞品格，是鄧拓精神中相互依存的兩面，也是一大批有機知識份子共有的精神特徵。

　　難能可貴的是，鄧拓儘管把意識形態觀念視為不可違背的第一原則，但是他並沒有像當時的一些極「左」評論家那樣把藝術問題徹底意識形態化，而十分注重藝術自身的內在規律；在不違背意識形態觀念的前提下，他注重辨析作品在藝術成就方面的高低上下。儘管他曾明確認為「我們的人民美術創作無疑地是以馬克思主義思想為指導的為無產階級政治服務的、為工農兵服務的精神武器」[15]；但在評介具體美術作品時，他總是特別注重作品技法、境界這些藝術特質的品鑒。這不僅體現在他的古代美術評介上，也體現在他的當代美術成就研究上。1962 年的〈北京畫院一瞥〉、1966 年的遺稿〈吳作人的藝術生涯〉便是這方面的優秀之作。1962 年的「首都第六屆國畫展覽」中，一幅吳一舸創作的《瑤仙獻壽》圖，並無所謂「新的現實意義」，但是由於

---

[14] 鄧拓：〈黃冑作品中的「三新」〉，《鄧拓全集・第四卷》第 559 頁。
[15] 鄧拓：〈美術創作的中國風格和中國道路〉，《鄧拓全集・第五卷》第 216 頁。

1958 年鄧拓畫蘆雁，
1980 年吳作人題詩。

畫家熟練掌握了「中國傳統的工筆人物畫的技巧」，「他的每一根細線條都那麼嚴緊而結實，並且互相連貫、互相呼應，給人以流動的、瀟灑的、嫵媚的、挺健的、豐滿的、潤澤的、多彩的、真實的感覺」[16]，於是就深深吸引住了鄧拓。鄧拓便在〈北京畫院一瞥〉中以大量的篇幅介紹了這幅畫的優點。鄧拓還提倡臨摹，建議舉辦「臨摹畫展」。這典型體現了他尊重藝術傳統、注重藝術技巧的價值取向。〈吳作人的藝術生涯〉這篇遺稿中，鄧拓全面評析吳作人在水墨畫、油畫等方面的藝術成就，肯定吳作人繼承和掌握了中國傳統畫法並融會西洋畫法而取得的創造性成就。文中對吳作人多幅作品的技法分析都細緻準確。

　　鄧拓不僅鑒賞、考識美術作品，而且經常親自動筆創作。作為書法家，他運用毛筆是駕輕就熟的，再加上他有很高的鑒賞力，所以學起國畫技巧來非常快。現存他的遺畫中，就有 1958 年作的蘆雁圖一幅。1961 年夏天休閒的時候，鄧拓在舊箱子中翻到一把舊扇，就揮毫在扇面上畫下一幅《湖山曉靄圖》，並題七絕一首：「翠鬢峨眉白練飄，鷗波輕漾小蠻腰。漁帆點點沙洲外，卻惹相思客夢遙。」[17]後人評價說：「圖源黃山畫派形勢格具，整體又透出元人簡散之氛氳逸氣，詩則透迤一脈唐人風致了。」[18]這年夏天，他至少還畫了荔枝扇面一幅、金魚扇面一幅，並一一題詩助興。

16　鄧拓：〈北京畫院一瞥〉，《鄧拓全集・第四卷》第 530 頁。
17　鄧拓：〈題自畫山水扇面《湖山曉靄圖》〉，《鄧拓全集・第四卷》第 209 頁。
18　何頻：〈鄧拓的題畫詩〉，《文彙讀書週報》，1998 年 8 月 22 日。

鄧拓其繪作品湖山曉

1961 年夏天休閒的時候，鄧拓在舊箱子中翻到一把舊扇，
就揮毫畫下一幅《湖山曉靄圖》。

　　吳作人、周懷民、黃胄、許麟廬等畫家都是鄧拓的藝術知己。他
時常與他們一起欣賞作品、交流感受、切磋技巧，並經常合作創作。
他也非常誠摯地向畫家朋友們學習各種繪畫技巧。後來他的女兒回憶
說：「記得畫家吳作人先生經常來我家做客，父親成了先生的一位熱情
好學的學生。我曾見過父親看著自己學習吳作人風格畫的黑天鵝和長
尾金魚那欣喜的樣子。」「畫家黃胄也是父親的常客。……黃胄還曾縱
情潑墨為父親畫就了《百驢圖》，不幸它後來毀於『文化大革命』了。」
周懷民更是與鄧拓交流很多的一位畫家朋友。1961 年夏天，鄧拓曾畫
桂花扇面一幅送給周懷民，並題七律一首：

　　　　天香何處忽飄來，筆底翻從扇上開。
　　　　夢到九秋同激灧，心歸三徑且徘徊。
　　　　閒將翰墨供談笑，漫把清樽泛綠醅。
　　　　欲問吳剛尋斤斧，月光照影舞千回。[19]

---

[19] 鄧拓：〈題自畫桂花扇面〉，《鄧拓全集・第四卷》第 210 頁。

蘇州靈岩山寺所收藏的鄧拓詩畫

這一年，他還幾次為周懷民收藏的董其昌、仇十洲、文徵明、王麓台、新羅山人等珍品作了題跋。1964 年，周懷民畫松山雲海圖紈扇贈丁一嵐，鄧拓也在扇背上題詩一首：「茫茫山海雲深處，郁郁松峰夕陽紅。望斷飛鴻天外影，花魂詩思伴東西」，[20]並寫「一嵐清玩」，署名雲特。

鄧拓與畫家們的精神交流，還表現在他五六十年代創作的一百多首題畫詩上。他不僅為仇十洲、李龍眠、石濤、任伯年、王麓台等古代藝術家的畫作題詩，也為吳作人、周懷民、關山月、華君武、蔣兆和、黃胄、董希文、趙丹、李克瑜等許多現代畫家的作品題詩。這些題畫詩一般都和畫一起在《人民日報》、《光明日報》、《北京日報》、《前線》上發表。〈贈趙丹同志二十韻〉是這類詩的代表作。

1963 年年初，鄧拓與趙丹都作為山東省人民代表出席全國人民代表大會。兩人一見如故，鄧拓就邀趙丹到家中做客。那時趙丹正準備扮演魯迅，就找鄧拓交談如何更好地表現魯迅的形象和思想，兩人說得非常投機。閒談中講到浙江雁蕩山險峻旖旎的風光時，趙丹情緒激昂頓起畫興，趙丹夫人黃宗英說他作畫要有酒助興，才更酣暢流利。

---

[20] 鄧拓：〈題扇〉，《鄧拓全集·第四卷》第 321 頁。

於是，鄧拓的大女兒鄧小嵐跑到廚房拿來了一碟花生米和一杯酒，趙丹邊飲酒邊運筆揮墨，一氣呵成，為鄧拓畫了一幅氣勢磅礡的《雁蕩大龍湫圖》。事後，鄧拓寫了〈贈趙丹同志二十韻〉以致謝：[21]

> 趙丹自昔多才藝，俠骨豪情志不移。銀燈照耀三十載，聲譽飛揚中外知。……我愛阿丹畫，時時惹夢思。今逢元旦相見，把手歡談不覺遲。猛憶浙遊過雁蕩，峰巒突兀勝九嶷。願得壁間一幅山水圖，使我夢遊其中坐臥復吟詩。阿丹聞我語，慷慨不推辭，遂就案頭紙，走筆若龍蛇。中鋒懸腕力透紙背有如疾風與驟雨，氣勢磅礡墨淋漓！剎時龍湫飛瀑來天際，看圖更比登臨危；恍惚縱身攀絕壁，奮翅盤旋上高崖；又如騰空逐飛鳥，白雲深處相追隨。我見阿丹用筆、用墨、忽徐、忽疾、或濃、或淡，變化複雜而迅速，益感藝術創作非有過人精力全神貫注不能為！……[22]

詩中那飛翔的想像、剛健的激情、放恣的文筆，都頗有太白餘韻，展示了鄧拓豪邁不羈的內在性格特徵。這種內在性格，也是鄧拓與趙丹心靈相知的基礎。

鄧拓的藝術愛好是多方面的。他在印鈐方面也花了很多時間學習研究，並親自動手篆刻。他收藏的印章就有 100 多枚。1958 年他還專門到榮寶齋學習裱工。[23]

戲劇戲曲音樂方面，鄧拓也有頗深的造詣。他曾在散文〈聽琴記〉中記述了他 1962 年秋參加一次古琴演奏會的感受，並深入介紹古琴知識。他還在散文〈漫談〈穆桂英掛帥〉〉、〈高甲戲的藝術特色〉中評介優秀的地方劇種。

---

[21] 鄧小虹：〈遂安伯胡同 5 號──鄧拓的家〉，《北京觀察》2002 年第 6 期；2005 年 8 月筆者與鄧小嵐的談話記錄。

[22] 鄧拓：〈贈趙丹同志二十韻〉，《鄧拓全集．第四卷》第 284-285 頁。

[23] 王必勝：《鄧拓評傳》第 208-209 頁。

藝術的世界總是讓鄧拓沉醉忘返。這是 1962 年鄧拓在聽琴。

詩詞、書法、美術、戲劇、音樂等多方面的深厚修養，展示了鄧拓革命家之外的文人情懷。雖然只有革命事業才是鄧拓追尋的終極價值所在，但是藝術的世界卻同樣讓他癡迷不已。作為一名革命者，他嚴於律己，他決不允許自己稍稍逾越嚴密的組織紀律；而在藝術的世界中，他卻可以相當盡情地流淌心底那奔放不羈的激情，也可以相當自由地釋放一些低徊幽抑的心緒。藝術這個審美化的世界，雖然不是鄧拓最後的安身立命之地，卻是他時時可以休憩心靈的人生小站。對藝術的追尋，展示了鄧拓心靈的多種色彩，豐富了他的人格層次。

二、《瀟湘竹石圖》

意想不到的是，鄧拓的藝術愛好卻平地起波瀾，給他帶來了一段冤屈。這都是由那一幅蘇東坡的傳世名畫《瀟湘竹石圖》引起的。

蘇東坡是北宋大文豪，也是一個著名畫家。史書上記載他曾畫過《枯木怪石圖》和《瀟湘竹石圖》，但是長久以來這兩幅作品只見記載不見原跡。1961 年春，鄧拓聽榮寶齋畫家許麟廬說有個叫白堅夫的四川老人藏有《瀟湘竹石圖》，因為生活困難想賣掉。鄧拓聽說《瀟湘竹石圖》現世十分激動。他詳細瞭解了情況，原來這個白堅夫曾是北洋軍閥吳佩孚的秘書長。北洋統治時期，他從北京風雨樓中的古玩店中買走了《枯木怪石圖》和《瀟湘竹石圖》這兩件蘇東坡的稀世珍品。後來他把《枯木怪石圖》賣給了日本人。這回為貼補生活，他曾找了

國家文物管理局，又找了國家博物館，可是由於無法斷定這是不是蘇東坡的真跡，這兩個部門都沒有表態說要買還是不買。而且，因為故宮博物院的專家徐邦達說這幅畫是贗品，白堅夫氣得卷起畫就走，再不願與他們打交道了。這時，瀋陽故宮博物館的楊仁愷就推薦白堅夫去找鄧拓看看。但是，鄧拓一時也沒辦法鑒別畫的真偽。這時，畫家周懷民推薦鄧拓看一本日本畫冊中所印的《枯木怪石圖》。周懷民和鄧拓倆還結合歷代典籍對蘇東坡畫風的記錄，對著畫冊，一起詳細品鑒蘇東坡繪畫的藝術特點。

　　一天，榮寶齋畫家許麟廬帶白堅夫攜畫到鄧拓家。由於白堅夫曾事過吳佩孚和日本侵略者，這又是一個階級鬥爭至上的年代，許麟廬只簡單介紹這是「白先生」、「鄧先生」，並不介紹兩人的身份。鄧拓展開全圖，只覺得「雋逸之氣撲人。畫面上一片土坡，兩塊怪石，幾叢疏竹，左右煙水雲山，涉無涯際，恰似湘江與瀟水相合，遙接洞庭，景色蒼茫，令人心曠神怡。徘徊凝視，不忍離去」。[24]良久，他才抬頭對許麟廬和白堅夫說：「今觀此畫，恍惚置身於瀟湘洞庭之間，似乎比惠崇畫中境界更為深遠。」他說他雖然不能鑒別這是不是蘇東坡的真跡，但這幅畫是珍品這點肯定是無疑的。白堅夫聽了也很激動。他賣畫，也要給畫找個好的歸宿，賣給藝術知音才放心。兩人愉快地商定 5000 元成交。鄧拓當即交給白堅夫 2000 元錢，約定其餘 3000 元 3 天內付清。鄧拓隨後請來榮寶齋的經理和畫師，從他個人收藏的畫中，挑選出 24 幅，經畫師作價，賣了 3000 元付給白堅夫。[25]

　　買下《瀟湘竹石圖》之後，鄧拓請了許多朋友到家中一起鑒賞、品評。他還從歷史博物館借來歷代絲織品的樣標，用放大鏡細心觀察、

---

[24] 鄧拓：〈蘇東坡瀟湘竹石圖畫卷題跋〉，《鄧拓全集・第四卷》第 517 頁。

[25] 鄧拓之子鄧壯 2007 年 7 月 4 日下午與筆者在北京語言大學會議中心的談話記錄；蘇雙碧、王宏志：〈鄧拓收購名畫的風波〉，《炎黃春秋》2002 年第 11 期。

分析歷代絲織經緯的特點；同時也大量觀賞蘇東坡的不同年代的書法作品，潛心琢磨蘇氏《枯木怪石圖》的用筆特點，廣讀蘇東坡所用的金石印鑒。經過半年多的仔細考訂，鄧拓確定這幅畫是蘇東坡的真跡。他非常珍惜，就把自己的書齋起名為「蘇畫廬」。「鄧拓還藏有一方蘇東坡的硯臺，所以又將書房起名為『一硯山房』。這兩個書齋名都刻有印章。」「當鄧拓陶醉於畫面的氣勢時，當他費神地考證時，他是在用心靈與蘇東坡那顆偉大的靈魂對話。蘇東坡的才情、抱負、苦悶乃至挫折，無不引起他的強烈共鳴。」[26]確認這是東坡真跡後，鄧拓寫下〈蘇東坡瀟湘竹石圖畫卷題跋〉一文，發表在 1962 年第 6 期的《人民畫報》上，介紹《瀟湘竹石圖》上的 26 家珍貴題跋，也介紹東坡畫的藝術風格。他說：

> 細看此圖所畫瀟湘竹石，更加證明了東坡畫法具有極大的創造性。畫石用飛白筆法，畫竹用楷書及行書撇、捺、豎、橫等筆法，而稍加變化；畫煙水、雲山、遠樹則用淡墨點染，氣韻生動。黃庭堅說：「東坡居士作枯槎、壽木、叢筱、斷山，筆力跌宕於風煙無人之境。」誠非虛言。而此畫寓意深遠，尤為難得。想見東坡當時心境，大有屈子離騷情調。卷末題「軾為莘老作」五字。莘老與東坡際遇有相同之處，堪稱同調。五字題款語句簡練、親切，與東坡文章風格一致；字體古樸、渾厚，一見而知為真跡無疑。[27]

　　鄧拓去世 18 年後的 1984 年，國家文物局組織了謝稚柳、啟功、楊仁愷、劉九庵、徐邦達五位專家對這幅《瀟湘竹石圖》進行鑒定，最終以多數的認定確認是蘇東坡的真跡。

---

[26] 李輝：〈書生累——關於鄧拓的隨感〉，李輝編著：《書生累——深酌淺飲「三家村」》第 48-49 頁。

[27] 鄧拓：〈蘇東坡瀟湘竹石圖畫卷題跋〉，《鄧拓全集・第四卷》第 519 頁。

當時也有的中央領導警示鄧拓不要玩物喪志。同時受到批評的還有愛好收藏古硯的康生、愛好收藏版本書的李一氓、愛好收藏郵票的夏衍。這事一時在中央、在北京市委掀起軒然大波。北京市委不相信康生等對鄧拓的指控，他們成立了專案調查組本著實事求是的精神進行調查研究。調查組由北京市紀委書記孫方山、市委宣傳部長李琪、市委辦公廳主任項子明、市委農村工作部長趙凡、市委秘書長吳垣、市委辦公廳幹事朱方獅等人組成，市委第二書記劉仁親自擔任組長。調查組分別到文物局、故宮博物館、文物商店等相關單位進行了深入細緻的取證，最後得出結論：對鄧拓的指控完全不能成立。鄧拓從不單獨賣畫進錢，以畫換畫純粹是為了進行科學研究，而且整個過程都是由國家文物部門具體經辦的，完全合法。調查組據實寫出調查報告，市委又將這份報告呈報給中央有關領導李雪峰、安子文和劉少奇。李雪峰、安子文分別在報告上畫了圈，國家主席劉少奇明確批示：鄧拓是個好同志，不是投機倒把，原來的通報應予立即收回。這才徹底洗刷了鄧拓的不白之冤。[28]

在個人和集體、國家的利益關係上，鄧拓從來是嚴格自律、潔身自好的。他收藏古畫、文物始終堅持這三條原則：一是凡屬國家需要的，他絕不收藏；二是凡屬於爭論較大的作品，國家文物部門不肯接受的，盡可能加以收集保護；三是凡個人收藏，都用自己的錢，絕不動用半文公款。他曾經讓黃胄把徐邦達請到家裡，讓他仔細地鑑定鑑定《瀟湘竹石圖》，並且委託徐邦達轉告故宮相關部門：如果他們認為此畫是蘇東坡的真跡，我立刻把《瀟湘竹石圖》無償捐獻給國家。可是徐邦達仍然堅持此畫是贗品，這幅畫才沒有立刻捐出。1946 年他曾經讚美把文物捐獻給政府的陳紫蓬先生「君愛文明非愛寶，身為物主不為奴」[29]。這兩句詩體現的也是鄧拓自身的精

---

28 鄧拓之子鄧壯 2007 年 7 月 4 日下午與筆者在北京語言大學會議中心的談話記錄；楊澤南：〈鄧拓「倒賣文物案」始末〉，《縱橫》2004 年第 10 期。
29 鄧拓：〈贈陳紫蓬先生〉，《鄧拓全集・第四卷》第 76 頁。

神境界。收藏文物，差不多花去了鄧拓工資收入之外的所有津貼、稿費，其中包括〈燕山夜話〉的稿費 2 萬多元。但在 1964 年，他就請許麟廬幫助鑒選，把個人收藏中最好的 144 件古畫，整理裱背好，蓋上鄧拓收藏的印章後，無償捐贈給中國美術家協會收藏，自己只留下《太真上馬圖》等仍有爭議、需繼續研究的少量古畫。這批捐贈的古畫有宋畫 5 件、元畫 9 件、明畫 35 件。其中有這幅鄧拓相信是蘇東坡真跡的《瀟湘竹石圖》，還有倪雲林的《鶴林圖》，黃子久的《山水立軸》，梅道人的《梅林圖》、《墨竹圖》，徐渭的《花卉手卷》，沈石田的《山水圖》、《萱草葵花圖》、《萬木奇峰圖》、《雞立軸》，文征明的《山水立軸》、《山水中堂》，唐寅的《山水立軸》，仇十洲的《采蘭圖》，陳道複的《四季花卉手卷》，李長蘅的《仿古山水四幀卷》，馬湘蘭的《蘭花圖》，陸象山的《花鳥中堂》，石濤的《山水冊頁》、《山水中堂》，羅兩峰的《墨蘭冊頁》、《鬼趣圖》、《麻姑圖》，八大山人的《雙鶴圖》、《蘆雁圖》、《竹石圖》、《魚圖》，新羅山人的《仕女圖》、《花卉中堂》，鄭板橋的《蘭竹圖》、《石虎圖》，李鱓的《公雞圖》，黃深的《蘇武牧羊圖》，陳洪綬的《人物立軸》、周濤的《墨龍中堂》、《進酒圖》，惲南田的《淡色山水》，等等。捐獻活動即無儀式，也沒有一紙證書，一切做得非常平靜。

　　鄧拓珍愛文物，珍愛的是人類文明的成果。他收藏文物，是為了研究，為了搶救，並不是把它們當作個人的財寶來看。早在解放初期，他就向中國歷史博物館捐贈了自己在戰爭時期收集的河北易縣戰國燕下遺址出土文物和山西陽高古城村漢墓出土文物。建國後，他又向中國歷史博物館捐贈了他收藏的明清時期的土地買賣、租賃契約，車廠攬運貨物合同和李清照的畫像，以及京西門頭溝煤窯業的文書契約等重要歷史文獻。[30]

---

[30] 劉孟洪、劉永成：〈傑出的功績，無私的奉獻——憶鄧拓同志對我國古代書畫文獻的研究及收藏〉，《憶鄧拓》第 156-163 頁。

1955 年鄧拓被中國科學院哲學社會科學部聘為學部委員

　　鄧拓注重對文物的搶救、收藏，源於他作為歷史學家的史學意識。學生時代，他就有卓著的歷史研究成果。後來在繁忙的革命生涯中，他始終沒有放棄對中國歷史的研究，尤其注重研究明清的資本主義經濟萌芽問題。他曾經多次親自到京西門頭溝礦區做了大量考察、研究，曾經對北京前門外的「六必居」老醬園和前門外的「萬全堂」老藥店採訪。1955 和 1956 年他分別發表了長篇歷史論文〈論《紅樓夢》的社會背景和歷史意義〉和〈從萬曆到乾隆──關於中國資本主義萌芽時期的一個論證〉。1955 年他被中國科學院哲學社會科學部聘為學部委員，他的三哥鄧叔群則被聘為中國科學院生物學部委員。在北京市歷史學會成立大會和北京市歷史學年會的講話中，他都特別強調「百家爭鳴、百花齊放」的雙百方針，強調把學術問題和政治問題區別開來。那個時代，在力所能及的範圍內，他都儘量維護學術自身的規範。

第十五章　斷骨留魂證苦衷[1]

一、風波初起

　　經過 1961 年的調整，1962 年國民經濟狀況開始好轉，三年困難的緊張局面得以緩解。儘管在調整過程中，大家都小心翼翼地不直接否定總路線、「大躍進」、人民公社這「三面紅旗」；但是在實際貫徹調整方針的時候，就不可避免地與「三面紅旗」發生了尖銳的矛盾。這在客觀上就衝擊了毛澤東當時的思想。1962 年 9 月的十屆三中全會上，毛澤東從反修防修的角度，重提階級鬥爭。「左」傾思想重新抬頭，向務實的經濟、文化發展觀進行反攻。文藝宣傳部門也開始接受並貫徹執行毛澤東關於在文藝戰線和社會科學戰線反對「修正主義」的指導思想。

　　這時候，毛澤東夫人、中宣部電影處處長江青希望以文藝界為出發點逐步進入國家核心領導層。從毛澤東的「階級鬥爭」論中，江青找到了顛覆既有文化宣傳系統、實現自己權力夢想的路徑。毛澤東由於在治國策略上時常與劉少奇、鄧小平等有所分歧，所以就越來越不信任劉少奇等國家管理層，而越來越倚重林彪、康生、江青等人。

　　1963 年 5 月，江青在上海組織了圍剿孟超劇作《李慧娘》的文章──〈「有鬼無害」論〉。結果，廖沫沙發表在《北京晚報》上的評論

---

[1] 鄧拓：〈頌山茶花〉，《鄧拓全集・第四卷》第 149 頁。

〈有鬼無害論〉也遭到了批判，北京市委迫於形勢不得不讓廖沫沙在
《北京晚報》上作了公開檢查。但是，誰也沒有想到，中央上層對「三
家村」的批判才開了個頭而已。1964 年 8 月，中共華北局會議在北戴
河召開，會上中央對北京市委施加了很大的壓力，矛頭直指吳晗的「道
德繼承論」。「道德繼承論」，指的是吳晗在「三家村劄記」中的兩篇雜
文──〈說道德〉、〈再說道德〉──的觀點。吳晗認為統治階級的道
德可以批判地繼承，談道德問題不能割裂傳統。彭真、劉仁、鄧拓商
量之後，覺得中央的指示不能不執行。他們一是安排《前線》雜誌文
教組長李筠代表市委兩天內趕寫一篇批判吳晗道德繼承論的文章；二
是立即電召吳晗到北戴河寫檢查。李筠的文章趕出來後立即送往北戴
河，鄧拓作了修改。這時忽然又得到的通知說暫時不公開批判吳晗，
彭真、劉仁、鄧拓和吳晗本人都松了一口氣。中央的這一改變，「究其
因，也許是最高領導層覺得公開批判的時機未到，也許是中央內部的
意見分歧。」[2]

1964 年 2 月，鄧拓訪問內蒙時揮筆賦詩。這時，對「三
家村」的批判已經拉開序幕。

[2]　李筠：〈我和「三家村」〉，《親歷重大歷史事件實錄》，《中共黨史資料》編
輯部編，黨建讀物出版社、中國文聯出版社 2000 年第 1 版第 76-78 頁。

　　1965 年初，江青提出要把北京京劇團作為她搞戲劇改革的「試驗田」。她初來蹲點的時候，北京市委派文教書記鄧拓陪她看戲。江青看戲的時候居高臨下地指指點點，隨便議論人、隨便批評人，引起大家的不滿。鄧拓看不慣她的作風，只陪她看了兩場戲，就藉口有偏頭痛不陪了。江青覺得受冷落了，因為她去上海，市委第一書記柯慶施場場陪她；而在北京，不僅彭真不陪，劉仁不陪，連鄧拓也不陪，最終只派了市委宣傳部長李琪陪她，而李琪又不願對她言從計聽，她便覺得太降格了，心裡老大不高興。在北京市蹲點過程中，江青以特殊身份凌駕於各級黨委之上，而且按照自己的意願修改京劇傳統唱腔，隨意調用尖子演員，使得一些劇團無法正常演出。彭真等按照組織原則對江青的一些做法進行了抵制。這更引起了江青的不滿和仇恨。江青不斷向毛澤東告狀說北京市委是「大北京主義」、「眼中無我」、「破壞戲劇革命」。[3]

二、圍繞《海瑞罷官》的鬥爭

　　1965 年 11 月 10 日，姚文元的大批判文章〈評新編歷史劇《海瑞罷官》〉突然在《文匯報》刊出。文中，姚文元無中生有地把劇中所寫的「退田」、「平冤獄」與 1961、1962 年的「單幹風」、「翻案風」聯繫起來，說「『退田』、『平冤獄』就是當時資產階級反對無產階級專政和社會主義革命的鬥爭形式」，宣佈《海瑞罷官》是「毒草」。這讓彭真、鄧拓等都感到很突然。因為吳晗寫〈海瑞罵皇帝〉、〈論海瑞〉的文章，創作劇本《海瑞罷官》，起因是 1959 年 4 月毛澤東在黨的八屆七中全會上盛讚海瑞敢於講真話、提倡大家向海瑞學習。這樣的「遵命文學」怎麼可能是大「毒草」呢？況且，1961 年《海瑞罷官》上演的時候，還

---

[3]　張道一：〈秘書張道一談彭真與毛澤東 1963 年後的關係〉，《中華兒女》2001
　　年 9 月 3 日。

得到毛澤東主席的表揚。1965 年中央「文化革命 5 人小組」也已經規定說學術批判不要帶政治帽子，點名要經過中宣部，批判要以中央期刊為准。《文匯報》這樣突然點名批判北京市副市長、民盟負責人和著名學者，顯然違反了中央的規定。姚文元文章發表的當天，彭真不在北京，鄧拓即根據原則指示《北京日報》、《前線》不要轉載。他的做法後來得到了北京市市委書記、中央「文化革命 5 人小組」組長彭真的支持。

《文匯報》和姚文元這麼做，似乎來頭不小，彭真、鄧拓等也不敢掉以輕心。11 月 13 日，鄧拓召集范瑾、李琪、李筠研究吳晗的《海瑞罷官》問題。鄧拓打電話問吳晗對姚文元文章的看法。吳晗悲憤地說：如果真是要討論對海瑞的評價，我可以奉陪，寫文章參加爭鳴。但姚文元是在扣政治帽子，是在誣陷。我 60 年寫劇本，怎麼能未卜先知地影射 1961 年才發生的「單幹風」和「翻案風」呢？鄧拓覺得吳晗講得有道理，心下暗自為吳晗感到不平。但是形勢逼人，他們知道沒有中央最高層的旨意，《文匯報》和姚文元不會空穴來風的。最終他們決定《前線》和《北京日報》成立學術批判小組，開展學術批判，以爭取主動。

姚文元文章的幕後操縱者實際是江青。江青先是在北京叫人寫，遭到了拒絕，於是她又到上海，得到了柯慶施、張春橋的支持，秘密安排姚文元寫，姚文元先後改了七稿。而江青的所作所為都是毛澤東支持的，這是彭真、鄧拓沒有想到的。

毛澤東看到北京的報刊都沒有轉載姚文元的批判文章，就立即指示上海把姚文元的文章印成小冊子。由於不瞭解這一背景，北京市新華書店沒有立刻表示徵訂。這惹得毛澤東更加不快了。1965 年 11 月 28 日，周恩來給彭真打電話，告知說毛澤東主席指示北京的報紙要立刻轉載姚文元的文章。29 日《北京日報》被迫轉載姚文元的〈評新編歷史劇《海瑞罷官》〉。轉載時，加了彭真審定的編者按語：「幾年來，學術界、文藝界對《海瑞罷官》這齣戲和吳晗同志寫的其他文章是有不同意見。我們認為，有不同意見就該展開討論。」11 月 30 日，《人民日報》也被迫轉載該文，根據周恩來、彭真的意見，加上了按語，

希望通過辯論，能夠進一步開展各種意見之間的互相爭論和互相批評。這時，周恩來和彭真、鄧拓等仍然力圖將氣勢洶洶的批判控制在學術範圍之內，抵制江青、張春橋、姚文元等人把批判向「左」的方向推進。

1961 年鄧拓和廖沫沙（左四）、李琪（左一）等參觀北京平谷縣海子水庫。1966 年 7 月 10 日，李琪因江青等迫害而自殺。廖沫沙是「三家村」唯一的倖存者。

1965 年 12 月 2 日，鄧拓、範瑾召集《北京日報》、《前線》學術批判小組人員開會，傳達北京市委的基本態度。鄧拓說：現在吳晗的問題不是已有了結論，不是已肯定《海瑞罷官》是一株大毒草，現在首先當學術問題來討論。政治問題和學術問題要分開，如果一下分不清，就先當學術問題來處理。當然，姚文元提出政治問題也不能回避，在真理面前人人平等，都有發言權，不是一批評就不得了，就有覆滅的危險，就不能工作了。批評是為了更好地工作，過火的批評也應糾正，不能一棍子打死。現在首先要緩和這個局面，應該有人寫文章，肯定姚文元的文章哪些地方是對的，哪些地方過火；吳晗哪些地方是對的，哪些地方確實錯了。不是一棍子打死吳晗，不要一邊倒，倒向姚文元，或者倒向吳晗。

按照彭真的安排，12 月 12 日，鄧拓以向陽生的筆名在《前線》、《北京日報》發表了〈從《海瑞罷官》談到「道德繼承論」——就幾個理論問題與吳晗同志商榷〉的文章，這篇文章以學術討論的語氣，對吳晗的道德繼承論提出不同意見。文章發表前曾根據彭真的意見修改過，後又經市委書記處傳閱，最終由彭真定稿。文章在開場白中說明看過姚文元的文章、又看過許多相關資料，是經過比較

2

0

3

探索而寫成的。「這個開場白至少說明了這麼幾點：一作者是看了姚文元的〈評新編歷史劇《海瑞罷官》〉之後才寫成這篇文章的。說明作者明白無誤地表達他不同意姚文元對《海瑞罷官》的誣陷。二作者對吳晗《海瑞罷官》及其成書過程是作過調查研究的，找不到有什麼『反黨反社會主義』的痕跡，只找到了『道德繼承論』這個思想基礎。三作者在調查吳晗寫《海瑞罷官》的歷史背景時，特地參閱了當時的解放日報、文匯報，並把當時有關海瑞的文章和幾個劇本『加以比較』。這一說明，表現了鄧拓的骨氣，表現了他勇敢和不妥協的鬥爭精神。……鄧拓通過上面的研究和調查之後，針鋒相對地提出，《海瑞罷官》的思想基礎是『道德繼承論』，而不是什麼『反黨反社會主義』。」[4]

在趕寫向陽生文章的同時，鄧拓還根據彭真的指示，寫信給吳晗，讓他迅速寫一個關於《海瑞罷官》的自我檢查。信中說，「你的思想問題，恐怕主要的還是對於歷史唯物主義的根本問題沒有弄清楚」，「你的文章無論是自我批評或者對姚文元文章的批評意見我們認為都應該充分發表，不要顧慮重重」。於是吳晗寫了《關於〈海瑞罷官〉的自我批評》一文發在 12 月 27 日的《北京日報》上，就有關《海瑞罷官》中的若干學術問題進行說明和解釋，辯解了該劇與「單幹風」、「翻案風」無關，也在某些問題上作了自我批評。

1965 年 12 月 14 日，北京市委大學工作部召集北京 6 所高等院校的 20 多名文科大學生召開關於《海瑞罷官》和姚文元文章的座談會，鄧拓再次強調：

> 姚文元的觀點不一定都對，沒有一點錯誤的或不確切的地方？都對的話那就做結論了，還討論幹什麼？吳晗同志的觀點有許多根本性的錯誤，但是是否就一無是處？是不是一棒子打死？

---

[4] 蘇雙碧：〈圍繞著批吳性質的上層爭論〉，《中國封建主義批判》，湖北人民出版社 1999 年第 1 版第 249 頁。

根據吳晗的表現，還不能說他是反黨反社會主義，不能一棍子打死，這是真的，不是唬弄大家。……思想要解放，寫文章不要有顧慮，不要怕你的觀點是否與姚文元不同，不要怕與吳晗有共同之點。不要扣帽子，要擺事實講道理，力求創造一種「百花齊放，百家爭鳴」的空氣，改變過去討論中的緊張空氣，要養成暢所欲言的習慣。[5]

顯然，彭真、鄧拓以及整個北京市委都在盡最大的努力把江青、姚文元操持的這場鬥爭轉換為公平的學術爭論。但是，這場有關《海瑞罷官》的討論一開始就不是什麼學術討論，而是一場預先策劃好的政治陰謀。批判吳晗只不過是江青等顛覆北京市委、進軍國家領導層的一個突破口罷了。「毛澤東當然清楚，批判吳晗並不是吳晗有多大錯誤，也不是吳晗該不該批，而是要以此為契機掀起一個大的運動，最終達到打擊黨內的『異己』勢力，即被稱為劉鄧司令部的一大批人，這批人就當時的實力而言遠遠超過毛澤東直接指揮下的江青、康生、張春橋一些人，這就是他必須動員群眾起來造反的原因。」[6]

三、批判升溫加碼

彭真、鄧拓等所作的努力，根本無力改變事情的走向。看到姚文元對吳晗的政治陷害，許多正直的人都很反感，但毛澤東此時出於對階級鬥爭的錯誤認識、出於對自己黨內權威地位的過敏，卻於 1965年 12 月 21 日在杭州和陳伯達等人談活時說：「姚文元的文章也很好，點了名，對戲劇界、歷史界、哲學界震動很大，但是沒有打中要害。

5　鄧拓：〈鄧拓在北京一次文科大學生座談會上的講話摘要〉，《鄧拓全集·第二卷》第 734-735 頁。

6　蘇雙碧：〈圍繞著批吳性質的上層爭論〉，《中國封建主義批判》第 255 頁。

要害問題是『罷官』。嘉靖皇帝罷了海瑞的官，1959 年我們罷了彭德懷的官。彭德懷也是『海瑞』。」此言一出，《海瑞罷官》的主題從「退田」變為「罷官」，吳晗的問題，層層加碼，變成了為毛澤東欽定為「反黨分子」的彭德懷鳴冤的「毒草」，具有了反黨、反毛澤東的性質，政治批判的分量加重了。[7]

政治形勢一天天變得複雜起來，彭真、鄧拓等根本不能接受姚文元的觀點，更不相信關於吳晗反黨反毛澤東的指控，可是毛澤東主席卻支持康生、江青、姚文元的政治陷害。形勢將會向那個方向走呢？鄧拓的心裡沒有底，心情變得異常沉重。北京的冬天很乾燥，陽光照在冰棱上，明晃晃的；但鄧拓的心頭卻有風雨如晦、煙水蒼茫的荒涼感。屋裡有暖氣，可他總是睡不好覺，不斷在夢中驚醒。來者不善，他擔心吳晗的命運，也預感到康生、江青的利劍似乎並不滿足於刺向吳晗一人。前路渺茫，他所能做的只是，用追尋歷史正義這一終極價值的高遠情懷來充健自己的內在精神，在靜默沈著中矚目未來。當把目光投向歷史深處時，生命就會凝聚出堅定的力量去抵禦現實的沉重，他不斷勉勵自己去凝視「霞光芳霧映春暉」的遠景。於是，他揮筆寫下了一生中留下的最後一首詩──〈記夢〉：

> 五更風雨夢如飛，煙水蒼茫夜色微。
> 話到海山無滴淚，寫來筆墨不沾衣。
> 高情消盡千秋怨，碧血凝成萬古詩。
> 默向長天尋新路，霞光芳霧映春暉。[8]

「雖然鄧拓的夢境究竟具體如何，不得而知，但詩由『碧血凝成』，就不可謂不怨苦了；……這裡有文文山『從今別卻江南日，化作啼鵑

7　李筠：〈我和「三家村」〉，《親歷重大歷史事件實錄‧第五卷》第 79-84 頁；
　　薄一波：《若干重大決策與事件的回顧》，第 1230-1235 頁。

8　鄧拓：〈記夢──用毛主席《答友人》七律原韻〉，《鄧拓全集‧第四卷》第
　　343 頁。

帶血歸」（文天祥〈金陵驛〉）的遺意。這首詩實際上是鄧拓的絕筆詩。在這首詩裡，鄧拓似乎有無法把話說出、說盡的痛苦。[9]」

　　深冬時節，室內的山茶花又開了。鄧拓生平最喜歡山茶花。這時，他記起幾年前的一個冬末春初，自己正臥病在醫院中，幸虧有一盆盛開的淺紅的「楊妃山茶」擺在床邊，朝夕相對，慰藉寂寥。他還記得有一個早上，突然發現一朵鮮豔的花兒被碰折掉了，心裡覺得很可惜，就把她拾起來，放在原來的花枝上，借著周圍的花葉把她托住。沒想到經過了二十天的時間，她還沒凋謝。他不禁感歎：這是多麼強烈的生命力啊！他當時立即就在病床上寫了一首小詩，稱頌這朵山茶花：

　　　　紅粉凝霜碧玉叢，淡妝淺笑對東風。
　　　　此生願伴春長在，斷骨留魂證苦衷。[10]

　　現在，他看著眼前的這一樹山茶花，「粉紅色花瓣，又嫩又潤，恍惚是脂粉凝成的；襯著綠油油的葉子，又厚又有光澤，好像是用碧玉雕成的。」他不禁想，「一株小樹能開許多花朵，前後開花的時間，可以連續兩個月。她似乎在嚴寒的季節，就已經預示了春天的到來；而在東風吹遍大地的時候，她更加不願離去，即便枝折花落，她仍然不肯凋謝，始終要把她的生命獻給美麗的春光。這樣堅貞優美的性格，是多麼令人感動啊！」[11]想到這兒，鄧拓不禁受到了鼓舞。他相信自己也能像這堅貞的山茶花一樣穿越這個政治上的寒冬。

　　1965 年 12 月 22 日，彭真對毛澤東主席說：根據調查，吳晗同彭德懷沒有聯繫，《海瑞罷官》同廬山會議沒有關係。1966 年 2 月 3 日，彭真主持召開「文革 5 人小組」擴大會議，會議擬定了〈關於當前學術討論的彙報提綱〉即〈二月提綱〉。在當時的形勢下，〈二月提綱〉不可

---

[9]　陶軍：〈彩筆干雲，壯懷激烈——讀《鄧拓詩詞選》後〉，《人民新聞家鄧拓》第 165 頁。
[10]　鄧拓：〈頌山茶花〉，《鄧拓全集‧第四卷》第 149 頁。
[11]　鄧拓：〈可貴的山茶花〉，《鄧拓全集‧第四卷》第 497 頁。

避免地帶著一些「左」的色彩，但其基本指導思想是強調學術爭論要「用擺事實、講道理的方法」，強調「要堅持實事求是，在真理面前人人平等的原則，要以理服人，不要像學閥一樣武斷和以勢壓人」。顯然，擬定〈二月提綱〉的目的是想將這場大批判儘量加以限制，以避免發展成為嚴重的政治鬥爭，避免發生更大的社會混亂，其基本內容是正確的。〈二月提綱〉發向全國後，學術批判的空氣上升，政治批判有所抑制。康生、江青等不能容忍〈二月提綱〉，他們在毛澤東的支持下針鋒相對地搞了〈林彪同志委託江青同志召開的部隊文藝工作者座談會紀要〉，提出「文藝黑線專政」論，把矛頭對準了整個中國文化思想界，強調要「堅決進行一場文化戰線上的社會主義大革命，徹底搞掉這條黑線」。1966 年 3 月底，毛澤東在上海同康生、江青、張春橋的談話中，批評彭真、中宣部和北京市委包庇壞人，說如果再包庇壞人，中宣部要解散，北京市委要解散，「文革五人小組」要解散。這時毛澤東已經下決心要發動「文化大革命」了。〈三家村札記〉、〈燕山夜話〉也被定性為反黨反社會主義。毛澤東的講話是一個充滿火藥味的講話，也是一個完全凌駕於黨中央的講話。這說明黨的正常生活已經不存在了。[12]

四、「三家村」反黨集團

對鄧拓的批判從 1966 年 1 月就開始了。首先是北京市委奉命批判鄧拓。「由李琪、范瑾、張文松主持的批鄧寫作組，一共四五個人。每人抱著一本〈燕山夜話〉、一本〈三家村札記〉，翻來覆去地看，誰也找不出一個像樣的『要害』問題來。」[13] 3 月底，毛澤東支持康生、江青、

---

[12] 關於《海瑞罷官》批判的相關史實及分析評價，主要參考了李筠的文章《我和「三家村」》、蘇雙碧的文章《圍繞著批吳性質的上層爭論》，以及薄一波的著作《若干重大決策與事件的回顧》。

[13] 蘇雙碧、王宏志：〈巨星隕落在序幕中〉，《中國封建主義批判》第 275 頁。

張春橋等把鄧拓、吳晗的問題一下子上升到「反黨反社會」的原則上，這是誰也沒有預料到的。這時，鄧拓只覺得猛然間受到當頭一棒。一切都太荒唐了。說自己有錯誤，他完全能接受，他願意在不斷的批評和自我批評中反省自己、提高自己。但是，自己怎麼可能去反對視之為精神歸宿的黨呢？怎麼可能去反對社會主義呢？現在不僅自己被批判，彭真也被說成是「包庇壞人」，可是「彭真在關於《海瑞罷官》討論中的一系列主張都是以黨、國家、民族利益為重的，都是正確的。」[14]黨，自己把一生獻給她的黨，怎麼會讓一批顛倒是非的人占上風呢？儘管對江青、姚文元一夥的險惡用心早有所預感，但是事態的嚴重性還是遠遠超出鄧拓的預料，也遠遠超出鄧拓所能承受的程度。

　　1966年4月初，北京市委傳達中央要公開批判〈燕山夜話〉和〈三家村札記〉的精神。儘管彭真等不能理解中央的這一做法，但是，他們還是按照組織紀律原則去執行中央的指示。4月6日至11日，在劉仁、萬里、鄭天翔「三人領導小組」和李琪、宋碩、范瑾、張文松組成的「四人辦公室」的主持下，《北京晚報》、《北京日報》、《前線》、北京出版社、高教局、教育局、文化局等單位，迫不得已在市委交際處對鄧拓進行一定範圍的批判。這次批判，主要是對鄧拓提出問題，但結論是「鄧拓是擁護三面紅旗的，在頂單幹風、自由市場等方面同書記處是一致的」。「鄧拓除〈三家村箚記〉外，其他文章都是正確的」。這樣的舉動顯然過不了關。隨後，北京市委的黨報黨刊迫不得已在媒體上對「三家村」進行公開批判。1966年4月16日，《北京日報》以3個版的篇幅，在〈關於「三家村」和《燕山夜話》的批判〉標題下，發表了一批材料，並刊發了《前線》、《北京日報》的編者按。「當時，康生、江青就認為《前線》、《北京日報》旨在包庇鄧拓，是假批判真包庇，並立即通知各報不能轉載。但是，不管怎樣，報上公開點明批判鄧拓卻是第一次。」[15]

[14] 蘇雙碧、王宏志：〈巨星隕落在序幕中〉，《中國封建主義批判》第279頁
[15] 蘇雙碧、王宏志：〈巨星隕落在序幕中〉，《中國封建主義批判》，蘇雙碧著，

批判前，市委先和鄧拓通了氣。鄧拓不能接受這樣的定性，但是並沒有爭論、抗辯的權利，他只能默默地承受著。當然，剛直的內在性格也決定了他不會開口去認可加在他頭上的莫須有的指控。但在家裡，他卻要盡力引導孩子們正確對待這件事。4 月 11 日，鄧拓叫回幾個在學校的孩子，嚴肅地同他們談了一次話。他說：「報上就要點名批判我寫的文章了。我們的責任是對人民負責，因此就要堅持真理，修正錯誤，有了錯誤，就要允許批判麼！這也是為了使我更好地為黨工作。」他要求孩子們：「要好好學習毛主席著作，和老師、同學們一道討論分析，不要怕，要勇於批判我的缺點、錯誤，幫助爸爸認識改正錯誤。」[16]他不願意在孩子面前流露自己冤屈的情緒。孩子還小，不理解黨內生活的複雜性。他不願意自己的孩子對自己所敬愛的黨有任何懷疑，也不希望孩子的心受到政治鬥爭陰暗面的傷害。

春天來了，院子裡的紫藤花又悄悄地開了，可是誰也沒有心思去留意它。4 月 16 日〈關於「三家村」和《燕山夜話》的批判〉的文章發表後，鄧拓被勒令在家停職寫檢查。他成天一動不動地坐在書桌前，家裡的氣氛十分沉悶。彭真親自打電話給鄧拓，勸他不要緊張，要正確對待，嚴格要求自己，還勸他保重身體，注意健康，將來還要做很多工作。劉仁派人上門看望他，安慰他，鼓勵他冷靜對待當前的問題。在這個陰冷的春天裡，領導、戰友的安慰，給了他些許的溫暖，卻解不去他心頭糾結的疑團。老戰友楊述[17]來看他，鄧拓悒鬱地對他

湖北人民出版社，1999 年第 1 版，第 277 頁。

[16] 鄧雲：〈回憶我的爸爸鄧拓〉，《憶鄧拓》第 241 頁。

[17] 楊述（1913-1980），又名歐陽正、歐陽素、楊德基，江蘇淮安人。1934 年考進了清華大學，是「一二・九」運動的骨幹。1936 年加入中國共產黨，曾任清華大學黨支部宣傳委員、中共川東特委組織部長兼青委書記。1939 年到延安，曾任《抗戰報》主編等職。1943 年與韋君宜結婚。1948 年團中央成立後，任團中央常委、宣傳部長兼《中國青年》雜誌社社長。建國後歷任團中央書記處候補書記、北京市委宣傳部長兼任高等學校黨委第二書記、調中央華北局任宣傳部副部長、中國科學院哲學社會科學部副主任等職。文革中被打成「三家村黑幹將」。1979 年任中國社科院顧問。

說：「我作一年以後弄清問題的準備。」楊述聽了搖搖頭說：「這一次時間可能會比較長一些，兩三年吧。」[18]然而，政治形勢的複雜性，都遠遠超出了所有人的意料。

這張與老戰友妻凝先在 1966 年的合照是鄧拓留下的最後一張照片。

4 月底，全國大批判的火力全都集中在「三家村」上，而且層層加溫。孩子們變得十分迷惘。從小爸爸媽媽都教育他們要聽黨的話，可是現在黨說爸爸是壞人，說要堅決和爸爸鬥爭，要粉碎爸爸的陰謀。他們陷入了巨大的矛盾和深深的痛苦之中。多年後鄧雲沉痛地自責說：「當時，我們中間最大的二十二歲，最小的不過才十一歲，我們畢竟還太幼稚，不可能看穿事情的真相。我們沒有別的道路可以選擇，只有一條路，就是站在『黨』的一邊，和爸爸『劃清界限』。我們不得不相信爸爸是那種『打著紅旗反紅旗』的『敵人』。我們從此再也不敢正視爸爸一眼，再也不想和爸爸說一句話，再也不願叫一聲爸爸。爸爸在無可名狀的痛苦冤屈中，又增加了摯愛的兒女們給他添上的一份痛苦冤屈，人世間還能有比這更悲慘的遭遇嗎？他能對我們這些年幼無知的孩子說什麼呢？爸爸在我們面前開始一言不發了。」[19]

有一天，市委機關的幾個人忽然來到鄧拓家，沒有做任何解釋，就把新華社編的內部「大參考」全部都收走了，還說，「以後就不再給你送『大參考』了。」鄧拓問為什麼，他們說這是上級的指示。鄧拓有點激動，希望今後還能看到「大參考」，來人也不理會他，拎著那些「大參考」就走。鄧拓跟在他們身後還在說：「能不能繼續把『大參考』

[18] 楊述：〈健筆終存天地間──懷念鄧拓同志〉，《憶鄧拓》第 205 頁。

[19] 鄧雲：〈回憶我的爸爸鄧拓〉，《憶鄧拓》第 243 頁。

給我一份。」那些人走了以後，鄧拓一直坐在書房裡，一句話也不說。「一本『大參考』，在許多人眼裡它不過是黨的高級幹部的一種待遇，但處在全國上下批判『三家村反黨集團』的聲浪中，鄧拓把這本『大參考』當成是一種象徵，一種黨仍然信任他、認可他的象徵。他在極度的孤獨和痛苦中抓住這根救命的稻草掙扎著、希冀著。現在這個象徵不復存在，而它透示著某種更為嚴酷的資訊。」[20]

已經是春末夏初了，氣溫漸漸轉暖，孩子們都換上了兩件單衣了，可是鄧拓還是覺得那麼冷，從心裡冷到身上。他還整日披著厚厚的呢大衣，一動不動地坐在書桌前。他一個字也沒有寫，形容枯槁。他不知道這一切為什麼會發生，只知道自己現在已經被黨拋棄了，是人人都要口誅筆伐的「過街老鼠」了！他絕望地對丁一嵐說：「我恐怕要準備坐二三年牢了。」[21]

5月8日，「三家村」批判再一次升級。這一天，江青主持寫作的文章〈向反黨反社會主義黑線開火〉以高炬的筆名在《解放軍報》上發表，關鋒以何明為筆名寫作的〈擦亮眼睛，辨明真假〉的文章在《光明日報》發表，林傑等編著的〈鄧拓的《燕山夜話》是反黨反社會主義的黑話〉同時在《解放軍報》和《光明日報》發表。這些文章不僅集中圍剿鄧拓、吳晗、廖沫沙，還把矛頭指向北京市委。〈向反黨反社會主義黑線開火〉誣陷說「鄧拓是他和吳晗、廖沫沙開設的『三家村』黑店的掌櫃，是這一小撮反黨反社會主義分子的一個頭目。他們把持《前線》、《北京日報》以及《北京晚報》作為反黨工具，射出了大量毒箭，倡狂地向黨向社會主義進攻。」文章以牽強附會的方式闡釋雜文內容和作者的寫作目的說，「對黨和社會主義懷著刻骨仇恨的鄧拓一夥，從一九六一年開始，就拋出了他們的〈燕山夜話〉、〈三家村箚記〉。他們以談歷史、傳知識、講故事、說笑話作幌子，借古諷

---

[20] 任捷：〈鄧拓自殺的前前後後──對鄧拓夫人丁一嵐的訪談〉，《南方週末》1999 年 6 月 25 日。

[21] 根據 2005 年 8 月筆者與鄧小嵐的談話記錄。

今，指桑罵槐，含沙射影，旁敲側擊，對我們偉大的黨進行了全面的惡毒的攻擊。辱罵我們的黨『狂熱』、『發高燒』，說『偉大的空話』，害了『健忘症』。惡毒地攻擊總路線、大躍進是『吹牛皮』，『想入非非』，『用空想代替了現實』，把『一個雞蛋的家當』，『全部毀掉了』，在事實面前『碰得頭破血流』。竭力為罷了官的右傾機會主義分子喊冤叫屈，吹捧他們的反黨的『骨相』和『叛逆性格』，鼓勵他們東山再起。誹謗無產階級專政，極力煽動對社會主義制度的不滿情緒，宣揚腐朽沒落的封建道德和資產階級思想，為資本主義復辟鳴鑼開道。鄧拓甚至狂妄地叫嚷要我們黨趕快下臺『休息』，什麼話都不要說，什麼事都不要做，一切聽從他們的『指導』，由他們來專我們的政。」〈擦亮眼睛，辨明真假〉說，「很清楚，由於文化大革命的深入，鄧拓、廖沫沙、吳晗等人反黨反社會主義的面目暴露了，《前線》和《北京日報》才匆匆忙忙地扯起〈關於「三家村」和《燕山夜話》的批評〉正面旗子，發表一批材料。所謂『展開嚴肅的批判』是假的，收緊陣地，實行掩護，才是真的。」

　　5月10日，上海的《解放日報》、《文匯報》同時刊登了姚文元的〈評「三家村」——《燕山夜話》《三家村札記》的反動本質〉。姚文元攻擊4月16日《北京日報》刊登〈關於「三家村」和《燕山夜話》的批判〉及其編者按是「假批判，真蒙混，無非是演一出『批判』的戲給人們看，以抗拒黨中央的指示」。他咬住說：「〈燕山夜話〉的作者是鄧拓，〈三家村札記〉則是鄧拓、廖沫沙、吳晗合股開辦的一個黑店。鄧拓擔任了《前線》的主編，又把持和壟斷了北京市的思想文化工作領導崗位，他同『三家村』的夥計們一起，把《前線》、《北京日報》、《北京晚報》……當作反黨反社會主義的工具，倡狂地執行了一條反黨反社會主義的右傾機會主義即修正主義的路線，充當了反動階級和右傾機會主義向黨進攻的喉舌。」姚文元還毫無根據地進行政治附會，給〈燕山夜話〉和〈「三家村」札記〉栽贓。他說：「在〈堵塞不如開導〉，鄧拓一再要求對『一切事物』都要『積極開導使之順利發展』……

請注意，『一切事物』，即包括那些反黨反社會主義的反動黑暗的事物。」他誣陷說〈兩座廟的興廢〉，「這就是指我們對右傾機會主義分子太冷淡了，沒有人再去燒香了」；說〈專治「健忘症」〉，「惡毒誣陷黨的負責同志患了『健忘症』」；說〈「偉大的空話」〉中，「鄧拓的目的何在？就是把引導我們前進的偉大的毛澤東思想刻毒地誣為『空話』；要我們在政治生活中取消毛澤東思想，放棄馬克思列寧主義路線。」「要懂得什麼叫『和平演變』嗎，請看『三家村』這個活標本。」5月11日，《人民日報》隨即轉載了姚文元的文章。5月16日，《人民日報》又刊發了戚本禹的文章〈評《前線》《北京日報》的資產階級立場〉。文中竟然說：「鄧拓是一個什麼人？現在已經查明，他是一個叛徒。他偽裝積極，騙取黨和人民的信任，擔任了《人民日報》的重要職務。他經常利用自己的職權，歪曲馬克思列寧主義、毛澤東思想，推行和宣傳他的資產階級修正主義思想。」霎時間，大街小巷都刷滿「打倒『三家村』」的標語，到處都震響著「打倒反黨分子鄧拓」的口號聲。

五、最後的迷惘與抗爭

家裡的警衛員早換了人，實際上是監督鄧拓的。鄧拓早已經沒有人身自由了。事實上，他也不需要什麼人身自由，他哪兒也不想去，連家裡也很少走動，他只是整日地枯坐著。只有妻子丁一嵐下班在家的時候，他才開口說幾句話。說得最多的便是：「這場運動到底是為什麼？」兩人誰也解答不了這個問題。由於有人監視，更多的時候他們只是相對無言。

5月16日這天，鄧拓還是那樣一動不動地坐著。他把這些報紙看了一遍又一遍。他已經不怎麼進食，不怎麼睡覺了，只是這麼僵坐著，臉色蒼白，面容塌陷。天氣已經轉暖了，屋外陽光亮得刺眼，他只覺

得這個世界太遙遠、太隔膜了。「叛徒」，多麼骯髒可恥的字眼，可是現在卻變成了自己的身份！「已經查明」？怎麼查？到哪裡查？這是純粹的誣陷，怎麼還敢加上「查明」這樣的說法？怎麼可能在《人民日報》這個中央黨報上登出來？他太熟悉《人民日報》的份量了。只有中央正式作出的結論才可能在《人民日報》上刊登。鄧拓的心徹底絕望了。他悲憤地對丁一嵐說：「這純粹是誣衊！我兩次被捕後，我的組織聯繫人和我所領導的支部都沒有受到牽連和破壞。我沒有做任何對不起黨的事！」[22]妻子理解他，但是有什麼用呢？

　　5月17日，鄧拓還是這樣枯坐著。一直幫忙照料家庭的姐姐鄧淑彬進屋來看他，鄧拓絕望地對姐姐說：「看來，我這次是冤沉海底了。」

　　這一晚，他內心的思緒如何流動，誰也不知道，但他無疑經歷了最為痛苦的心靈煎熬。也許，他忽然發覺自己長期以來投身其中的革命事業竟然變得那麼陌生。他以前不是沒有受過委屈、沒有經歷過挫折，但是情況完全不一樣。1942年整風的時候，他在晉察冀，那時整風出現偏差，他也是無辜受審查的人之一，但是他相信那一切都是由於少數人推行錯誤審幹政策造成的，相信那是由於戰爭環境特別嚴酷造成的，他不相信領袖毛澤東實際上對審幹人員的所作所為瞭若指掌。他只看到毛澤東主席後來制止康生，整風就停止了；他還聽說毛澤東主席在大會上公開慰問受委屈的人、向他們道歉。這一切，讓鄧拓認識到黨內政治的複雜性，但並沒有使他對毛澤東的英明產生懷疑，而是使得他更加覺得只有執行毛主席的正確路線才能避免革命的偏差。1956、1957年在人民日報工作，他挨過主席「書生辦報」、「死人辦報」的不公平責罵。他一方面遵從下級服從上級的組織原則毫無抗辯地辭去人民日報的職務，另一方面又真實地體驗到領袖也有喜怒無常、不察是非的時候，但那時他還是相信他個人的冤屈是偶然的，他相信革命事業總體上的正義性，相信毛澤東總體上仍然是英明的。

---

[22] 鄧雲：〈回憶我的爸爸鄧拓〉，《憶鄧拓》第 244 頁。

娘還沒有打錯罵錯孩子的時候嗎？他那時雖然有一些怨氣，但是對整個革命主體仍然保持著總體上的堅定信仰、對毛澤東仍然保持著總體上的崇拜尊敬。「大躍進」引發了 60 年代初的大饑荒，鄧拓認識到了毛澤東也會有國家決策上的失誤，但是他相信革命領袖的失誤與革命領袖的英明相比，不過是泰山上的幾噸土與整個泰山山脈的比例，他並未改變對毛澤東的信仰。

可是現在情況不一樣。現在是自己眼見的整個世界都完全顛倒過來了。姚文元、戚本禹的批判文章，根本不講邏輯，一看就知道是牽強附會的，是捏造事實，是陰謀陷害，可是主席熟悉意識形態工作，為什麼還要這樣大力支持這種用心險惡的人？為什麼要廣泛轉發這種誣陷文章呢？為什麼要開展這種全國範圍的大批判呢？「他很清楚只有經過毛主席批示才能有這樣的事情出現，他自信對毛主席絕對忠誠與敬仰，因此他想不通主席為什麼要發動這種橫掃一切的文化大革命，為什麼要把批判的矛頭指向對黨忠心耿耿，對革命領袖極其崇拜的人（包括吳晗、鄧拓等等），為什麼要讓姚文元、戚本禹這些不學無術的小丑來搞大批判，總之他對這些奇特的前所未有的情況全都想不通，根本無法理解。」[23]

他無法想像毛澤東發動文化大革命是犯了嚴重錯誤，但也實在無法說服自己去相信這場打倒自己的政治運動有其合法性。鄧拓自以為瞭解他為之獻身的革命事業，瞭解革命的領袖和革命的組織，但其實，儘管經歷過長期的政治生活歷練，他還只是瞭解了意識形態組織的一部分、瞭解了領袖的一部分。他並沒有去探究過主席維護個人權威時那種種複雜心理，他想不到領袖並不僅僅會偶爾不明、局部不察，他想不到這時領袖實際上已經被破壞性的非理性衝動所左右、已經完全陷入生前身後都要絕對維護個人權威的心理焦慮中。「其實他對毛澤東並沒有真正深入全面的認識，凡是個人崇拜都不可避免地帶著盲目性

---

[23] 甘競存：〈書生從政，如臨深淵──陳布雷、鄧拓死因剖析〉，未刊稿。

和非理性因素。」[24]他不能想像領袖也會有重大過失，他早已習慣於把領袖與革命視為一體。在他心中，領袖就是革命的象徵、就是歷史正義的化身。他無法把領袖與代表歷史正義的革命事業分開來，更不習慣於去反思革命這部機器本身，也無法接受自己與一生所追求的革命事業割裂開來。他懂得辯證法，知道革命道路也會有曲折、懂得人孰無過的道理，但是他總是相信光明始終是革命的主流、領袖總體上是正確路線的引路人。可是現在革命走到他完全不熟悉的境地中了、領袖變得完全陌生了，他無法用辯證法來把這已經完全瘋狂的革命整合到歷史合理性中了。如果革命完全變成這種毫無邏輯的混亂，那麼，自己一生的追求還有什麼價值？自己這早已獻給革命事業的個體生命還有什麼意義？

可是，如果領袖沒有錯，那麼自己應該就是「反黨分子」、甚至於就是「叛徒」？這是鄧拓無法接受的！從 30 年代加入共產黨開始，鄧拓從沒有喪失過對革命的忠誠。「我過去並不認為自己是混進黨內、偽裝積極，騙取了黨和人民的信任。我自己一直認為是在我們黨的領導下，為革命的事業而不顧一切地努力奮鬥。」「只要對黨和革命事業有利，我個人無論經受任何痛苦和犧牲，我都心甘情願。過去是這樣，現在是這樣，永遠是這樣。」[25]這是鄧拓心底裡的聲音，他從來沒有把個人的得失看得多重，甚至於準備好，只要對革命事業有利，多大的個人冤屈也願意獨自承受，1956、1957 年就是這樣的。主席罵他「書生辦報」、「死人辦報」，他克服了委屈的情緒，用嚴格的組織紀律、用黨員修養來強迫自己接受毛澤東的責罵，用鄧小平、胡喬木肯定《人民日報》「成績是主要的」來寬慰自己糾結的心懷。總之，為了顧全大局，他從來都沒有斤斤計較於個人的委屈和苦衷。鄧拓始終保持著對革命事業的熱愛、對領袖毛澤東的忠誠。可是，現在他完全不能理解為什麼把自己打成「反黨分子」、「叛徒」。這對

---

[24] 甘競存：〈書生從政，如臨深淵──陳布雷、鄧拓死因剖析〉
[25] 鄧拓：〈遺書〉，《鄧拓全集‧第五卷》，第 431、427-428 頁。

革命沒有任何好處，對黨沒有任何好處。對於鄧拓這種把政治生命看做是第一生命的老共產黨員來說，如果「反黨分子」、「叛徒」是黨組織對自己的結論，那麼生命就會變得毫無意義、人生就會變得無可留戀。

鄧拓這時候一定忽然發覺，自己和安身立命的革命事業之間忽然裂開了一道深不見底的溝壑，裂縫越來越大，無法彌合，令人恐懼。他一定覺得自己竟然是那樣地脆弱，那樣地無能為力。

他確實太累了，也許只有那沉沉的長眠才能安頓自己這疲憊的心、疲憊的身軀。也許只能用自己的軀體去填補個體與革命事業之間的巨大裂縫，才能消除這種精神折磨。

生命的意義在哪裡？鄧拓一生不信佛不信基督，不信前生和來世，只把生命的意義維繫在現世中為人民謀利益上，維繫在革命事業上。可是，「叛徒」的罪名就意味著，現在革命的馬車卻要把自己拋出去，那麼，到底是革命本身出了問題，還是自己出了問題呢？鄧拓顯然難以找到答案。唯一明確的是：無論哪一方出了問題都太可怕了，都是他所不能承擔得起的。在鄧拓的觀念中，個體生命只有與永恆的革命事業緊密地結合在一起，才能超越個體在時空方面的有限性，獲得充盈的價值。一旦真的有不可彌合的裂縫存在，那麼，他的生命對於自己追求了一生的革命事業來講還有什麼意義呢？鄧拓只能選擇死亡來回避革命與自我之間的裂縫。沒有別的路可以走。

定下死的念頭之後，人的精神可能反而容易變得鎮定起來。鄧拓在遺書中對強加在自己頭上的政治誣陷進行了堅定的反駁。他要與奸佞小人抗爭，要向黨組織申訴！死是一種消失，是一種安眠；死也是一種抗爭，一種控訴。「士可殺，不可辱」，他要用自己的屍骸向那些得勢的跳樑小丑控訴，抗議他們對黨的踐踏；他要用自己的熱血向領袖毛澤東表白忠貞，從而彌合自己與領袖、自己與革命事業之間的裂縫！他提起筆，給彭真、劉仁及市委寫下了一封遺書。不知道這時鄧拓是否知道：4 月底毛澤東又講了兩次話，對彭真和北京市委提出更

為嚴厲的批評；5 月 4 日開始，中央政治局在毛澤東的安排下連續召開擴大會議，集中揭發和批判彭真、陸定一、羅瑞卿、楊尚昆的「問題」；5 月 16 日政治局通過了陳伯達起草、毛澤東修改的〈五一六通知〉，宣佈撤銷〈二月提綱〉和原來的「文革 5 人小組」，瘋狂的「十年動亂」已經全面開始，彭真、劉仁及整個北京市委已經被剝奪了工作的權利。

鄧拓在遺書中寫道：

> 彭真、劉仁同志並市委同志們：
>
> 　　……
>
> 　　儘管在這個鬥爭中，我已經變成眾矢之的。全國範圍的批判運動正在勝利進展，人們一致聲討〈燕山夜話〉和「三家村」的「黑幫」反黨反社會主義的罪行。但是，我一直努力帶著當前的問題進一步學習毛主席著作，要想跟上革命形勢的發展。
>
> 　　……我對待所有批評我的人絕無半點怨言。……
>
> 　　目前鬥爭的焦點是「三家村黑幫」。這個責任全部應該由我來承當。因為我是負責管北京市的文教工作的。……

鄧拓還針對姚文元等對〈「偉大的空話」〉、〈專治「健忘症」〉、〈說大話的故事〉、〈一個雞蛋的家當〉和〈兩則偉大的寓言〉的政治附會，逐一進行了反駁。他向黨組織要求說：

> 文章的含義究竟如何？我希望組織上指定若干人再做一番考核。〈燕山夜話〉和〈三家村札記〉中我寫的文章合計一百七十一篇，有問題的是多少篇？是什麼性質的問題？我相信這是客觀存在。一定會搞清楚的。
>
> 我過去寫的文章，近來查閱了一遍，已印未印的稿件，雖然不完全。但是，可以做出全面的分析和批判。

針對戚本禹說他是叛徒的政治誣陷，鄧拓抗爭道：

> 應該說明的是：抗戰前我兩次被捕的情形，已有多次向黨交代．
> 我相信黨已經做了詳細的調查和考察。……
> 因此，我過去並不認為自己是混進黨內、偽裝積極，騙取了黨
> 和人民的信任。我自己一直認為是在我們黨的領導下，為革命
> 的事業而不顧一切地努力奮鬥。

最後他再一次向黨組織剖白了自己的耿耿忠心：

> 作為一個共產黨員，我本應該在這一場大革命中經得起嚴峻的
> 考驗。遺憾的是我近來舊病都發作了。再拖下去徒然給黨和人
> 民增加負擔。但是，我的這一顆心永遠是向著敬愛的黨，向著
> 敬愛的毛主席。
> 當我要離開你們的時候，讓我再一次高呼：
> 偉大的、光榮的、正確的中國共產黨萬歲！
> 我們敬愛的領袖毛主席萬歲！
> 偉大的毛澤東思想勝利萬歲！
> 社會主義和共產主義的偉大事業在全世界的勝利萬歲！[26]

在「毛主席萬歲」的呼喊中、在對共產主義信念的表白中，鄧拓
一定又暫時與革命事業融為一體了、得到了精神歸宿。那條橫亙在自
我與歷史正義之間的巨大鴻溝暫時不見了。

長時間的精神折磨，鄧拓的身體變得極其虛弱。凝神寫了這
5000多字的遺書，已經耗盡了他的氣力。他本來應該對妻子、孩子
多說兩句話，他希望他們好好活著，不要再受自己的拖累；但是現
在他只能草草道個別了，他一點力氣也沒有了。他提筆在另一張紙
寫道：

---

[26] 鄧拓：〈遺書〉，《鄧拓全集・第五卷》第427-433頁。

一嵐：

……我因為趕寫了一封長信給市委，來不及給你們寫信。此刻心臟跳動很不規律，腸疾又在糾纏，不多寫了。

你們永遠不要想起我，永遠忘掉我吧。我害得你們夠苦了，今後你們永遠解除了我所給予你們的精神創傷。

永別了，親愛的。

盼望你們永遠做黨的好兒女，做毛主席的好學生，高舉毛澤東思想偉大紅旗，為社會主義和共產主義的偉大事業奮鬥到底！……

　1966 年 5 月 18 日的凌晨，鄧拓選擇了死亡。他服了大量的安眠藥，永遠離開了這個他生活了 54 個年頭的人間。臨終的時候，他希望自己的親人與革命事業、與領袖之間沒有裂縫。前幾日關於個體生命意義的思考，終究沒有引向對毛澤東的進一步質問、對革命的理性反思。他用死亡來為自己的冤屈抗爭；也用死亡來消解自己的迷惘，從而回避去質疑幾十年所追尋的理想信念、回避去質疑革命隊伍中的領袖一尊原則。從遺書中可以看出，當他選擇在這些問題面前閉上眼睛的時候，他希望自己最後有過的精神困惑不要再打擾孩子們。他希望他們平平安安地在單純的信仰中生活一輩子，希望他們不要再有個體與所認定的歷史理性之間不相融合的精神折磨；當然，他也希望下一代都是忠誠的政治信仰者，而不是顛倒是非的奸佞小人。

　臨終時反覆向黨和領袖毛澤東表忠心，既體現了鄧拓自身的政治信仰，同時也未嘗沒有當時政治環境的壓力。當人的生命被看做完全不屬於自己、只屬於組織的時候，自殺的性質便被認定為自絕於人民自絕於黨、甚至於被認為是背叛革命，而且對於死者的負面評價常常還要拖累家屬今後的政治命運。政治運動中的自殺者為親人著想，往往要在遺書中儘量彌合自己及家屬與黨組織之間的關係。蕭乾在文革中自殺未遂後曾體悟到：「……是呀，正如三十年代蘇聯肅反擴大化中

一些遇難者臨終還大喊『萬歲』是虛偽的一樣。以前我不能理解，他
們受屈而死，怎麼還喊『萬歲』。我從自身的遭際中體會出來了：我反
正死定了，何不乘此給潔若和孩子求求情，請革命群眾對他們高抬貴
手！」[27]從鄧拓自身的價值信仰來看，他臨終時高呼「萬歲」應該是
真誠的，畢竟，他不同於深受自由主義思想浸染的蕭乾，他長期以來
一直是體制內的堅定信仰者，並沒有跳出體制去審視組織、審視領袖
的習慣；然而，這種真誠的信仰本身，既來自於他的人生理念，同時
也未嘗沒有現實利害關係的規訓。

鄧拓火化的時候，沒有花圈，沒有追悼會，只有妻子丁一嵐、三
哥鄧叔群、二姐鄧淑彬這三個至親的人含淚送行。他甚至於沒有真名，
組織規定遺體用假名，消息必須保密。很長一段時間裡，連孩子們都
不知道爸爸已經不在了。甚至於他的骨灰也找不到可以安全存放的地
方，因為紅衛兵隨時可能來抄家。最後丁一嵐和鄧叔群商量把骨灰存
在鄧叔群家，因為鄧拓父母的骨灰一直存放在鄧叔群家中。他們將二
老的骨灰合在一個罐子裡，空出來一個藏放鄧拓的骨灰，這樣從表面
看，兩個罐子安放的還是鄧拓父母的骨灰。這一番偽裝才讓鄧拓的骨
灰得以平安地躲過文革浩劫。[28]

鄧拓離世之後，大批判的烈火燒得更猛了。全國掀起了一個抓「三
家村」黑爪牙、孝子賢孫的運動。許多無辜的人被打成「三家村黑幫
分子」、「馬前卒」、「小三家村」、「黑店夥計」等。有的人僅僅因為給
《前線》雜誌、《北京日報》、《北京晚報》寫過稿，有過工作往來，甚
至家裡有一本《前線》雜誌，也不免受審查、挨批鬥。[29]吳晗、廖沫
沙這兩個「三家村」的「黑幹將」更是陷入無休止的批鬥、毆打、坐

27 蕭乾：《為帶地圖的旅人──蕭乾回憶錄》，中國文聯出版社 1991 年第 1 版，
   第 289 頁。
28 任捷：〈鄧拓自殺的前前後後──對鄧拓夫人丁一嵐的訪談〉，《南方週末》
   1999 年 6 月 25 日。
29 原《前線》雜誌編輯部部分同志：〈一場驚心動魄的反革命奪權事件〉，《鄧
   拓全集·第一卷》，花城出版社出版，2002 年第 1 版，第 13-14 頁。

牢中。1969年10月11日，吳晗終於被迫害致死。1970年5月，鄧拓的三哥、著名植物學家鄧叔群，因受鄧拓株連也被迫害致死。

　　1966年6月初，中共華北局書記李雪峰帶著華北局檢查組，接管了北京市委和市政府，彭真、劉仁被徹底打倒。隨後批鬥會一個接著一個。這一年6、7月間，北京市外辦主任辛毅、市委紀律檢查組副書記劉君達、市委宣傳部部長李琪、市委組織部幹部處處長于瑛、市人委秘書處處長關文雄等10餘人相繼自殺。從1966年到1976年，由毛澤東錯誤發動的「文化大革命」，給中國社會帶來了巨大的災難，許多無辜的人被迫害而死的。這些人有劉少奇、彭德懷、田家英、周小舟、李立三、陳璉，有老舍、田漢、陳夢家、葉以群、羅廣斌、嚴鳳英、容國團、傅雷、翦伯贊、周瘦鵑、楊朔、李廣田、聞捷等，而鄧拓是這架「絞肉機」吞噬的第一個人。

第十六章　往事經年歸史傳[1]

一、平反

　　1976 年，毛澤東去世，以華國鋒、葉劍英、李先念為首的中共中央粉碎了「四人幫」。1978 年中國共產黨在鄧小平、胡耀邦的領導下開始平反「文革」冤假錯案。1979 年 7 月，中共中央批准北京市委徹底平反「三家村」反黨冤案，恢復鄧拓等人的黨籍和政治名譽。1979 年 9 月 5 日，北京市委在八寶山

1979 年 9 月 5 日彭真在鄧拓追悼會上。

革命公墓禮堂為鄧拓舉行了追悼會，中宣部部長胡耀邦主持追悼會，胡耀邦、葉劍英、鄧小平、李先念、陳雲等送了花圈，李先念、彭真、胡耀邦、薄一波、姚依林、劉瀾濤等 1300 多人參加了追悼會。中共北京市委第一書記林乎加在悼詞中評價鄧拓是「中國共產黨的優秀黨員、忠誠的無產階級革命戰士鄧拓同志。」他說，鄧拓同志忠於黨，忠於人民，忠於馬克思列寧主義，全心全意地為人民服務，把自己的一生獻給了中國無產階級的新聞事業。他從事黨的宣傳工作近三十年之久，終生緊握戰鬥的筆，積極熱情地宣傳毛澤東思想，

---

[1]　鄧拓 1958 年《輓黃敬同志》詩中有「往事廿年歸史傳」句。

1979 年 9 月 5 日三家村遺屬在鄧拓追悼會上。

堅決貫徹執行黨的方針政策，對黨的新聞工作，作出了重大的貢獻。[2]至此，鄧拓在政治上的忠誠、在黨的新聞工作上的貢獻重新獲得了黨組織的認可。「三家村」唯一的倖存者廖沫沙在追悼會上奉上挽詩一首表達自己的悲憤之情：「豈有文章傾社稷，從來佞幸覆乾坤，巫咸遍地逢冤獄，上帝遙天不忍聞；海瑞罷官成慘劇，《燕山》吐鳳化悲音，毛錐三管遭橫禍，我欲招魂何處尋。」[3]

　　鄧拓平反之後，他的作品又回到了讀者中間。人民文學出版社出版了《鄧拓詩詞選》，人民美術出版社出版了《鄧拓書法選》，人民日報出版社出版了《鄧拓散文》、〈燕山夜話〉，福建人民出版社出版了《鄧拓詩詞墨蹟選》，北京出版社出版了 4 卷本的《鄧拓文集》，花城出版社出版了 5 卷本的《鄧拓全集》。其中〈燕山夜話〉發行 100 多萬冊以上，並被譯成多種文字發行到國外。

　　鄧拓平反後，他的親人、戰友紛紛著文悼念他，海內外學者也從政治、歷史、文化、文學、新聞等多角度展開豐富多層的鄧拓研究。中國大陸內，1979 年至 2009 年底發表在各類期刊中的鄧拓回憶和鄧拓研究的專題文章在 150 篇以上，部分文章先後結集為《悼念鄧拓同志》、《憶鄧拓》和《人民新聞家鄧拓》；同時，《人民日報回憶錄》中也收錄了多篇對鄧拓的回憶文章。7 位作者先後出版了鄧拓傳記：王必勝的《鄧拓評傳》，顧行、成美的《鄧拓傳》，王必勝的《鄧拓》，龐暘的《鄧拓和他的家人》，朱秀清的《書生豪情：鄧拓》，李輝的《鄧拓：文章滿紙書

---

[2]　〈鄧拓同志追悼會在京隆重舉行〉，《憶鄧拓》，廖沫沙等著，福建人民出版社，1980 年第 1 版，第 1-2 頁。

[3]　廖沫沙：《廖沫沙文集‧第四卷》，北京出版社，1986 年第 1 版，第 73 頁。

生累》，張帆的《才子鄧
拓：一位蒙冤者的血淚人
生》，齊慕實的《毛澤東時
代中國的宣傳與文化：鄧
拓與知識份子》（英文
版）。徐鑄成、王若水、袁
鷹、胡績偉、李莊、蘇雙
碧、朱正、錢江、胡平、
姚春樹、袁勇麟及海外學
者默爾‧戈德曼、羅斯‧

2006 年 5 月 20 日福州三山陵園鄧拓、丁一
嵐青銅塑像揭幕。

特里爾等都在相關著作中涉及鄧拓評價。其中，第一本對鄧拓一生的史
實做了詳細考證並作出富有深度的理性評價的傳記是王必勝的《鄧拓評
傳》。丁一嵐精心保存的那幅鄧拓手書〈戰地歌四拍〉的詩帕，則是鄧
拓離世之後最動人心魄的信物。

　　這些回憶文章和傳記，通過發掘大量、詳細的歷史資料，確認了
江青、姚文元對鄧拓的指控是莫須有的，確認了鄧拓是一個忠誠於黨
忠誠於領袖毛澤東的革命戰士。到目前為止，鄧拓評價富有爭議的焦
點主要在兩個方面：一是對他忠誠品格的價值評價；二是對他書生氣
質的爭論。而這兩方面都牽涉到對他自殺時心理動因的探究。

二、關於鄧拓政治忠誠品格的評價

　　鄧拓是一個忠誠的人，這是鄧拓的親人、戰友、同事和學者們的
共識。大量的回憶文章都深情回憶了鄧拓忠貞堅定、任勞任怨、平等
待人、責任自擔的品格，忠誠總是被排在第一位。仔細辨析便會發覺，
不同歷史時期、不同作者所著重闡釋的鄧拓的政治忠誠品格卻有所不
同，價值評價也有所差異。這些觀點分為三類：

　　第一類是讚美鄧拓忠於馬列主義、忠於毛澤東思想。這一類觀點意在反駁江青、姚文元關於鄧拓「反黨」、「叛徒」的政治誣陷，著重通過強調鄧拓對馬列主義毛澤東思想的忠誠來為鄧拓平反，並意圖通過讚美鄧拓堅持群眾路線等馬克思主義原則來恢復黨的優良傳統。這類作者由於把康生、江青、姚文元等視為不真正代表黨和毛澤東的奸佞，因而在整體立場上是不觸及對黨和毛澤東的歷史反思、維護毛澤東威信的。這類文章著作大量出現在 1970 年代末和 1980 年代，作者有一些是與鄧拓素不相識的學者，但多數是鄧拓的戰友、同事、親人。1990 年代和 2000 年代鄧拓戰友寫作的傳記延續了這一思路。

　　首先，鄧拓 1940 年代宣傳毛澤東思想的功績，是被反覆引用的鄧拓忠誠於馬列主義毛澤東思想的論據。聶榮臻說：「他畢生從事黨的宣傳工作，努力宣傳馬列主義、毛澤東思想和黨的方針、政策。1944 年 5 月，在中共晉察冀中央局的領導下，他主持編輯出版了《毛澤東選集》，這是中國革命出版史上第一部毛澤東同志的著作。他為這部選集寫了〈編者的話〉，滿腔熱情地闡述了毛澤東思想對指導中國革命的偉大作用。」[4]劉瀾濤、鄭天翔、李葆華等也在 80 年代初以文章或書信方式證明鄧拓選編第一部毛選的歷史事實。[5]陳克寒、李筠、陳春森的回憶文章都強調了鄧拓 1940 年代在晉察冀邊區積極宣傳毛澤東思想。[6]讚美鄧拓宣傳毛澤東思想的功績，在價值立場上自然也就把對領袖的忠誠視為共產黨員應有的品格。這是 1970 年代末和 1980 年代中國社會普遍的價值立場。在忠奸對立的思維模式中，許多作者儘管激烈否定文革對鄧拓的迫害，但由於把江青等與毛澤東截然區別開，把江青姚文元對鄧拓的迫害視為黨內奸臣對忠良的迫害，視「林彪、江

---

[4]　聶榮臻：〈《光明正大，耿直不阿》──《鄧拓詩詞選》序〉，《人民新聞家鄧拓》，第 3 頁。

[5]　參看王必勝《鄧拓評傳》第 87-88 頁。

[6]　陳克寒、李筠：〈戰鬥在思想理論路線的最前線〉，《人民新聞家鄧拓》第 9-11 頁，陳春森：〈毛椎十載寫縱橫〉，《人民新聞家鄧拓》第 32-33 頁。

青」等為「披著黨的外衣，作踐黨、殘害黨的蛇蠍和豺狼」，[7]因而往往始終視毛澤東為黨的合法、正確的代表。

其次，許多作者讚揚鄧拓貫徹「全黨辦報」方針、堅持群眾路線的新聞思想，以此證明鄧拓的馬克思主義新聞家特質。王必勝的《鄧拓評傳》較早對鄧拓的新聞實踐、新聞思想做了較為全面、細緻的考察，他指出：「鄧拓新聞思想的核心是重視黨報宣傳工作的重要作用，加強黨報的高度政治責任心和無產階級新聞工作的群眾路線的思想。」[8]強調鄧拓注重黨報的宣傳作用，自然就在客觀上證明了鄧拓是「政治家」辦報，這在 1980 年代的歷史語境中自有為鄧拓平反的意義；同時，強調鄧拓的群眾路線，在為鄧拓平反之外，還有倡導中國共產黨的優良傳統以清除文革遺毒的思想價值。但 1990 年代至今，中國思想界對自由主義報人傳統已經有充分闡釋之後，許多研究鄧拓新聞思想的論文，仍然很少能夠在中國現代新聞多元性的廣闊背景上更加宏觀、更加富有歷史感地評價鄧拓黨報新聞思想的歷史意義和歷史局限。[9]

第二類是讚美鄧拓追求真理、自覺抵禦極「左」思潮的忠貞品格。這類文章著作的關注點多落腳於鄧拓的雜文創作和鄧拓在《海瑞罷官》批判中的政治操守，不僅高度評價鄧拓在 60 年代對江青、姚文元等人的抵制，而且還讚揚了鄧拓對毛澤東建國後錯誤的自覺或不自覺修正。這類文章不再以忠奸道德對立的歷史分析模式來回避毛澤東和黨的功過，在對歷史是非更為細緻的辨析中不再把對黨和毛澤東的忠誠強調為至高的政治美德，其鄧拓評價中內含著這樣的價值尺度：黨和毛澤東個人的功過也必須實事求是地接受歷史的檢驗。這類文章著作

---

[7] 鄧雲：〈回憶我的爸爸鄧拓〉，廖沫沙等，《憶鄧拓》第 243 頁。

[8] 王必勝：《鄧拓評傳》第 74 頁。

[9] 吳廷俊、陽海洪的〈「健筆終存天地間」──論鄧拓與書生辦報〉（《新聞大學》2006 年第 4 期）一文，從士人追求真理的精神這一維度來梳理鄧拓一生「書生辦報」的歷程，在黨報理論框架外尋找鄧拓新聞思想資源，但該文對鄧拓書生辦報特質的界定在外延上涵蓋了鄧拓的雜文創作。

著力於一分為二地辨析中國共產黨的傳統，力圖延續其理想主義色彩、其歷史承擔意識，而揚棄其極「左」路線。

蘇雙碧、王宏志的〈圍繞批吳性質的上層爭論〉、〈巨星隕落在序幕中〉等多篇文章，細緻梳理了文革初期「三家村」批判的歷史事實，高度讚揚鄧拓與彭真等一起努力「矯正」毛澤東、江青的《海瑞罷官》政治批判軌道，堅持「把批吳納入正常的學術討論之中，以百家爭鳴的方式，來繁榮和發展社會主義學術」的正直立場。他們既通過辨析史料證明彭真、鄧拓從無「反對毛主席」的思想，也直接點明毛澤東借助江青、姚文元、戚本禹等人發動「文化大革命」的政治目的是打擊黨內「異己」，推崇共產黨人自覺抵制領袖錯誤的歷史責任感，從而在對歷史善惡的反思中達到重構黨內優良傳統、揚棄排除異己鬥爭哲學的目的。[10]

對鄧拓反「左」立場的讚揚，更多落腳於其 50 年代末和 60 年代的雜文創作上。1979 年顧行、劉孟洪就高度評價說：「……鄧拓同志的〈燕山夜話〉，對『左』的傾向從來是針鋒相對，堅持鬥爭的。他在〈燕山夜話〉中所談的，正是大多數人心中所想而又不敢直言的話。」[11]王必勝在 1986 年寫作的傳記中評價鄧拓雜文「有相當數量是作者在政治生活不正常的狀態下有感而發的，也有的是對社會生活中一些重要的思想感言的。所以，站在時代探索者的前列，對社會問題認真的思考和大膽針砭時弊，是它們的一個鮮明特色。」[12]他們高度讚揚了鄧拓雜文反「左」中所呈現出的歷史承擔精神。周揚 1983 年說：「鄧拓同志作為黨員作家，他是嚴於律己，遵守黨的紀律的，但同時他對那個時期某些錯誤的政策和做法也持有自己的看法。我以為他那兩年集中寫作的大量雜文，正是他內心這種矛盾心理的一種反映。」[13]周揚的

---

[10] 蘇雙碧、王宏志：〈巨星隕落在序幕中〉，《中國封建主義批判》，武漢：湖北人民出版社 1999 年第 1 版第 265-279 頁。

[11] 顧行、劉孟洪：〈鄧拓同志和他的《燕山夜話》〉，《憶鄧拓》第 122-123 頁。

[12] 王必勝：《鄧拓評傳》，第 187 頁。

[13] 周揚：〈《鄧拓文集》序言〉，晉察冀日報史研究會編，《人民新聞家鄧拓》第 6 頁。

鄧拓評價，在「黨的紀律」和黨員的獨立見解、黨員的歷史反思責任
中維持一種兩難的張力。這是兩種忠誠觀念在周揚心靈中交鋒的結
果，一種忠誠觀念是無條件地忠誠於黨，一種忠誠觀念是在對歷史的
忠誠中反思黨和領袖的得失。周揚談鄧拓也正是他自己的夫子自道。
周揚在 1980 年代「清除精神污染」運動中的處境也與 60 年代的鄧拓
一樣，處於兩種價值原則的矛盾中。1990 年代曾彥修聯繫五六十年代
的政治背景，把鄧拓雜文分為「間接反『左』」和「直接並深刻的反『左』」
兩類，盛讚〈燕山夜話〉「可以稱得上是解放後特一流的好雜文。」[14]。
曾彥修分析《廢棄「庸人」政治》的思想價值說，「他把一切毫無根
據專說大話、吹大牛的超個人英雄主義的作風，竟看作是一種『庸人』
的行為，一下子就把這種神聖不可侵犯的東西，從天上請到了地下，
而且是在地下很不神聖的地方。這確是一種非凡的大膽的深刻見解：
鄧拓竟把無條件的『天王聖明』政治，叫做『庸人政治』」。[15]曾彥修
的價值尺度已經從周揚的兩難境地轉為視追求真理、反思極「左」政
治為至高的正確立場了，黨的威信、黨的紀律不再構成對真理的約束。
王若水則根據鄧拓個人的政治遭際，認為鄧拓的「《專治健忘症》，確
實是暗指毛澤東的。」[16]儘管對這篇雜文的解讀，仍值得討論，[17]但是

---

[14] 曾彥修：〈九州忍淚讀「燕山」〉，《鄧拓全集‧第三卷》，廣州：花城出版社
2002 年第 1 版第 485 頁。

[15] 曾彥修：《酷暑天吹來的一縷清風──鄧拓雜文名篇的背景與寓意》，《新聞
愛好者》1998 年第 2 期。

[16] 王若水著、馮媛編：《新發現的毛澤東──僕人眼中的偉人‧下》，香港：
明報出版社有限公司 2002 年初版第 531 頁。

[17] 本人認為毛澤東的善忘多變確實給鄧拓帶來很大的冤屈，然而即便這種經
驗可能成為這篇雜文寫作時的心理資源之一，至多也只能是一種潛意識，
鄧拓在當時不可能有明確的「暗指毛澤東」的清晰目的。一則鄧拓在 60 年
代初對毛澤東的個別觀點可能不贊同，但總體上不可能有自覺批評毛澤東
的覺悟和勇氣，二則從該文本相對自足的體系來看，這篇雜文的後半部認
認真真把「健忘症」作為一個醫學病症來探討，更應視作是一篇知識小品，
即使文本的開頭部分確有隱喻一類人格的意味，那麼後半部也在消解、
稀釋這種人性批評的鋒芒。當然，知識小品也另有不同於人性批評的知識

王若水的價值立場顯然已經完全不同於過去人們神化領袖的立場，而是把領袖作為一個人進行平等審視，並不忌諱言其人性陰暗的一面。

第三類是，關於鄧拓自殺研究方面，最初的研究側重於讚揚鄧拓的精神氣節，晚近的研究則探究了鄧拓思想中有無愚忠的因素。

鄧拓在遺書中既堅決否定了江青、姚文元、戚本禹對他的政治誣陷，又高呼「偉大的、光榮的、正確的中國共產黨萬歲！我們敬愛的領袖毛主席萬歲！」鄧拓自殺前抗爭精神與忠誠意識相交織，引發了不同的闡釋和評價。鄧拓平反之初，對鄧拓自殺的闡釋側重於兩點，第一點是從鄧拓遺書的解讀中讚美鄧拓對黨無怨無悔的忠誠。丁一嵐說，「他把一顆共產黨員的熾熱的心最後獻給了敬愛的黨」，「鄧拓同志至死沒有背叛他的信仰。」[18]第二點是讚揚鄧拓的「士可殺，不可辱」的傳統士人精神、書生風骨。這兩個關注點折射出的是，1970 年代末、1980 年代的社會思想中，儘管經過「十年動亂」，對黨的無條件忠誠仍是許多人毋庸置疑的政治信念，而傳統士人風骨儘管經過文化大革命的衝擊也仍然植根於許多人心中。1990 年代中期李輝則把上述兩點結合起來，說，「誰會想到，他竟會用這樣的方式，最終將文人傲骨與政治家的責任感、名譽感結合在一起！」[19]1990 年代蘇雙碧、王宏志在讚美鄧拓肉體與理想信念同在的生命意識時，對鄧拓理想信念的闡釋，深入為對「以黨、國家、民族利益為重的」信念的堅守。認為「促使他走完最後的人生之路，主要並不僅是他被批判的處境，而應是有更深層次的思想內涵：其一，彭真的被批判，並打入彭、羅、陸、楊的反黨集團之中，他從感情上無論如何接受不了。這不僅是因為彭真是他的領導和知己，彭真在關於《海瑞罷官》討論中的一系列主張都是以黨、國家、民族利益為重的，都是正確的。彭真的被打倒，說明

價值、趣味價值。

[18] 丁一嵐：《憶鄧拓》，廖沫沙等，《憶鄧拓》第 26 頁。

[19] 李輝：〈書生累──關於鄧拓的隨感〉，李輝編著：《書生累──深酌淺飲「三家村」》第 40-61 頁。

這場討論的正確意見已被扼殺。其二，士可殺，不可辱，在鄧拓思想中有相當地位。優秀傳統文化鑄成了他剛正的氣節，使他接受不了康生、江青等這股惡勢力任意踐踏黨的正確路線和方針的行為。……」[20]

1990年代，中國文化對人的生命意識的闡釋較新時期之初有著深入的拓展；人文精神大討論開展後，知識份子們在討論社會歷史問題的同時，也更加關注自身的靈魂拷問。人們為鄧拓含冤而死扼腕的時候，也不禁追問鄧拓自身是否有精神缺憾。甘競存認為鄧拓之死，「其內在的原因除了書生氣之外就是他那根深蒂固的個人崇拜觀念。」「且不說他在人民日報當總編輯時寫的社論、文章，從他去世前寫給黨組織的兩封信便可以看出個人崇拜是相當明顯的。」[21]

以上三種評價鄧拓政治忠誠意識的立場之間，儘管有交叉，但還是呈現出明顯的差異，然而卻都能在鄧拓身上找到確實的論據，究其原因，首先是鄧拓自身人格蘊含著多重因素，而在不同歷史情境中他凸顯出的人格特徵也有所不同；其次，不同論者關注鄧拓身上不盡相同的人格側面，而且價值評價也不同，正展示了新時期以來政治文化領域內多種價值立場多元並存、但不同階段又有各自的主流的局面。

三、關於鄧拓「書生氣」與「政治家」素質的評價

關於鄧拓「書生氣」與「政治家」素質的不同見解，從抗戰時期一直延續至今，是鄧拓精神價值評價中的另一個熱點問題。

書生氣，往往是指一個人具有豐厚的書本知識，而且這種知識積澱還深刻地影響了他的人格特徵。這種影響可能是正面的，也可能是反面的。正面影響，就是指一個人因為有知識而視野廣闊、長於獨立

---

[20] 蘇雙碧、王宏志：〈巨星隕落在序幕中〉，《中國封建主義批判》，湖北人民出版社，1999年第1版，第277-278頁。
[21] 甘競存：〈書生從政，如臨深淵——陳布雷、鄧拓死因剖析〉，未刊稿。

思考，因而具有反思現實的能力，而且在行動上往往遵循理想的召喚，並不屈服於權威、不計現實功利；反面影響，則是指一個人過分眷注於書本知識，容易教條化、容易優柔寡斷，從而失去感觸現實的敏銳性和處理現實問題的決斷性。書生氣可能對人產生正負兩面的影響，但並不是每個書生身上都必然會平均地出現其正負兩面因素。對每一個人書生氣的分析就要根據實際情況界定其具體特質。事實上，二十世紀中國社會對知識份子的評價在相當長一段時間內都存在著以假想的負面影響遮蔽其實際的正面價值的偏頗。

政治家素質一詞在中國文化中也有兩層含義，一層是指一個人有無政治理想以及堅持理想的操守。這一層面上的政治家素質往往與書生氣的正面價值相生相長、相互重合。政治家素質的另一層含義是指一個人有無政治權謀。政治權謀可能成為實現政治理想的手段，但自身不具有政治理想的內涵，而與書生氣風馬牛不相及。政治家素質這兩個層面在道德評價上的差別即在於有無理想維度。有時籠統地說有一個有無政治家素質，則可能產生兩個層面意思的混用，而在邏輯上產生偷換概念的現象。

鄧拓在世時，關於他的評價，就一直存在著書生氣兩層內涵和政治家素質兩層內涵被混用的情況。新時期以來，人們對鄧拓書生氣和政治家素質的辨析，在不同階段不同作者之間也存在著內涵不同的現象；而內涵的整體變遷傾向又體現了時代文化對待知識份子傳統、對待紅色遺產不同態度的整體變化傾向。

（一）、革命隊伍對鄧拓「書生氣」的否定

鄧拓 1937 年以知識份子身份投身革命，其學識與才華使他能夠很好地承擔起黨的宣傳工作，其書生特質正是成就《晉察冀日報》十年功績的必要因素。然而革命隊伍中始終存在著關於他「書生氣」的負面評價。戰友婁凝先回憶，「不止一次地聽到一種說法，認為鄧拓同志

敏學好求，未免有些書生氣。」[22]原人民日報社社長張磐石在回憶錄中說，1949年，中央安排鄧拓出任《人民日報》總編輯，負責新華社工作的廖承志私下對張磐石說：鄧拓「筆桿子硬，也有學問。他雖有書生氣，但有中央領導可發揮得更好。」[23]可見，在當時的革命語境中「書生氣」是一個貶義詞，與革命的「政治家」素質相對立。然而，眾多回憶文章表明，鄧拓在實際工作中恰恰十分注意調查研究、堅持群眾路線，並無教條主義傾向，並無「書生氣」中的負面特質。這樣看來，對鄧拓「書生氣」的反感，並非源於鄧拓自身的缺點，而是革命隊伍中的農民文化中蘊含著本能敵視知識份子文化的反智傾向、愚民傾向。

1956、1957年毛澤東責罵鄧拓是「書生辦報」、「死人辦報」。1959年毛澤東對吳冷西說：「新聞工作，要看是政治家辦，還是書生辦。」「搞新聞工作，要政治家辦報」。鄧拓由於恪守黨報工作紀律，未能配合毛澤東「神龍見首不見尾」的政治鬥爭需求而受到缺少政治素質的指責，這表明毛澤東此時是以政治權謀內涵來以偏概全地界定政治家素質這個概念，而閹割去了其政治原則內涵。堅守政治生活原則，在這裡變成了「書生」、「死人」之所為。這體現了毛澤東在特定時期對中國共產黨黨內政治生活原則的破壞。

1958年鄧拓在〈新聞戰線上的社會主義革命〉的報告中，延續毛澤東批評「書生辦報」的思路，批評了辦報中的「書生氣」，但是他並沒有延續毛澤東把「書生氣」與「政治家」對立的思路，而是把「書生氣」的內涵闡釋為「關門辦報，脫離實際，八股腔調，老一套辦報方法」。鄧拓這裡把「書生氣」的負面價值界定為新聞工作中與「群眾路線」相對的「脫離實際」的辦報作風，體現了鄧拓這樣一介書生、這樣一位新聞家注重感應現實的新聞理念和工作作風。對毛澤東「書生辦報」話語的延續與挪移，也體現了鄧拓於反「右」這個特殊歷史

22 婁凝先：〈風雨同舟戰友賢〉，廖沫沙等，《憶鄧拓》第39頁。
23 張磐石：《張磐石晚年自述手稿》，轉引自錢江〈鄧拓與《人民日報》的創建·下〉，《新聞與寫作》2006年第8期。

時期在服從組織、服從上級與實事求是、堅持真理這二者之間自覺不自覺地猶疑彷徨、努力追求平衡的心態。

（二）革命文化對鄧拓「書生氣」的認同

首先，儘管於特定時期，在置換概念內涵的前提下，鄧拓曾經延續了毛澤東批評「書生氣」的話語，但實際上，就總體而言，鄧拓是十分珍視自己「書生氣」中的正面價值的。他 1959 年在人民日報的告別會上說自己是「文章滿紙書生累」[24]，解釋到這句詩時，他「語氣間有點兒自責，也有點兒自信」。[25]1960 年參觀東林書院時，鄧拓又做詩道：「莫謂書生空議論，頭顱擲處血斑斑。」[26]1960 年代，鄧拓在琉璃廠的商號中偶見一枚刻好的印章「書生習氣未能無」，便買下作為自己的閒章。這些說明，鄧拓是十分珍視自己的那份「書生氣」的。在鄧拓心目中，「書生氣」中所蘊含的追求真理、尊重知識的價值取向，與他追求革命的政治理想，是一致的。在忠誠於共產主義事業的大前提下，鄧拓在自我評價問題上，又在一定程度上存在著「士」這個階層的某些獨立的自我意識。

其次，新時期，一些認同革命意識形態但思想開放的知識份子，著意闡釋「書生氣」的正面價值。1979 年的鄧拓追悼會上，一些輓聯輓詩在讚美鄧拓是一個堅定的共產主義者的同時，也讚美了鄧拓「書生」特質中所蘊含的承擔歷史責任的價值。「戎馬文章千古事，一肩擔易水；書生意氣畢臨終，鐵骨傲冰霜」[27]，「書生奮飛如椽筆」[28]，「誰

---

[24]　鄧拓：〈留別《人民日報》諸同志〉，《鄧拓全集・第四卷》，廣州：花城出版社 2002 年第 1 版第 120 頁。

[25]　袁鷹：《風雲側記——我在人民日報副刊的歲月》，中央檔案出版社 2006 年第 1 版 118-119 頁。

[26]　鄧拓：〈江南吟草・過東林書院〉，《鄧拓全集・第四卷》第 165 頁。

[27]　賴少其、沈鵬輓聯，《憶鄧拓》第 258 頁。

[28]　原晉察冀日報戰友挽聯，《憶鄧拓》第 259 頁。

說書生空議論，但求無愧董狐筆」[29]，「……文章濟世董狐才。書生意
氣宛然在，……」。[30]從這些輓聯輓詩中可以看到，儘管文革才剛剛結
束，傳統士大夫的歷史使命感和精神風骨已經在當時的文化認同中得
到肯定。尤其值得注意的是，婁凝先在回憶文章中，花了整整一節來
證明鄧拓「不是一個單純的書生」，而是「文武雙全」[31]。他顯然在努
力訂正農民文化對書生氣、對知識份子的偏見。婁凝先在回憶文章中
提到鄧拓「文章滿紙書生累，風雨同舟戰友賢」的詩句時說「我想這
裡自然是有感而寫的。我個人理解，這恐怕不只是自嘲式的諷諫
吧！？」[32]楊仁凱在「書生意氣宛然在」這個輓聯後加上了這樣的注
釋：「鄧拓同志喜為人揮毫，有時在墨翰鈐『書生習氣未能無』閒章
一方，別具新解，發人深思。歷史無情，後之覽者，當有悟於斯旨
耶？」[33]這兩位作者在 1979 年寫作的這兩段文字，顯然已經以含蓄
的方式明確反駁了毛澤東「書生辦報」的批評。1986 年胡績偉說，
鄧拓的「罪名先是『書生辦報』，後來變為『死人辦報』。當時，我是
很不理解的。老鄧精讀馬列、博覽群書，是通才又是專家，當然是書
生。夠得上飽學卓識的學者，怎麼能貶低為迂腐的秀才呢？」[34]胡績
偉闡述了鄧拓「要辦好報紙必須聯繫實際、聯繫群眾，開展批評和自
我批評」的方針，認為「他是理論聯繫實際、言行一致的，報紙也是
辦得生氣勃勃的。怎麼能指責他是什麼『書生辦報』，甚至『死人辦報』，
而不是『政治家辦報』呢？」[35]胡績偉對鄧拓的評價，直接反駁了把
書生放在政治家對立面的思維模式，既肯定了鄧拓書生氣質中的知識

29　于浩成輓聯，《憶鄧拓》第 261 頁。

30　楊仁凱輓聯，《憶鄧拓》第 265 頁。

31　婁凝先：〈風雨同舟戰友賢〉，廖沫沙等，《憶鄧拓》第 39 頁。

32　婁凝先：〈風雨同舟戰友賢〉，廖沫沙等，《憶鄧拓》第 41 頁。

33　楊仁凱輓聯自注，《憶鄧拓》第 265 頁。

34　胡績偉：〈「平生贏得豪情在」──懷念鄧拓同志〉，人民日報史編輯組編，
　　《人民日報回憶錄》第 274 頁。

35　胡績偉：〈「平生贏得豪情在」──懷念鄧拓同志〉，人民日報史編輯組編，
　　《人民日報回憶錄》第 275 頁。

價值，肯定了知識份子在政治實踐中的重要作用。杜導正 1997 年為張帆的《才子鄧拓》做跋時延續了這一思路，由鄧拓的命運展開思考，呼喚「保護中國人的創造性，保護中國的才子。」[36]

（三）革命文化之外對鄧拓「書生氣」、「政治家」素質的不同見解

90 年代的中國，年輕一代知識份子中出現了站在紅色理想之外的立場上思考革命、重評歷史人物的聲音，從而也帶來了關於「書生氣」與「政治家」素質的概念轉移現象和鄧拓評價的變化現象。

李輝的〈書生累——關於鄧拓的隨感〉一文，著意辨析鄧拓政治家素質之外的文人氣質，從而在寫作者自我身份認同上把自己擺在了政治家之外，但這種文人身份認同，並沒有導致對政治家的否定，而是站在文人的立場上理解了鄧拓那一代人的政治追求。李輝理解丁一嵐關於「鄧拓並不是一個書生，……他是一個革命鬥士，是一個在政治上有所作為並可能大有作為的人」的觀點，進而闡述說「對於他們這代人，革命永遠是第一位的，對領袖的無比忠誠，也是歷史形成的，是無法改變也不可能改變」；他肯定「鄧拓並不像曾被指責的那樣是『書生辦報』、『死人辦報』，他也不是不懂政治的文人，相反，自投身於革命的那天起，他就與政治息息相關，在同時代的革命者中，他稱得上一個具有很高理論修養和政治敏感的人」[37]，「他的政治修養和素質，他的性格，還不足以使他成為一個被動地旋轉的風標，或者索性變為一個淺薄的、毫無政治操守的政客。」[38]李輝把政治素質與政客投機

---

[36] 杜導正：〈《才子鄧拓》讀後感（代跋）〉，張帆：《才子鄧拓——一個蒙冤者的血淚人生》第 369 頁。

[37] 李輝：〈書生累——關於鄧拓的隨感〉，李輝編著：《書生累——深酌淺飲「三家村」》第 42 頁。

[38] 李輝：〈書生累——關於鄧拓的隨感〉，李輝編著：《書生累——深酌淺飲「三家村」》第 44 頁。

區別開來，視之為一個人堅持政治理想的理論自覺與行為操守，並高度讚美這一堅守理想的精神；而在把自己確認為過去革命歷史的「旁觀者」後，李輝又更加認同鄧拓身上善感的文人情懷。他十分珍視鄧拓受到打擊時所產生的「惆悵和憂鬱」的情緒，認為鄧拓的「惆悵和憂鬱」「反而使豪邁和昂揚更為深沉。」李輝展示出在注重政治是非辨析的同時，更加重視個體生命豐富性、更加重視人的精神世界全面性的文化立場。

王均偉的〈書生之外的鄧拓〉，延續了李輝關於鄧拓人格中書生氣質與政治家身份的二分法，但關於鄧拓書生氣質的界定，他並沒有沿襲李輝視之為文人敏感的內涵，更接近中國文化關於「士」的風骨的界定，包含了李輝關於鄧拓政治家堅守理想的耿介特質的界定；關於政治家的界定，王均偉更加關注政治生態對士的精神人格的扭曲，敏銳地批評了政治身份意識在特定時期造成了鄧拓的緊跟意識。王均偉認為，「鄧拓曾經是個書生，而且是個很出色的書生」，但其 1960 年前後寫作的〈香山小唱〉、〈江南吟草〉等詩歌「感覺不到日益嚴峻的形勢和個人跌盪起伏的命運。能夠看到的是，對領袖英明的頌歌，對『大躍進』的讚賞」，從而他得出結論說鄧拓「毫無疑問，他首先是黨的高級幹部，忠誠於黨的事業。儘管滿腹經綸，才情四溢，也無法改變他作為政治家的第一身份」，認為政治家身份在 1959、1960 年的特定歷史時期使鄧拓失去了書生的正直本色，他說「一個政治家，或一個希望在政治上有所作為的人，很難完全不受政治氣氛的左右。」同時王均偉也追問：「要在這樣的環境裡生存甚至在政治上更上一層樓，他有多少選擇的餘地呢？」[39] 王均偉以現代知識份子獨立人格標準拷問鄧拓的精神世界，同時也質問了 1960 年前後嚴酷的政治環境。

王彬彬延續王均偉關於書生氣與政治家身份的概念界定，強調人堅持真理的精神風骨，鄙視政治上的跟風行為，但是王彬彬把王均偉

---

[39] 王均偉：〈書生之外的鄧拓〉，《南方週末》2003 年 7 月 24 日

關於鄧拓評價的辯證看法推向了極端，認為「寫〈從天安門到全國〉和
〈江南吟草〉時自不待言，寫〈燕山夜話〉和〈三家村箚記〉時，也仍
然是作為『政治家』的角色意識在主宰著鄧拓，所謂『書生意氣』，即
便有的話，也是微乎其微的」。[40]對照鄧拓雜文的寫作語境，他認為鄧拓
雜文是「遵命文學」，他說，「鄧拓寫〈燕山夜話〉，寫〈三家村箚記〉
裡的那些文章，也仍然是在迎合中共中央的『口徑』。」「〈燕山夜話〉
和〈三家村箚記〉所提倡的，往往也是其時的毛澤東和中共中央所提倡
的；〈燕山夜話〉和〈三家村札記〉所反對的，也正是其時的毛澤東和
中共中央所反對的。」對於是否「遵命」的敏感，凸現王彬彬自身的自
由主義知識份子立場。這份敏感使他得以敏銳糾正了《劍橋中華人民
共和國史》和《毛澤東傳》等海外著作誇大鄧拓思想中自由主義成分
的誤解，[41]但以是否「迎合中共中央的『口徑』」作為好雜文的重要思
想尺度之一，這顯然又存在著對時代文化語境缺少歷史分析的缺憾。

綜合多種對鄧拓「書生氣」與「政治家」素質評價，可以發現，
從戰爭歲月至今，「書生氣」這個詞的內涵正發生這樣的變化：由原先
側重指稱其負面價值已經逐漸過渡到指稱其正面價值，究其原因是，
時代文化在二十世紀中國社會中正逐漸發生由鄙視知識份子到標舉知
識份子精神的變化。與詞義變化相伴而生的是，人們對鄧拓的評價，

---

[40] 王彬彬：〈鄧拓的本來面目〉，《粵海風》2004 年第 6 期。

[41] [美] R・麥克法誇爾、費正清編的《劍橋中華人民共和國史・革命的中國的
興起（1949-1965）》中由默爾・戈德曼撰稿的第十章認為，「鄧拓是和北京
市委有聯繫的知識份子——官員的領袖。……他以他對大躍進的馬克思主
義的批評，結合著對『五四』時期西方自由主義的價值觀以及儒家傳統準
則（尤其是關懷農民處境的重申），為這批人樹立了知識份子的榜樣。」該
書指出鄧拓的三種思想資源，其中「對大躍進的馬克思主義的批評」和「儒
家傳統準則（尤其是關懷農民處境的重申）」兩條無疑是很準確的，而「『五
四』時期西方自由主義的價值觀」這一條則是不準確的。鄧拓雖然是三十
年代畢業的大學生，但從他青年時代開始寫作的系列文章看，他從沒有接
受「西方自由主義的價值觀」。王彬彬的《鄧拓的本來面目》批評該書和[美]
羅斯・特里爾的《毛澤東傳》「拔高」鄧拓。

已由最初的政治平反延伸到探索其精神世界的多層面，對鄧拓一生與不同時代文化關係的探討也更為細緻。

四、小結

　　本書在思考和寫作過程中，深受各位先行的研究者的啟發。本書不贊成把鄧拓共和國時期在組織原則上對上級的無條件服從和在個人情緒層面上對毛澤東無理斥罵的一定抵觸完全割裂開來，只取其一，否定另一面的存在。本書認為，鄧拓在共和國時期感受自己的冤屈、關注社會民生，對領袖毛澤東的失誤有一定的認識，但是由於在思想深處已經牢牢地把對歷史正義的追求完全寄託在自己投身的政治組織中、已經把毛澤東視為革命不可分離的象徵，鄧拓總體上是忠誠於毛澤東和組織的，並未能對黨派中的領袖崇拜問題、對意識形態組織原則問題進行自覺的反思。本書不贊成無視當下時代文化提供給我們的思想資源，仍然一味讚美鄧拓包含著盲目服從成分的忠誠品格；也不贊成無視當時時代文化提供的歷史可能性，用自由主義標準全面否定鄧拓及其作品的價值。本書不贊成把鄧拓雜文尤其是其中〈廢棄「庸人政治」〉等篇章的批判意識拔高到自覺否定毛澤東錯誤的高度；也不贊成僅僅由於鄧拓雜文中富有思想鋒芒的篇章都是在黨的高層作出自我反思的語境中寫作的就否定它的思想意義。本書認為評價雜文思想的尺度只能是，它所思考的問題、它的價值判斷，與現實政治、文化的關係；應該看它是不是有利於糾正當時的錯誤思想，是不是有利於建構正確的政治文化觀念。本書也不贊成用附會的方式從反面或正面來過度闡釋鄧拓雜文的思想傾向，而應該把每一個文本看做一個相對自足的系統來發掘其思想意蘊。本書意在把鄧拓的忠誠放在特定的歷史環境中考察，肯定鄧拓執著追求歷史理性這一人生追求的崇高性，也審視鄧拓把歷史理性與黨派意識形態、與領袖權威視為一體的思想

局限性，並且探究這一崇高人生追求及其局限性的歷史和文化成因。本書力圖從內視點展示歷史人物自身的生命邏輯，並且儘量把鄧拓的所作所為與同時代人的選擇展開比較，詳細探究鄧拓在當時的政治、文化建構中的作用。

本書認為，鄧拓是一個具有高度生命敏感的人，所以，投身革命事業，他始終沒有消磨去關注自我生命價值這一內心敏感，儘管這種內心敏感他只在非常私人化的夫妻關係、摯友關係中才有所表露。對自我生命意義的自覺意識，恰恰是他投身革命、忠誠於革命的根本動力。其中的內在邏輯是，鄧拓認為個體生命要超越時空的局限性，就必須與歷史理性掛上鉤，而他認為只有馬列主義才是代表歷史必然規律的唯一真理。儘管對自我生命的自覺是鄧拓投身革命的內在動力，但是革命的大一統原則又與個體生命的個人性特質之間存在著必然性的矛盾。鄧拓一方面具有超越個體生命有限性的高度自覺，另一方面，他從來沒有讓個體生命的自覺走向對歷史理性法則、意識形態法則的質問。鄧拓的悲劇是忠誠者的悲劇。這一悲劇燭照出意識形態原則的殘酷性，也燭照出把歷史理性意識形態化，並且把意識形態組織、意識形態領袖絕對懸置於個體獨立性之上這一觀點自身的內在缺憾。這一悲劇提示我們，在社會制度建設方面，應該通過民主與法制的建設，保障社會政治生活的健全發展，避免社會潰亂，避免對個體生命的隨意踐踏；在個人主體精神建構方面，我們在追尋歷史理性的過程中，還應該尊重現實存在中個體的生命權利和生命感受，使得現實中的個體生命能夠與歷史理性之間構成張力，使得二者在互相牽掣、互相激發中健全發展，避免走向極端。

鄧拓年譜簡編

1912 年

2 月 26 日，農曆壬子年正月初九，出生於福建省閩侯縣（今福州市）道山路第一山房一個知識份子家庭中。父親鄧儀中是晚清舉人，時為中學教師。鄧拓是家中的幼子，取名鄧旭初，又名季立。

1919 年（7 歲）

夏天入道山路天皇嶺小學就讀，取學名鄧子健。

1923 年（11 歲）

秋天入閩侯縣三牧坊中學讀初中。

1926 年（14 歲）

入福建省立第一高中文科文史地系學習。

1929 年（17 歲）

夏天高中畢業，秋天考入上海光華大學政治法律系。創作詩歌〈別家〉。

1930 年（18 歲）

6 月光華大學肄業，秋冬加入「社聯」，先後擔任「社聯」、「上海反帝大同盟」區黨團書記。冬天秘密加入中國共產黨。創作詩歌〈書城〉。

1931 年（19 歲）

夏天轉入上海法政學院社會經濟系學習。任中共法南區區委宣傳幹事、部長，南市工委書記。

發表散文〈紫金山下〉。

1932 年（20 歲）

春天，組織抗日義勇隊支援在「淞滬」戰爭中抗擊日寇的十九路軍。

12 月在紀念「廣州暴動」五周年紀念活動時被國民黨逮捕。先被送到南京，後被解押到蘇州軍人反省院。

1933 年（21 歲）

在獄中受到嚴刑，又得了肺病，但堅貞不屈，堅持鬥爭。創作詩歌集《南冠草》。

在父親、三哥（鄧叔群，植物學家）等親人的多方努力下於 9 月份被保釋出獄。

出獄後回福州養病，以鄧雲特為筆名在《新中華》上發表與張東蓀論辯的哲學論文〈形式邏輯還是辯證唯物主義〉。

11 月，「閩變」發生。以鄧拓洲的名字參加福建人民政府的工作，任文化委員會專員兼外交部秘書。這時期，和共產黨員季步飛取得了聯繫。

1934 年（22 歲）

「閩變」失敗。春末到上海住在中學時代同學李拓之處。

秋天到河南開封投奔大哥鄧伯宇，插班入河南大學法學院經濟系就讀。

1935 年（23 歲）

以鄧雲特為筆名在《中山文化教育館季刊》發表論文〈論中國封建社會「長期停滯」的問題〉。

夏天冒著生命危險把「民先」總部領導人、共產黨員劉子厚護送到北平。

1936 年（24 歲）

任「中華民族解放先鋒隊」開封總隊長，組織學生運動。

發表系列經濟學和歷史學論文。

1937 年（25 歲）

春天撰寫畢業論文〈論中國救荒問題〉，並撰寫學術專著《中國救荒史》。該書用文言寫成，共 25 萬字，11 月在商務印書館出版。這是中國第一部救荒史著作。

6 月被國民黨逮捕入獄，一個多月後被保釋出獄，參加國民黨河南省主席商震組織的「戰地服務團」。

8 月到太原奔赴解放區，9 月到達五臺山八路軍 115 師司令部。改名鄧拓。

11 月，任中共晉察冀省委宣傳部副部長。

1938 年（26 歲）

4 月始任中共晉察冀邊區機關報《抗敵報》編輯部主任。大量撰寫社論、政論、詩歌等，宣傳民族抗戰。

1939 年（27 歲）

帶領報社人員轉戰阜平、易縣境內，突破日寇的圍剿，堅持出報。

1940 年（28 歲）

組織報導「百團大戰」。

11 月《抗敵報》改名為《晉察冀日報》，鄧拓任報社社長兼總編輯，並兼任新華社晉察冀總分社社長。

1941 年（29 歲）

面對日寇的大「掃蕩」，帶領報社游擊辦報，領導報社的技術革新工作。
發表〈唯物辯證法簡編〉8 篇系列論文。

1942 年（30 歲）

3 月 8 日與平山縣婦救會幹部丁一嵐結婚。這一時期創作了大量愛情詩。
4 月任中共晉察冀分局報社委員會書記。

1943 年（31 歲）

2 月，晉察冀邊區召開第一屆參議會。與聶榮臻、宋劭文、呂正操、
于力等倡議成立「燕趙詩社」，並寫〈詩社緣起〉。與皓青、于力等多
有酬唱。
創作詩歌〈祭軍城〉、散文〈慟雷燁〉等。
秋冬反「掃蕩」期間，帶領報社轉戰於阜平縣、靈壽縣、孟縣以及邊
區外線的無人區，堅持出報。
12 月大女兒鄧小嵐出生。

1944 年（32 歲）

發表報告文學〈聶榮臻將軍怎樣創造晉察冀解放區〉。
5、6 月主編出版中國第一部《毛澤東選集》（五卷本）。
本年夏天至 1945 年 5 月，受河南「紅旗黨」冤案牽連，被調離報社崗
位，集中在晉察冀中央分局黨校學習、受審。期間創作組詩〈戰地歌
四拍〉。

1945 年（33 歲）

5 月回到報社崗位。8 月隨部隊進入張家口，在張家口出版《晉察冀日
報》。兼任晉察冀中央局宣傳部副部長。

1946 年（34 歲）

2 月當選《北方文藝》半月刊編委。

夏秋，率前線記者團到大同等地採訪。

10 月率報社轉戰阜平縣馬蘭村一帶。

1947 年（35 歲）

參加土地改革團，赴淶水縣參加土改工作。

1948 年（36 歲）

《晉察冀日報》與晉冀魯豫《人民日報》合併為中共華北局領導的《人民日報》。創作詩歌〈《晉察冀日報》終刊〉。

先後任華北局政策研究室主任、中央政策研究室經濟組長、北平市委常務委員。

1949 年（37 歲）

2 月 1 日隨北平市委進京。

2 月撰寫《人民日報》北平版創刊號社論。

先後任中共北京市委宣傳部長、華北高等教育委員會委員、《人民解放報》社長。秋天，被任命為中共中央機關報《人民日報》總編輯。12 月被聘為北京大學法學院兼職教授。

9 月出席中國人民政治協商會議第一屆政協會議。

1950 年（38 歲）

將父母從福州接到北京同住。

撰寫人民日報社論〈誰領導了「五四」運動？〉。

1951 年（39 歲）

發表〈武訓的真面目——評《武訓傳》的影片、武訓以及孫瑜先生的檢討〉。

在北京大學經濟系講授「土地問題與中國革命」課程。

先後到北京大學、輔仁大學作抗美援朝形勢報告。

1952 年（40 歲）

撰寫社論〈在反貪污、反浪費、反官僚主義的偉大鬥爭中，發動群眾的關鍵何在？〉，受到毛澤東的表揚。

在第一屆全國戲曲觀摩演出大會作了〈什麼是民族戲曲的優良傳統〉的長篇發言。

1954 年（42 歲）

2 月率領中國新聞代表團訪問蘇聯。

9 月當選為第一屆全國人民代表大會代表。

夏秋，四次到京西門頭溝地區採訪小煤窯、收集歷史研究資料。

1955 年（43 歲）

被聘為中國科學院哲學社會科學部委員。被聘為中國科學院歷史研究所第一所學術委員會委員、第二所學術委員會委員。

1956 年（44 歲）

1 月擔任中國新聞工作者協會主席。春天率領中國新聞代表團出席華沙國際新聞工作者協會主席團會議，當選為國際新聞聯合會副主席。

夏天參觀訪問北京崇文門外下唐刀胡同葡萄手工藝世家——常家，並發表散文〈訪葡萄常〉。

6月《人民日報》發表社論〈要反對保守主義，也要反對急躁情緒〉，被毛澤東批評為「書生辦報」。

7月主持《人民日報》改版。

9月當選中國共產黨第八次代表大會代表。

發表長篇歷史論文〈從萬曆到乾隆──關於中國資本主義萌芽時期的一個論證〉。

1957 年（45 歲）

3、4 月以「左海」為筆名在《人民日報》開設詩配畫專欄〈一詩一畫〉。

4 月份由於毛澤東對《人民日報》一個時期的宣傳報導不滿意，鄧拓被毛澤東批評為「書生辦報」、「死人辦報」。6 月改任人民日報社社長，被免去總編輯職務。

5 月發表著名雜文〈廢棄「庸人政治」〉。

8 月從人民日報煤渣胡同宿舍搬家到遂安伯胡同。

年底參加寶成鐵路通車典禮，沿途實地採訪。

1958 年（46 歲）

1 月在中共中央南寧工作會議上再次受到毛澤東批評。

春天，發表《新聞戰線上的社會主義》的長篇報告。

9 月調任中共北京市委書記處書記，負責文教工作，並兼任北京市委理論刊物《前線》主編。

將《中國救荒史》改為白話文，由三聯書店出版。

發表詩歌〈路途口占七絕〉32 首、〈輓黃敬同志〉、〈詠李白〉等。

1959 年（47 歲）

4 月當選為第二屆全國人民代表大會代表。

擔任中國科學院哲學社會科學院古籍整理和出版規劃小組成員、中國歷史博物館建館領導小組組長。

創作詩歌〈留別《人民日報》諸同志〉。發表大量題畫詩，發表詩歌〈香山小唱〉12 首等。

1960 年（48 歲）

到北京郊區、浙江、江蘇各地調查訪問，發表詩歌〈延慶道上〉7 首、〈江南吟草〉62 首。並發表大量政論和美術評論。

11 月任中共中央華北局書記處候補書記。

1961 年（49 歲）

2 月發表〈毛澤東思想開闢了中國歷史科學發展的道路〉的報告。

3 月 19 日開始以馬南邨為筆名在《北京晚報》開闢〈燕山夜話〉專欄，專欄每週 2 次，從當日至 1962 年 9 月 2 日結束共發表雜文 147 篇。

9 月與吳晗、廖沫沙以三人共同的筆名吳南星在《前線》開闢〈三家村札記〉雜文專欄，10 月發表雜文〈偉大的空話〉。

收購蘇東坡名畫《瀟湘竹石圖》。

1963 年（51 歲）

發表詩歌〈贈趙丹同志廿韻〉等。發表散文〈鄭板橋與「板橋體」〉等。

1964 年（52 歲）

當選為第三屆全國人民代表大會代表。

將收藏的 144 件古畫捐贈給中國美術館，其中包括蘇東坡的《瀟湘竹石圖》。

1965 年（53 歲）

12 月，以向陽生為筆名發表評論〈從《海瑞罷官》談到「道德繼承論」〉；在北京 6 所高等院校部分文科大學生的座談會上，說「姚文元的文章

不是結論，吳晗同志也不是一無是處」，強調「不要扣帽子，要擺事實講道理」。

1966 年（54 歲）

4 月 16 日，《北京日報》以 3 個版的篇幅，發表〈關於「三家村」和《燕山夜話》的批判〉的批判材料。不久，鄧拓被勒令停職在家寫檢查。

5 月 8 日，江青主持寫作的文章〈向反黨反社會主義黑線開火〉，以高炬的筆名在《解放軍報》上發表。5 月 10 日，姚文元的批判文章〈評「三家村」——《燕山夜話》《三家村札記》的反動本質〉在《解放日報》、《文匯報》同時刊登。5 月 11 日，《人民日報》轉載了姚文元的文章。這些文章誣衊「三家村」「反黨反社會主義」，對鄧拓等進行政治迫害。

5 月 16 日，《人民日報》又刊發了戚本禹的文章〈評《前線》《北京日報》的資產階級立場〉。文中誣衊鄧拓是叛徒。

5 月 16 日中共中央發出〈「五・一六」通知〉，「文化大革命」全面開始。

5 月 18 日凌晨鄧拓自殺離世。

1979 年（去世後 13 年）

7 月，經中共中央批准，北京市委為所謂「三家村反黨集團」冤案平反。

9 月 5 日鄧拓追悼會在北京八寶山革命公墓禮堂舉行。

1980 年（去世後 14 年）

福建人民出版社出版回憶文集《憶鄧拓》，廖沫沙等著。

1985 年（去世後 19 年）

北京出版社出版《鄧拓文集》4 卷本。

1986 年（去世後 20 年）

鄧拓學術研討會在福州召開。

群眾出版社出版第一本鄧拓傳記《鄧拓評傳》，王必勝著。

1987 年（去世後 21 年）

人民出版社出版回憶文集《人民新聞家鄧拓》。

1994 年（去世後 28 年）

福州建立鄧拓紀念館，館址在「第一山房」鄧拓故居。

2002 年（去世後 36 年）

花城出版社出版《鄧拓全集》5 卷本。

2006 年（去世後 40 周年）

5 月 18-20 日，鄧拓新聞思想學術研討會在福州召開。

5 月 21 日鄧拓、丁一嵐夫婦銅像在福州三山人文紀念園名人園揭幕。

說明：本年譜參考了王必勝《鄧拓生平年表》和鄧小嵐《鄧拓生平及
　　　主要著作年表》，特此致謝。

主要參考文獻

（按作者姓名拼音字母順序排列）

一、著作

1. 高華著：〈紅太陽是怎樣升起的：延安整風運動的來龍去脈〉，香港中文大學出版社，2000 年第 1 版；
2. 薄一波著：《若干重大決策與事件的回顧》，中共中央黨校出版社 1993 年第 1 版；
3. 鄧拓著：《鄧拓全集》，花城出版社，2002 年第 1 版；
4. 顧行、成美著：《鄧拓傳》，山西教育出版社 1991 年第 1 版；
5. 〔意〕葛蘭西著：《獄中札記》，中國社會科學出版社 2000 年第 1 版；
6. 河北日報報業集團：《晉察冀日報史學術研討會論文彙編》，2005 年 9 月 10 日第 1 版；
7. 胡績偉著：《人民至高無上——胡績偉新聞生涯五十年》，臺北東皇文化出版事業有限公司 1997 年第 1 版；
8. 晉察冀日報史研究會編：《人民新聞家鄧拓》，人民出版社 1987 年第 1 版；
9. 逄先知、金沖及主編：《毛澤東傳：1949-1976》，中央文獻出版社，2003 第 1 版；
10. 龐暘著：《鄧拓和他的一家》，著，春風文藝出版社 1998 年第 1 版；
11. 廖沫沙等著：《憶鄧拓》，福建人民出版社 1980 年第 1 版；
12. 李輝編著：《書生累——深酌淺飲「三家村」》，海天出版社 1998 年第 1 版；
13. 李莊著：《難得清醒》，人民日報出版社 1999 年第 1 版；
14. 聶榮臻著：《聶榮臻回憶錄·中》，解放軍出版社 1984 年第 1 版；

15.〔美〕R・麥克法誇爾、費正清編：《中華人民共和國史，革命的中國的興起》，中國社會科學出版社，1990 年第 1 版；

16.人民日報史編輯組編:《人民日報回憶錄:1948-1988》，人民日報出版社 1988 年第 1 版；

17.蘇雙碧著：《中國封建主義批判》，湖北人民出版社 1999 年第 1 版；

18.王必勝著：《鄧拓評傳》，群眾出版社 1986 年第 1 版；

19.王若水著、馮媛編：《新發現的毛澤東——僕人眼中的偉人》，香港明報出版社，2002 年第 1 版；

20.王若水著：《智慧的痛苦》香港三聯書店 1989 年第 1 版；

21.吳冷西：《憶毛主席——我親身經歷的若干重大歷史事件片斷》，新華出版社 1995 年第 1 版；

22.許紀霖著：《智者的尊嚴——知識份子與近代文化》，學林出版社 1991 年第 1 版；

23.徐鑄成著：《徐鑄成回憶錄》，三聯書店 1998 年第 1 版；

24.姚春樹、袁勇麟著：《20 世紀中國雜文史》，福建教育出版社 1997 年第 1 版；

25.於風政著，《改造》，河南人民出版社 2001 年第 1 版；

26.張帆著：《才子鄧拓——個蒙冤者的血淚人生》，海天出版社 2003 年第 1 版；

27.《中國黨史資料》編輯部編，《親歷重大歷史事件實錄・第五卷》，黨建讀物出版社、中國文聯出版社 2000 年第 1 版；

28.張明主編：《武訓研究資料大全》，山東大學出版社 1991 年第 1 版；

29.朱正著：《1957 年夏季：從百家爭鳴到兩家爭鳴》，河南人民出版社 1998 年第 1 版；

30.Cheek Timothy, Propaganda and Culture in Mao』s China: Deng Tuo and the Intelligentsia, Oxford: Clarendon Press, 1997。

二、論文

1. 鄧小虹：《遂安伯胡同 5 號——鄧拓的家》，《北京觀察》2002 年第 6 期；

2. 傅國湧：《鄧拓之死》，傅國湧的博克，http://blog.sina.com.cn/fuguoyong；

3. 甘競存：《書生從政，如臨深淵——陳布雷、鄧拓死因剖析》，未刊稿；

4. 胡績偉：《毛澤東與鄧拓之死》，http://blog.sina.com.cn/s/blog_3dde159701008chm.html；

5. 黎辛：〈鄧拓在開封〉，《河南大學學報》，2002 年第 1 期；

6. 黎之：《回憶與思考——從「知識份子會議」到「宣傳工作會議」》，《新文學史料》1994 年第 4 期；

7. 錢江：《鄧拓與〈人民日報〉的創建》，《新聞與寫作》2006 年第 7、8 期；

8. 錢江：《鄧拓自殺前的抗爭》，《世紀》，2009 年第 2 期；

9. 錢江：《毛澤東和陳其通等人的文章風波》，《世紀》2009 年第 3 期；

10. 錢江：《文革前夕的人民日報》，《湘潮》2008 年第 4 期；

11. 任捷，《鄧拓自殺的前前後後——對鄧拓夫人丁一嵐的訪談》，《南方週末》1999 年 6 月 25 日；

12. 蘇雙碧、王宏志：《1957 年鄧拓為什麼「按兵不動」》，《炎黃春秋》2000 年第 8 期；

13. 蘇雙碧、王宏志：《鄧拓收購名畫風波》，《炎黃春秋》2002 年第 11 期；

14. 王彬彬：《鄧拓的本來面目》，《粵海風》2004 年第 6 期；

15. 王均偉：《書生之外的鄧拓》，《南方週末》2003 年 7 月 25 日；

16. 楊澤南：《鄧拓「倒賣文物案」始末》，《縱橫》2004 年第 10 期；

17. 章立凡：《毛澤東「反右」動因及後果的再研究》，http://www.taosl.net/wcp/zhanglf005.htm；

18. 曾彥修：《酷暑天吹來的一縷清風——鄧拓雜文名篇的背景和寓意》，《新聞愛好者》1998 年第 2 期。

後記

　　最初，愛好文學是因為它的超然，因而總是更喜歡那類專注於自我玄思或內心激情的作品，不大注意那些直接感應現實複雜性的文字，在文體上也總是喜歡詩歌遠甚於承載了豐富生活細節的小說。文學在我，一直是「自己的園地」。當然，我並非如知堂老人那樣已經體味了生之沉重無奈之後尋找安然品鑒苦茶之地，不過是未經世事，便渴望借文學的蔭蔽能始終優遊於社會機制之外。

　　然而，一頭扎進 20 世紀的中國文學，卻總是隨處碰到「當文學遭遇政治」的問題。從個體經歷方面來說，我自己的命運似乎與時代風雲瓜葛不大，但求學生涯中的多位師長都有被政治牽掣的無奈遭遇。我的中學老師便是一群因家庭出身不好而被發配到山區的大學生，博士導師范伯群教授也有幹校勞動的經歷。人總免不了要關注周圍人的命運，為之而感慨唏噓，這樣，時代風雲，在我想竭力敬而遠之的時候，實際上已經以另一種形式悄然芥蒂於我心了。

　　20 世紀 90 年代末在南京大學受業於丁帆師，進入到一個知識份子問題討論的語境中，我才恍覺自己也是一介有安身立命問題需要思考的有一點知識的人。這一時期，我做的課題是性別意識研究，雖並不超然於人生，但也與時代風雲關係不那麼密切，然而，關於知識份子主體精神的討論顯然去除了我心中的許多「畏」，使我能夠無所顧忌地去說出一些自以為是的道理。知識份子與 20 世紀中國政治的關聯遂也成為我和一些師長之間長久的話題。

　　除丁帆師外，這一時期誨我最多的是南京師範大學的甘競存教授。甘先生大學時代參加中共地下黨，50 年代又棄政去讀文學專業研

究生，其人生選擇正是徘徊於社會歷史洪流與個人自由天地之間。甘先生示我以他剛剛寫就的系列知識份子研究文章，其中一篇便是〈書生從政，如臨深淵──陳布雷、鄧拓死因剖析〉。這些文章，和丁帆師的《江南悲歌》、董健師的《跬步齋讀思錄》、許紀霖先生的《智者的尊嚴》等著作，激發了我思索知識份子內在精神狀態的興趣。

探討知識份子問題，實際上是與讀者自我的人格建構需求密切相關，所以，我和許多人一樣，首先關注的是那些特立獨行、不黨不群的自由者；思考二十世紀知識份子的命運問題，大家首先關注的大約是意識形態組織的權力核心是如何運作的。但最終我和甘競存師、丁帆師都有一個共識：瞭解左翼知識份子是瞭解二十世紀中國歷史的關鍵。畢竟，二十世紀的上半葉，有一大批知識份子都是心懷崇高的歷史使命才投身革命、結為黨派的，但是文革十年他們往往都以這樣或那樣的形式走進一個悲劇的命運中。他們的精神世界在體制之內是如何演變發展的，他們在哪些地方張揚了追求真理的崇高精神，又在哪些地方出現了思想的盲點；他們在哪些地方堅持了操守，又在哪些地方做出了妥協，顯然是二十世紀中國思想史中的重要問題。

丁帆師囑我作鄧拓傳，已是 2003 年的事了。這時我已到北京。近不惑之年，我似乎逐漸正視了生命之獨立逍遙與歷史正義之追問是人類精神世界中互相依存、難以割捨的兩面。逍遙獨立是疏離大一統話語的一種有效途徑，對歷史正義的反思又是保護逍遙獨立空間的一個必要條件。

鄧拓是我的福建同鄉。年長的鄉親，哪怕沒有多少文化，也大都熟悉他的名字，卻只是因為他們在文革之初也和全國人民一樣都不知所以然地跟著喊過「打倒三家村」的口號。我沒有趕上那個時代，最初熟悉鄧拓的名字是中學時代在父親的書架上見過他的〈燕山夜話〉。這回，我希望儘量能從內視點來闡釋鄧拓的精神世界。往事已經塵封為歷史，追溯一個人的精神世界並探索其思想成因比單純地讚美或者批評之更為重要。

　　客居京城，儘管差不多是足不出校園，但二十世紀社會思想史上的風風雨雨卻引起了我更多的思考。追問逝去的歷史，關懷的其實是人怎樣才能生活得更美好這類切近當下與將來的普遍命題。

　　遠在北京城南三環潘家園的顧驤先生、居於附近皂君廟的舒蕪先生（已於 2009 年 6 月仙逝），還有天津的范亦豪先生是我經常請教的師長。2005 年隨晉察冀日報史研討會赴河北重走鄧拓抗戰時期游擊辦報之路，我又有幸得到了炎黃春秋雜誌社杜導正先生、人民日報社錢江先生的諸多指教。

　　特別要感謝的應該是鄧拓的子女鄧小嵐女士和鄧壯先生。他們為我訂正了許多史實、提供了豐富的照片。鄧家子女誠摯溫和的生活態度，更讓我對四十多年前那一段歷史的殘酷感慨痛惜。給我直接幫助的還有第一本鄧拓傳的作者王必勝先生，南京師範大學的丁亞芳女士、高朝俊先生，炎黃春秋雜誌社的徐慶全先生，湖南《湘聲報》的向繼東先生，北京博學近思書院的席雲舒先生，河南大學出版社的袁喜生先生、人民日報出版社的蔣菊平女士。本書得以在台北出版，更有賴於友人邵建先生、蔡登山先生的熱忱以及責編邵亢虎先生的辛勤工作。

　　唯願歷史是進化的，不要有可怖的「重來」。

李玲

2010 年 11 月重記於北京五道口

● 書生辦報？死人辦報？──人民日報社長、總編輯鄧拓傳

血歷史 02　PC0160

新銳文創
INDEPEDENT & UNIQUE

書生辦報？死人辦報？
——人民日報社長、總編輯鄧拓傳

作　　者	李　玲
主　　編	蔡登山
責任編輯	邵亢虎
圖文排版	姚宜婷
封面設計	陳佩蓉

出版策劃	新銳文創
製作發行	秀威資訊科技股份有限公司
	114 台北市內湖區瑞光路76巷65號1樓
	電話：+886-2-2796-3638　傳真：+886-2-2796-1377
	服務信箱：service@showwe.com.tw
	http://www.showwe.com.tw
郵政劃撥	19563868　戶名：秀威資訊科技股份有限公司
展售門市	國家書店【松江門市】
	104 台北市中山區松江路209號1樓
	電話：+886-2-2518-0207　傳真：+886-2-2518-0778
網路訂購	秀威網路書店：http://www.bodbooks.com.tw
	國家網路書店：http://www.govbooks.com.tw
法律顧問	毛國樑　律師
圖書經銷	貿騰發賣股份有限公司
	235 新北市中和區中正路880號14樓
	電話：+886-2-8227-5988　傳真：+886-2-8227-5989

出版日期	2011年6月　初版
定　　價	370元

國家圖書館出版品預行編目

書生辦報？死人辦報？：人民日報社長、總編
輯鄧拓傳 / 李玲著. --初版. -- 臺北市：新銳
文創, 2011.06
　　面；　公分. --（新銳歷史叢書；PC0160）
　ISBN 978-986-6094-07-1（平裝）

　1.鄧拓　2.傳記

782.887　　　　　　　　　　　　100007962

讀者回函卡

感謝您購買本書，為提升服務品質，請填妥以下資料，將讀者回函卡直接寄回或傳真本公司，收到您的寶貴意見後，我們會收藏記錄及檢討，謝謝！如您需要了解本公司最新出版書目、購書優惠或企劃活動，歡迎您上網查詢或下載相關資料：http:// www.showwe.com.tw

您購買的書名：_____

出生日期：_____年_____月_____日

學歷：□高中 (含) 以下　　□大專　　□研究所 (含) 以上

職業：□製造業　□金融業　□資訊業　□軍警　□傳播業　□自由業
　　　□服務業　□公務員　□教職　　□學生　□家管　　□其它_____

購書地點：□網路書店　□實體書店　□書展　□郵購　□贈閱　□其他

您從何得知本書的消息？

　□網路書店　□實體書店　□網路搜尋　□電子報　□書訊　□雜誌

　□傳播媒體　□親友推薦　□網站推薦　□部落格　□其他_____

您對本書的評價：(請填代號　1.非常滿意　2.滿意　3.尚可　4.再改進)

　封面設計____　版面編排____　內容____　文／譯筆____　價格____

讀完書後您覺得：

　□很有收穫　□有收穫　□收穫不多　□沒收穫

對我們的建議：_____

_____

_____

_____

11466
台北市內湖區瑞光路 76 巷 65 號 1 樓

秀威資訊科技股份有限公司　　　收

BOD 數位出版事業部

....

（請沿線對折寄回，謝謝！）

姓　　名：＿＿＿＿＿＿＿＿　年齡：＿＿＿　性別：□女　□男

郵遞區號：□□□□□

地　　址：＿＿＿＿＿＿＿＿＿＿＿＿＿＿＿＿＿＿＿＿

聯絡電話：(日) ＿＿＿＿＿＿＿＿＿　(夜) ＿＿＿＿＿＿＿＿＿

E - m a i l：＿＿＿＿＿＿＿＿＿＿＿＿＿＿＿＿＿＿＿